도덕의 쓸모

The use of morality

도덕의 쓸모

윤리학으로의 초대

이한진 지음

마르코폴로

여는 글

- 이 책이 쓸모없어지기를 바라며

도덕의 쓸모라. 여러분은 도덕과 쓸모의 조합이 어떤 느낌으로 다가오나요? 도덕에 감히 쓸모라는 단어를 들이대냐며 역정을 내는 사람이 있을지 모르겠습니다. 도덕의 숭고한 가치를 믿는 사람들에게 쓸모라는 단어가 주는 뉘앙스는 도구적 느낌이 짙어서 별로일 겁니다. 쓸모가 없어진 물건을 굳이 억지로 보존해야 할 이유가 있을까요? 조금의 가치도 남아 있지 않은 물건이라면 거추장스럽기만 할 뿐입니다. 보관하기보다는 쓰레기장으로 보내는 게 맞을 겁니다. 물건은 아니지만 여태껏 도덕이 존재하는 이유는 그만큼 우리 삶에 쓸 만한 가치가 있기 때문입니다.

그런데, 왜 하필 많고 많은 것 중에 도덕의 쓸모냐고요? 확실히 쓸모는 있는데 그 활용도는 매우 저조한 까닭입니다. 만약, 활용도가 떨어지는 게 자연스러운 경향이라면 서서히 역사의 뒤안길로 사라져가는 도덕을 굳이 부여잡을 필요가 있을까 싶습니다. 정말로 쓸모가 없어져 폐기 처분하는 거라면 그리 문제가 될 거 같지도 않습니다. 그러나 문제는 여전히 도덕이 우리 사회에 강력하게 요구되는 상황임에도 불구하고 애써 외면하거나 망각하고 사는 사람들이 많다는 사실입니다. 때로는 그 존재의 필요성에 대해서 인정하는 사람조차 도덕을 잘못 이해하고 있어 제대로 활용하지 못하는 실정입니다.

사회가 급변하고 미래 불확실성이 높아짐에 따라 사람들의 불안이 증대하였습니다. 사람들은 자신이 행복할 수 있을지 염려하지만, 근본적인 불안은 해소하지 못한 채 생존 투쟁에 내몰리고 있습니다. 그 과정에서 자연스럽게 타인에 대한 배려보다는 각자도생의 길을 선택합니다. 도덕의 가치가 땅에 떨어지고 물질적 쾌락과 돈이 지배하는 사회 풍토에서 이에 대한 근본적인 성찰 없이 도덕적으로 살아야 한다고 외치는 것은 그저 공염불에 지나지 않습니다. 때때로 경제적 합리성에 묻힌 도덕은 고리타분한 과거 조상들의 전유물처럼 여겨지기까지 합니다. 도덕의 권위는 추락했고, 심지어 도덕을 말하는 사람에 대해서 비아냥거리며 꼰대로 치부하는 분위기도 있습니다. 한 마디로 도덕적 해이가 만연한 상황입니다.

오늘날 사람들은 마치 도덕이 자신의 생존에 방해가 되는 성가신 존재쯤으로 여기는 거 같습니다. 잘 살기 위해 자기 삶에 열중할수록 도덕과는 거리가 멀어져만 가는 것 같아 안타깝습니다. 어떤 이는 다른 사람에게 피해를 주는 것도 아닌데 내 행복을 위해 이기적으로 살아가는 것이 뭐 그렇게 잘못일 수 있느냐며 자기합리화합니다. 눈앞에 행복이 선명하게 보일 때까지 자신을 불편하고 피곤하게 만드는 도덕을 잠시 마음 깊숙한 구석 어딘가에 처박아 놓고 문을 걸어 잠급니다. 그러나 이것이야말로 도덕의 상실입니다. 마치 문이 잠긴 상태로 열쇠를 잃어버린 것처럼 말입니다.

이러다가 도덕이 멸종되는 건 아니겠지요? 우리 사회가 무한경쟁 속에서 고삐 풀린 망아지처럼 앞만 보며 내달리는 사람들로 가득하다면 정의 실현은 물론이거니와 반목과 갈등이 팽배해질 것입니다. 불안정한 공동체 안에서 개인의 행복을 기대하기도 어렵습니다. 더욱이, 타인과 제대로 관계를 맺지 못한 개인은 자신을 지탱하는 삶의 의미마저 상실한 채 공동체 밖에 표류하게 됩니다. 뒤늦게 이러한 사실을 깨닫고 도덕성을 찾으려 하지만 쉽지 않을뿐더러, 설사 도덕성을 회복한다 해도 이미 망가진 관계망을 복원하기란 소 잃고 외양간 고치는 격입니다.

우리는 종종 쓸모없다고 판단하고 버린 물건이 한참 뒤에 다시 필요해져서 후회할 때가 있습니다. 도덕도 마찬가지입니다. 너무 일찌감치 도덕을 내팽개치고 살아가다가 자신의 도덕성 결여가 원인이 되어 일을 그르치게 되고 망연자실하는 순간들이 찾아옵니다. 값비싼 물건이 아닌 다음에야 다시 구매하면 그만이지만 도덕은 돈으로 살 수 없습니다. 도덕이 인간에게 온전한 성품으로 자리 잡기까지는 인고의 세월이 필요합니다. 수십 년 동안 살아오면서 겹겹이 쌓인 도덕성, 타자를 대하는 태도를 바꾸는 일은 결코 쉬운 일이 아닙니다.

어서 빨리! 우리는 '다시' 도덕을 이야기해야 합니다. 더 늦기 전에 꺼져가는 도덕의 불씨를 살려 더불어 사는 삶의 가치를 복원해야 합니다. 누군가는 이런 이야기를 해야만 합니다. 그리고 도덕을 공부하는 학자라면 마땅히 이러한 시대적 요청에 부응해야 할 의무가 있습니다. 문득, 학자로서의 쓰임에 대해 생각해 봅니다. 그 어느 때보다 도덕의 쓸모에 대해 설파해야 하는 절실한 사회상이 저로 하여금 '도덕의 쓸모'라는 책 집필에 착수하도록 이끈 것 같습니다.

어떤 것의 쓸모에 관하여 이야기한다는 것은 다시 한번 원점으로 돌아가 그것의 본질적 가치에 대해 곱씹어 보는 시간을 갖게 만듭니다. 흔히, 급할수록 돌아가라고 합니다. 도덕에 대한 진지한 고민 없이 무턱대고 뭇사람들에게 도덕을 요구한다면, 자칫 그들에게 지금까지 삶의 여정에 대한 비난과 도덕에 대한 강요로 비춰질 수 있어서 오히려 거부 반응을 일으킬 수 있습니다. 그래서 우선적으로 도덕의 본래 의미가 무엇이고, 도덕이 우리 삶과 어떻게 관련을 맺고 있는지 차근차근 친절하게 설명해 줄 필요가 있습니다.

이를 위해서 이 책에서는 여러 지식인의 논의를 중심으로 도덕을 조명하고, 도덕적 삶에 관하여 탐구합니다. 논의할 학자

선정에 있어서는 일차적으로 우리나라의 도덕과 교육과정 총론에 소개되고 있는지를 기준으로 삼았습니다. 적어도 이들의 사상은 국내의 윤리학 및 도덕교육학 전문가 집단이 교육과정 개정을 거듭하는 과정에서 지속적으로 검증해 왔고, 중요성 측면에서도 어느 정도 합의가 된 내용으로 볼 수 있기 때문입니다. 여기에, 필자가 도덕에 관한 탐구에 있어서 반드시 짚고 넘어가야 한다고 판단한 레비나스와 니체의 사상을 추가하였습니다. 공화주의적 전통에 근거하여 우리 사회가 지향해야 할 시민적 덕성을 논의한 마이클 샌델도 그 일환입니다.

총 13개 장에 걸쳐 소개되고 있는 지식인들이 살던 당시에도 도덕은 늘 위태로웠습니다. 이들은 모두가 서로 다른 시간을 살았고 도덕에 접근하는 방식도 제각각이었지만, 도덕의 쓸모에 대해서만큼은 시공을 초월하여 공감하는 바가 컸습니다. 도덕의 회생을 위해 전하는 그들의 목소리는 독자들의 마음에서 도덕을 꺼내주는 열쇠가 되어줄 거라 믿습니다.

이 책이 나오기까지 저를 언제나 도덕적 긴장 상태에 놓이게 해주신 두 은사님이 있습니다. 존재만으로 정의로운 삶을 추구하도록 이끌어 주시는 철학자 청주교대 선우현 교수님, 타인을 배려하며 공동체에 공헌하며 살아가도록 격려해 주시는 한국교원대 차우규 교수님, 두 분께 진심으로 감사드립니다. 지나고 보니, 제 공부 여정은 '옳음'과 '좋음' 사이에서 긴장과 화해의 연속이었습니다.

끝으로 이 책은 아비로서 건강하게 커 주고 있는 두 아들 윤리(倫理)와 은유(恩喩)에게 건네는 감사의 메시지요, 도덕적인 삶을 살아가라는 부탁의 메시지임을 밝힙니다. 이렇게까지 도덕의 쓸모에 관해 말해야 하는 현실이 슬프지만, 부디 이 책이 사람들에게 읽힐 필요가 없을 정도로 우리 사회가 도덕으로 충만해지길 소망합니다. 그런 의미에서 한편으로 도덕의 쓸모를 이야기하는 이 책은 더 이상 쓸모없어지는 것을 목표로 삼고 있습니다. 적어도 두 아들이 이 책을 읽을 수 있는 나이가 될 즈음에는 그렇게 되길 진심으로 바랍니다.

수곡동 연구실에서 맞이한 첫 여름날
도덕이 햇살 받을 날을 기대하며

차례

1부 왜 도덕적 삶을 살아야 하나?

1장 도덕이 뭘까?
- 소크라테스와 질문 … *14*

2장 먹고 사는 문제가 먼저 아닐까?
- 플라톤과 영혼 … *40*

3장 도덕은 어디에 좋은 걸까?
- 아리스토텔레스와 행복 … *66*

4장 착했던 내가 변한 것일까?
- 유가와 인성(人性) … *92*

5장 고작 그것 때문에 도덕이 좋다고?
- 칸트와 선의지 … *120*

2부 어떻게 도덕적인 삶을 살 수 있을까?

6장 조금 더 고결한 이유로 행위할 수 없을까?
- 콜버그와 도덕적 추론 … *146*

7장 정의 말고 다른 도덕은 없을까?
- 길리건과 배려 … *178*

8장 왜 나쁜 짓을 하게 되었을까?
- 프로이트와 무의식 … *204*

9장 불필요한 도덕은 버려도 되지 않을까?
- 뒤르켐과 사회적 사실 … *230*

3부 지금의 나는 도덕적 인간인가?

10장 우리는 어떤 사회를 선택할 수 있을까?
- 샌델과 연대 … *258*

11장 어떻게 하면 도덕적인 사람이 될 수 있을까?
- 듀이와 경험 … *282*

12장 어느 정도 실천해야 도덕적인 사람일까?
- 레비나스와 열망 … *308*

13장 도덕에 얽매이지 않고도 잘 살 수 있지 않을까?
- 니체와 초인 … *334*

1부

왜 도덕적 삶을 살아야 하나?

1장

도덕이 뭘까?
- 소크라테스와 질문

"검토하지 않는 삶은 살 가치가 없다."

쓸모의 대가(大家) 소피스트

무엇의 쓸모에 관하여 말하기 위해서는 무엇보다 먼저 애초에 그것을 왜 만들었는지 생각해 볼 필요가 있습니다. 모든 물건, 개념들은 인간의 필요로 창조되었습니다. 실존은 본질에 앞선다는 철학자 사르트르의 말처럼 탄생의 계기가 인간 주체에게 있지 않기도 하지만, 인간의 피조물은 쓰임새가 곧 그 존재의 본질을 규정합니다. 예를 들어 연필은 기록을 위한 도구입니다. 만약, 연필이 더 이상 쓰지 못할 정도로 짧아지면 쓸모가 없어지게 됩니다. 그리고 버리게 되죠. 그러나 아직은 아니라며 그 존재의 쓰임을 끝까지 다하려는 주인은 손에 쥐어지지 않을 정도로 짧아진 몽당연필에 홀더를 끼웁니다. 그 사람에게 몽당연필은 아직 쓸모가 남아 있습니다.

도덕의 쓸모는 어떨까요? 마찬가지로 도덕의 쓸모에 대하여 말하려면 도덕의 본질을 먼저 파악해야 합니다. 도덕이 무엇인지 알아야 그 쓸모를 파악할 수 있기 때문입니다. 별로 대수롭지 않은 이야기처럼 들릴지 모르겠지만, 이것이 바로 소크라테스가 우리에게 남긴 유산입니다. 실제로 그는 덕이란 가르쳐질 수 있는 것인가에 대해서 질문을 받고, 그에 답하기에 앞서 덕이 무엇인지부터 말해달라고 요구합니다. 질문의 형식으로 말이죠. “덕(aretē)이란 무엇인가?” 사람들은 마치 덕이라는 개념에 대해 알고 있다고 생각하며 사용합니다. 도덕적 판단을 내릴 때도 그 근거를 엄격하게 따져보는 일이 드문 편이고요. 실제로 자녀에게 도덕적으로 행동하라고 가르치는가 하면, 인간답지 못한 행동을 한 사람에게는 비도덕적이라고 비난하기도 합니다. 그런데 다시 묻겠습니다. 도덕이란 무엇인가요?

이 답을 찾기 위해서 우리는 소크라테스가 살던 기원전 5세기경으로 거슬러 올라갈 필요가 있습니다. 당시 그리스 아테네는 민주주의가 싹튼 도시 국가로 알려져 있습니다. 광장에 모인 시민들이 자유롭게 자신의 의견을 말하고 다른 사람들을 설득하는 게 일상이었습니다. 설득이라는 표현은 사실 말이야 좋은 말이지, 타인을 말로 굴복시켜 내 뜻을 관철하는 행위입니다. 광장 정치에서 성공하기 위해서는 무엇보다 뛰어난 '말발'이 필요했습니다. 그래서 성공을 갈망하는 아테네의 청년들은 변론술을 키우는 일에 관심을 가졌습니다. 자연스럽게 이들은 변론술에 능한 선생님을 찾게 되었죠. 그들이 바로 소피스트들입니다.

스스로 '지혜를 가진 사람'이라고 칭한 소피스트들은 학생들에게 돈을 받고 변론술을 가르쳤습니다. 자신들의 가르침에 대한 값비싼 대가를 요구하며 지식 소매상을 자처했습니다. 그들은 화려한 언변과 비판 정신으로 무장한 철학자들이었습니다. 당연히 소피스트 중에서도 최고의 언어적 논증으로 무장한, 소위 '일타강사'들에게 부유한 가정의 청년들이 몰려들었겠죠. 이 광경은 한국 사회의 교육 현실과도 매우 흡사합니다. 유명 강사가 있는 학원에 등록하기 위해서 부모가 이른 새벽부터 대기표를 끊어 줄을 서는 광경이 낯설지만은 않을 겁니다. 배운다는 것은 좋은 일입니다. 다만, 배우는 일에 들어가기에 앞서 과연 내가 무엇을 배우려 하고 있고, 도대체 그것을 왜 배우려고 하는가에 대해서도 곰곰이 생각해 보아야 합니다.

수험생들이 주말에 시간을 쪼개 가며 서울행 기차를 타면서까지 배움을 갈구하는 이유는 무엇일까요? 배움 자체가 좋아서라면 이상한 사람일 테고요. 아마도 더 잘 살기 위해서, 더 나은 미래를 보장받기 위해서 나름 잘 가르친다는 선생님의 수업을 들으려는 것입니다. 당장에 원하는 대학 진학에 최대한 유리한 고지를 점령하기 위해서 말입니다. 그런데, 목표했던 대학에 들어가면 더 잘 살 수 있을까요? 적어도 그럴 가능성만큼은 더 높은 거 아니냐고 반문하는 사람이 있을 것 같은데요. 정말로 확실한가요? 공부 중인 사람이라면 이 부분에 명확하게 답할 수 있어야 합니다. 그것이 바로 공부의 쓸모를 판가름하는 기준이 될 수 있기 때문입니다. 만약, 지금 하는 공부가 잘 사는 일과 무관하다면 쓸데없는 짓에 시간을 낭비하는 거나 다름없습니다.

도대체 도덕은 왜 쓸모가 있는 걸까요? 선한 삶을 살아야 하는 근본적인 이유가 무엇일까요? 사람들은 여기에 대해서 별다른 고민 없이 마치 도덕을 자명한 공리처럼 인식하는 것 같습니다. 이와 관련하여 소피스트들의 시선에 주목할 필요가 있습니다. 지극히 현실주의, 실용주의를 표방하는 소피스트들은 도덕도 그 쓸모가 있어야 가치가 있는 것으로 생각했습니다. 생활에 그다지 도움이 되지 않는 도덕이 가치를 상실하게 된 것은 그들에게는 너무나 자연스러운 귀결입니다. 소피스트들은 이전부터 전해 내려온 사회의 도덕적 관습들을 인위적인 산물로 여겼습니다. 그래서 사회 구성원들이 얼마든지 그 정당성을 따져보고 쓸모의 유무에 따라 존속시킬지 폐기해야 할지를 결정할 수 있다고 보았습니다.

과거 엄격한 계급사회에서는 자신의 신분에 따라 삶의 제약이 심했습니다. 현대인의 시선으로 보면 지극히 불평등이 지배하는 사회였음에도, 그것이 도덕의 형태로 완고하게 자리 잡았기 때문에 거부하기가 쉽지 않았을 겁니다. 고대 그리스 아테네만 하더라도 민주주의를 탄생시킨 세계 최초의 국가로 소개되고 있지만 여자와 노예, 외국인은 시민으로서 권리를 인정받지 못했고 정치 참여에 상당한 제한이 따랐습니다. 그런데 지금은 어떤가요? 일부 남아 있는 나라들도 있지만, 엄격한 계급주의와 신분제는 낡은 이념으로 부정되고 인간의 존엄성과 평등의 관념이 보편화되었습니다.

이와 같은 변화의 동인은 무엇일까요? 바로 소피스트와 같은 철학자들이 추구했던 로고스(logos)에 따른 탐구 정신에 있습니다. 여기서 로고스란 보편적인 법칙을 인식하고 따르는 인간의 이성을 의미합니다. 한편으로는 인간 삶의 원리이자 가치기준으로서 선한 삶이 무엇이고, 어떻게 해야 선하게 살아갈 수 있는지 알려주는 능력입니다. 상대주의 철학자였던 소피스트들은 자명하게 받아들일 만한 절대적 진리가 존재한다는 사실에 회의적이었기 때문에 그동안 전승되어 온 도덕적 관습이나 규범에 대해서 비판적으로 바라보았고, 옳고 그름에 대해서 이성을 토대로 논증적으로 따져봐야 한다고 이야기합니다. 그런 맥락에서 수사(rhetoric)를 강조했던 것입니다.

그러나 회의주의와 가치 상대주의가 지닌 치명적인 결함이 있습니다. 소피스트들의 논리대로라면, 도덕도 얼마든지 필요에 따라 바뀔 수 있다는 말이 됩니다. '귀에 걸면 귀걸이, 코에 걸면 코걸이'라는 속담처럼, 인간 사이에서 벌어지는 어떤 문제 사태든지 간에 어떻게 말로 버무리느냐에 따라 악한 일이 선하게 보일 수 있고, 선한 일이 악하게 보일 수도 있습니다. 말만 잘해도 한순간에 도덕을 쓸모없게 만들 수 있거나 도무지 말도 안 되는 비상식적 행위에 도덕의 힘을 불어넣을 수 있다면 우리가 함께 따라야 할 보편적인 행위 기준의 수립이 가능할까요? 소피스트들은 도덕의 객관성도 부정했으며 도덕에 대한 주관적 의견을 그럴듯하게 포장하는 일에 주력했습니다. 프로타고라스가 젊은 청년들에게 전통적 관습을 가르쳐야 하는 이유로 진리 추구가 아닌 사회의 안전에 유용하기 때문이라고 본 것도 같은 맥락입니다.

프로타고라스의 시선에서는 인간이 만물의 척도인 셈입니다. 『국가론(The Republic)』에 등장하는 트라시마코스는 프로타고라스보다 한발 더 나아갑니다. 그는 올바른 것을 더 강한 편의 이익으로 이해합니다. 왜냐하면 그는 법이 도덕에서 파생된 것이 아니라 법을 제정하는 사람들에게서 나왔다고 믿기 때문입니다. 그리고 그 법을 만드는 일에 관여하는 사람은 강자라는 논리를 펩니다. 트라시마코스가 소크라테스와의 대화에서 소크라테스에게 양치기와 목동의 예를 들며 설명한 내용은 이를 매우 잘 보여줍니다.

그대는 양치기나 소치기가 그들 양 떼나 소 떼의 이익을 생각하며, 그들이 양 떼와 소 떼를 살찌우고 돌보는 것은 주인과 자신들의 이익 외에 뭔가 다른 것을 바라기 때문이라고 생각하시는 것 같구려. 무엇보다 그대는 도시의 치자들은 진정한 의미의 치자들이라면 피치자들을 양 떼로 여긴다는 사실을 그리고 그런 치자들은 밤낮없이 피치자들을 이용할 궁리만 한다는 사실을 모르는 것 같구려. 그래서 옳은 것과 정의, 옳지 않은 것과 불의에 관한 전문가이신 그대도 정의와 옳은 것은 사실은 남에게 좋은 것이고 강자와 치자에 유익한 것이며, 복종하는 피치자 자신에게는 해로운 것이라는 점을 몰랐던 것이라오.[1]

2016년, 교육부의 한 고위 간부가 민중을 개, 돼지에 비유하

---

1 Platon, 천병희 역, 『국가』, 고양: 숲, 2013, 60-61쪽(343b-343c).

는 발언이 언론을 통해 보도되면서 공분을 샀었습니다. 신분제를 공고화해야 한다는 취지의 망언까지 쏟아내면서 징계를 받았었죠. 구체적으로, 당신은 권력을 쥔 1%와 99%의 개와 돼지 중에서 어디에 속하자고 묻자, 자신은 1%가 되려고 노력하는 사람이고, 또 어차피 모두가 평등할 수는 없기에 나머지 99%의 사람은 개와 돼지로 남을 수밖에 없는 현실을 인정해야 한다는 조로 답변했습니다. 이것이 바로 트라시마코스의 논리를 따랐을 때 만들어질 수 있는 가장 나쁜 인간의 전형입니다. 징계받은 간부의 생각은 법은 도덕에서 파생된 것이 아니라 법을 정하는 사람들에게서 나온 것이고, 그 사람들이 힘을 가지고 있는 사람들이므로 법은 곧 강자의 이익이라고 말한 트라시마코스의 논리와 정확히 일치합니다.

오늘날, 1%에 들어가 강자가 되면 나머지 99%를 개, 돼지쯤으로 여기며 자신의 이익에 따라 통제할 수 있다고 여기는 작태를 도덕이라고 여기는 사람은 없을 겁니다. 힘이 있는 사람들에게 이익이 되는 게 도덕이라면 사람들은 힘을 소유하기 위해 노력할 것입니다. 그리고 자기들 입맛에 따라 법을 만들고, 이를 따르지 않으면 벌을 내리겠죠. 소크라테스가 올바르지 못함을 사람의 훌륭함과 지혜의 부류로 간주하되 올바름을 그 반대로 간주하는 것이냐고 물었을 때, 어처구니없지만 트라시마코스는 조금의 망설임도 없이 그렇다고 답변합니다.[2] 과연 도덕의 영역에서도 쓸모의 대가(大家)다운 소피스트적 면모라 할 수 있습니다.

참된 도덕으로부터의 이탈

그런데, 만약 우리가 살아가면서 맞닥뜨리는 도덕적 문제들에 있어서 바람직한 선택의 척도가 그때그때 달라진다면, 도덕이 제 역할을 다할 수 있을까요? 변론술도 어떻게 사용되느냐에 따라서 오염될 수 있습니다. 단지 자신의 나쁜 의도를 관철하기 위한 도구로 전락할 수 있습니다. 상식적으로 우리는 자기에게 유리한 선택이 곧 도덕이라고 생각하며 타인을 설득하는 사람을 도덕적인 사람이라고 보지 않습니다. 어제는 도덕이라 부르던 것이 오늘은 도덕이 아닐 수 있다면, 우리는 그것을 도덕이라고 부를 수 있을까요? 이것은 사회 안에서 낡은 관습이 타파되고 새로운 형태의 규범이 들어서는 것과는 다른 차원의 문제입니다. 개개의 낡은 관습들이 애초에 보편적인 도덕적 원리에 부합하지 않는다고 보는 게 타당할 겁니다.

소피스트식 대화와 설득은 진리를 추구하는 일과 상당한 괴리가 있습니다. 그들은 자연적 욕망에 이끌려 자기 이익을 위해 도덕을 사용했을 뿐입니다. 이 또한 도덕의 쓸모를 보여주

2 Platon, 천병희 역, 『국가』, 고양: 숲, 2013, 70쪽(348e).

기는 하나, 엄밀하게 말하면 도덕이라기보다는 도덕처럼 보이는 것을 도덕이라고 주장하며 욕망에 충실한 삶을 그럴듯하게 포장하고 있다고 보는 게 맞습니다. 아무리 논증과 수사를 통해 무엇이 선한지를 따진다고 해도 그 선은 욕망에 따라 가변적일 수밖에 없습니다. 그런데도 소피스트들은 인간의 욕망 추구에 대해서 별다른 의문을 제기하지 않았습니다. 인간이라면 최대한 자신의 욕망을 추구하는 데 힘써야 한다는 것이죠. 여기에 이성과 지혜가 필요한 것이고요. 그들은 너무도 당연하게 욕망의 실현을 인간이 추구해야 할 최고의 선으로 보았습니다.

사실, 선(善)은 악(惡)과 대립하면서도 윤리학에서 매우 추상적인 개념으로 맥락에 따라 전혀 다른 성격으로 사용됩니다. 보통 영어에서 good은 '좋음'을 의미하지만, 과거 right의 개념이 없던 시절에는 좋음이 곧 '옳음'처럼 여겨지기도 했습니다. 즉 선은 좋음과 나쁨의 차원, 옳음과 그름의 차원 양쪽 모두를 포함합니다. 그래서 소피스트들의 관념 속에서 좋음은 늘 욕망과 연결되며, 이는 자연스럽게 인간이 욕망을 충족하며 사는 행위를 '좋은', '잘하는' 일로 간주하는 상황에 이르게 되었습니다. 단적으로 그들에게서는 쾌락을 추구하는 행위가 곧 도덕으로 정당화되었습니다. 그러니 감각에 의존하는 쾌락은 보편적인 기준이 부재할 수밖에요. 지식의 상대성을 옹호한 소피스트가 회의주의에 빠진 것도 결국은 감각을 통한 쾌, 불쾌가 사람마다 다를 수 있다는 사실을 인정하고 있기 때문입니다.

예나 지금이나 잘 살고 싶지 않은 사람은 없습니다. 잘 산다는 것은 무엇을 의미하나요? 소피스트들이 청년들에게 팔았던 지식도 바로 '잘 사는 삶'에 대한 지식이었습니다. 아테네의 청년들은 잘살기 위해서 성공하려 했고, 성공하기 위해서 정치적 권력과 높은 사회적 평판을 얻으려 했습니다. 그 수단이 바로 방편으로서의 지식과 말 잘하는 능력이었습니다. 백과사전식 지식과 명료한 언어 사용, 대중을 휘어잡을 수 있는 논리를 배움으로써 어려운 문제를 해결할 수 있고 그로부터 사회적 지위를 인정받을 수 있었으니까요.

여기서 한 가지 의문이 발생합니다. 우리가 성공하거나 출세하면 좋은 삶을 산다고 말할 수 있을까요? 오늘날 사람들은 잘 살기를 갈망하면서도 대부분 잘 사는 삶의 의미에 대해서 진지하게 질문하지 않는 것 같습니다. 그저 막연한 채 남들이 잘 사는 삶으로 바라보는 가치 척도에 따라서 자신을 길들이려고 애쓰는 것 같습니다. 도시에 아파트 한 채는 있어야 한다든지, 몇 CC 이상의 자동차는 가지고 있어야 한다는 강박에 이끌려 살아갑니다. 현대인들이 빠진 소유에 대한 집착과 과시욕은 자기 자신을 타인의 시선에 가둘 뿐입니다. 사회적으로 성공한 것처럼 보이는데도 무엇 때문인지 자살이라는 극단적인 선택을 하는 사람도 있고, 바라던 직업을 갖게 되고 경제적으로 상당한 부를 축적한 것 같지만, 다른 사람들과 제대로 어울리지 못한 채 욕심만 부리며 사는 사람도 있습니다. 우리는 이런 사람들을 결코 잘살고 있다고 보지 않습니다.

어쩌면 이런 것들은 도덕적 선과는 전혀 무관한 일일 수 있습니다. 그런데 어찌 된 영문인지 똑똑하다는 소리를 듣던 소피스트들이 정작 이 질문은 던지지 않았습니다. 그들에게 배운 제자들도 그렇고요. 소크라테스는 도덕의 참된 의미가 소피스트들에 의해 마구 짓밟혀 있을 때 등장했습니다. 그는 경제적 풍요나 사회적 지위에서 잘산다는 의미를 찾으려 한 아테네의 분위기를 염려했습니다. 그리고 사람들이 정말로 잘산다는 것의 의미가 무엇인지에 대해서 다시 묻기를 바랐습니다. 어떻게 살아야 잘 사는 것일까요? 이 질문에 답을 해야만 우리는 '잘 삶'과의 연관성 속에서 도덕의 쓸모를 발견할 수 있을 것입니다.

어찌 보면 소크라테스의 물음은 지극히 단순합니다. 좋은 삶이란 무엇인지를 알고자 했던 것입니다. 적어도 이 부분에서만큼은 소크라테스는 현실주의자였습니다. 추상적인 차원을 넘어서 현재 나의 삶을 어떻게 하면 더 잘 사는 사람으로 이끌 수 있을까를 고민했으니까요. 이때 잘 사는 것의 주체는 당연히 나 자신일 겁니다. 그래서 소크라테스는 우리가 잘 살기 위해서 '잘 삶'의 주체인 자기 자신에 대해서 먼저 알아야 한다고 주문합니다.

무지(無知)에 대한 자각

'너 자신을 알라.' 흔히, 델포이 신전의 벽면에 새겨진 격언입니다. 소크라테스는 우리가 자신에 대해 진정으로 바르게 알 때 비로소 나에 대해 좋고 나쁨을 분별할 수 있다고 보았습니다. 자신을 제대로 모른 상태에서 자신을 위해 좋은 삶을 추구한다는 것은 억지입니다. 예를 들어서, 나에게 커피가 유익하다고 생각하는 사람에게는 커피를 마시는 게 좋은 일일 겁니다. 여기서 중요한 것은 나에게 커피가 유익하다는 게 객관적 사실일 때라야 한다는 점입니다. 만약 이 조건을 만족시키지 못한다면 커피를 마시는 행위가 좋지 않은 일일 수 있습니다. 그런데 커피는 정말로 나에게 유익한 게 사실일까요? 알려져 있기를 적정량의 커피를 마시면 집중력이 향상되고, 소변을 통한 노폐물 배출에도 도움이 된다고 합니다. 체내 지방을 태우는 효과도 있다고 하고요. 하지만 커피에 함유된 카페인 성분 때문에 두통이나 불면을 일으키기도 합니다. 건강을 위해 나에게 맞는 양의 커피를 마셔야 합니다. 커피가 집중력에 좋다고 하여 무작정 마시다가는 불면증에 시달려 건강을 해칠 수도 있습니다. 커피 하나도 그럴진대 내가 나에 대해서 정확히 인식하지 못하고 있다면 나를 위한다며 실천하는 모든 행위가 실제로는 별로 이롭지 않거나 때로는 해가 될 수도 있는 것입니다.

무엇이 나에게 좋은지 여부는 자신에 대한 올바른 인식에 근거할 때 확실하게 알 수 있습니다. 결국, 너 자신을 알라는 격언도 자기 지식의 중요성을 강조했다고 볼 수 있습니다. 그래서 소크라테스는 이미 사람들이 알고 있다고 믿는 지식이 정말 참된 지식이라고 말할 수 있는지 질문합니다. 어떻게 하면 신뢰할 만한 객관적 지식을 획득할 수 있을까요? 독특한 점은, 소크라테스는 지식을 인간의 외부에 주어져 있는 것이 아니라 내부에서 찾을 수 있다고 생각했고, 그래서 대화 상대자 간에 서로 질문하고 답을 하는 과정에서 인간의 내부에 존재하는 지식을 밖으로 끄집어낼 수 있다고 여겼습니다.

소크라테스는 거리의 철학자였습니다. 소크라테스도 소피스트들처럼 대화하기를 즐겼으며 논제에 대해 날카롭게 분석하고 답을 궁구했습니다. 그러나 그 탐구의 결은 그들과 정반대였습니다. 소피스트들이 지식을 소유한 자의 입장이라면 소크라테스는 철저히 모르는 자의 입장입니다. 그러면서 그는 우리가 믿어왔던 상식들, 보편적 의견에 대해서 정말 그것이 보편적 사실이 될 수 있는가에 대해서 검토하자고 제안합니다. 이를테면, 경건함이란 무엇이며, 덕이란 무엇인지 그 개념부터 꼼꼼히 짚어보자는 겁니다. 대화는 소크라테스의 끝없는 질문에 상대방이 답하는 형식으로 전개되며, 상대방은 그에 대한 답을 제시하는 과정에서 기존에 자신이 지녔던 생각에 모순이 있음을 스스로 인정하게 됩니다.

이처럼 대화 상대자들이 서로 질문과 대답을 통해 기존에 전제된 개념으로부터 모순을 도출하는 소크라테스식 대화를 엘렝코스(elenchus)라고 부릅니다. 흔히 논박이라고 번역하기도 하는데요. 소크라테스의 질문을 통해 내 생각에 모순이 있음을 알아챘다면, 그 모순된 생각에 전제된 가설들을 하나둘씩 차례로 제거함으로써 진리에 가까워질 수 있는 것입니다. '소크라테스적 방법'은 비판적 사고를 통해 새로운 지식을 획득하게 만듭니다. 그런데 보통 소크라테스와 같은 방식의 질문으로 말미암아 모순을 자각하게 된 사람은 기분이 좋을 리가 없습니다. 평소 알고 있다고 생각했던 부분에서 자신의 무식함이 드러나는 순간 당혹스럽기도 하고, 창피해서 얼굴이 빨개지기도 하는 게 자연스러운 현상입니다.

주위에서 간혹 편견에 사로잡힌 사람을 발견합니다. 편견에서 쉽게 탈피하지 못하고 고집을 부리거나 되려 힘이 열세한 상대방에게 우격다짐까지 합니다. 이런 사람과의 대화는 엄청 피곤할 때가 많습니다. 자칫 싸움으로 번지기도 하고요. 결국, 아무리 주변에서 도움을 준다고 해도 지적 착각에서 빠져나오는 일은 자신의 몫입니다. 이 분야에서 최고로 탁월했던 사람이 소크라테스입니다. 그리스에서 소크라테스보다 더 지혜로운 사람은 없다는 델포이 신탁이 의미하는 바도 이와 같은 맥락입니다. 소크라테스는 자신이 아는 게 거의 없다는 사실을 알고 있다는 점이 신탁받게 된 유일한 이유라고 생각했습니다.

실제로 소크라테스는 대화 내내 대화 주제에 대해서 자신이 무지하다고 고백하면서 질문하는 자의 위치에 섭니다. 인류 역사에서 최고의 교사로 일컬어지는 소크라테스가 가장 모르는 자를 자처하면서, 그런 무지한 자의 관점에서 안다고 떠드는 사람을 가르친다는 게 다소 어색하게 들릴 텐데요. 이것이 바로 그 유명한 소크라테스의 산파술(産婆術)입니다. 적어도 지식이 인간 내부에 존재한다면 우리 각자가 지닌 선지식의 불완전성을 깨닫고 진리를 끌어내기 위해 노력하는 게 마땅합니다. 소크라테스는 사람들이 진리로 나아가는 도정에 도우미 역할을 실천했던 것입니다.

보편적 지식으로서의 도덕 탐구

시작 부분에서 연필의 쓸모를 이야기했었는데요. 인간을 자기 삶을 써 내려가는 존재라고 본다면, 인간은 연필보다는 샤프에 가깝습니다. 쓰임을 다하고 이 땅에서 사라지는 거라면 모르겠지만, 샤프에 샤프'심'이 없으면 영영 그 쓸모를 발휘하지 못하는 상태에 놓이게 됩니다. 유사하게 인간에게는 인간'심'이 필요합니다. 이와 관련하여 소크라테스는 영혼(psyche)을 인간의 본체라고 여겼습니다. 육체는 인간의 껍데기에 불과할 뿐, 영혼이 곧 인간의 본질이라고 본 것이죠.

세간의 시선으로 보면 소크라테스는 잘 사는 삶과는 거리가 있습니다. 소크라테스는 집안 형편도 어려웠고, 외모도 꽤 볼품없었다고 전해집니다. 돈도 없지, 얼굴을 뜯어고칠 수 있는 시대도 아니었으니 요즘 같은 시대였다면 남한테 무시당하기 딱 좋은 처지였습니다. 그런데 소크라테스는 이런 부분들에 별로 신경이 쓰이지 않았습니다. 그것들이 잘 사는 일과는 대체로 무관하다고 생각했기 때문입니다. 다른 이야기지만, 사실 소크라테스는 누구보다도 낙천적인 사람이었습니다. 진리를 탐구하는 자세에 있어서 만큼은 지나칠 정도의 엄격함을 좇았지만, 유머 감각도 있었거니와 대화를 즐겼으니까요. 그에게 중요한 것은 샤프의 외관이 아니라 오직 샤프심입니다. 아무리 겉이 번드르르한 샤프라고 할지라도 심이 없거나, 심의 상태가 불량이라면 어떻겠습니까? 즉, 영혼이 불량인 사람은 잘 살 수 없습니다. 소크라테스가 그토록 길거리를 거닐면서 불특정 사람들과 만나 대화를 나눈 이유도 이 때문입니다. 사람들이 육체적 쾌락에만 매몰될까를 우려하면서 영혼을 가능한 최선의 상태로 만드는 일에 노력하도록 인도하기 위함이었습니다. 소크라테스가 법정에서 한 최후의 변론을 일부 살펴보겠습니다.

> *가장 훌륭한 양반, 당신은 지혜와 힘에 있어서 가장 위대하고 가장 명성이 높은 국가인 아테네 사람이면서, 돈이 당신에게 최대한 많아지게 하는 일은, 그리고 명성과 명예는 돌보면서도 현명함과 진실은, 그리고 영혼을 최대한 훌륭하게 만드는 일은 돌보지도 신경 쓰지도 않는다는 게 수치스럽지 않습니까?*[3]

소크라테스는 지행합일을 주장했습니다. 알면 곧 행한다는

---

3 Platon, 강철웅 역, 『소크라테스의 변명』, 파주: 아카넷, 2021, 74쪽(29e)

것입니다. 자신의 영혼에 중대하게 악영향을 미치는 일이라면 하지 않을 텐데, 그 사실을 모르기 때문에 악행을 저지른다고 보는 거죠. 언뜻 '알면서도 나쁜 짓을 하는 사람들'의 관념을 가진 사람이라면 납득하기 어려울 수 있는데요. 예를 들어보겠습니다. 사기를 당한 뒤에 얼마 지나지 않아서 사기꾼을 잡았고, 배신감에 그 사람을 한 대 때렸습니다. 이 경우, 통상적으로 우리는 폭력이 나쁘다는 사실을 알면서도 화를 참지 못해서 때렸다고 이해합니다. 폭력이 나쁘다는 사실을 알고 있는 것은 맞지만, 사기꾼을 때리고 나면 나쁜 감정이 조금은 나아질 거라 생각되기 때문에 때렸다고 봐야 합니다. 실제로 때리고 나서 기분이 나아질까요? 악행은 자신의 영혼에 대한 무지의 소산입니다. 그래서 소크라테스는 우리에게 앎을 강조합니다. 그의 관점에서 덕은 어디까지나 지식으로 비추어집니다. 우리는 살아가면서 마주하는 모든 선택의 순간에서 '정말로' 나에게 좋은 것을 선택할 수 있도록 지식을 겸비해야 합니다. 소크라테스는 이것을 '측정의 기술'이라고 말하기도 했습니다.[4]

소크라테스는 검토하지 않는 삶을 살 가치가 없다고 말했습니다.[5] 자기 성찰로 진입하지 못하는 사람은 영혼이 잠든 상태에 있는 거나 마찬가집니다. 소크라테스는 자신을 '사고의 등

---

4 Platon, 강성훈 역, 『프로타고라스』, 파주: 아카넷, 2021, 122-124쪽(356c-357c).

5 Platon, 강철웅 역, 『소크라테스의 변명』, 파주: 아카넷, 2021, 101쪽(38a).

에(*gadfly of thinking*)'라고 불렀습니다. 마치 등에가 잠자는 소의 머리에 침을 놓아 잠을 깨우듯, 잠들어 있는 인간의 영혼에 침을 놓는다는 의미죠. 물론 그 방법은 질문입니다. 소피스트들이 아는 척하기의 대가였다면 소크라테스는 모르는 척하기의 대가였습니다. 숙련된 질문 방식을 통해서 끊임없이 대화 상대방을 진리로 이끌고자 했던 '소크라테스적 방법'이야말로 그가 몸소 실천한 진리 추구의 과정이었을 겁니다. 소크라테스는 지식 자체보다도 그 지식에 이르는 방법을 매우 중요하게 생각했습니다. 대화편 『메논』에서는 덕에 대한 소크라테스적 대화의 진수를 엿볼 수 있습니다.

> *이방인이여, 당신에게는 내가 축복받은 사람처럼 보이나 봅니다. 덕이 가르쳐질 수 있는 건지, 아니면 다른 어떤 방식으로 생기는 건지를 어쨌든 내가 아는 사람처럼 보이니 말입니다. 하지만 난 덕이 가르쳐질 수 있는 것인지, 아니면 가르쳐질 수 없는 것인지를 알지 못합니다. 나는 실은 덕 자체가 도대체 무엇인지도 전적으로 알지 못하니까요.*[6]

이는 이미 덕이 무엇인지에 대해 스스로 알고 있다고 여기면서 덕이 가르쳐질 수 있는 것인지 묻는 메논에게 소크라테스

6 Platon, 이상인 역, 『메논』, 파주: 아카넷, 2021, 22쪽(71a).

가 내놓은 답변입니다. 소크라테스는 메논의 질문에 직접적으로 답을 주기는커녕, 자신은 덕이 무엇인지도 모른다고 고백합니다. 그 뒤에 역으로 덕이 무엇인지에 대해 말해달라고 요청합니다. 짧은 대화지만 소크라테스의 질문이 지닌 핵심 가치는 메논 스스로 덕의 본질을 탐구하도록 이끌었다는 데 있습니다.

덕이 무엇이냐는 소크라테스의 질문에 메논은 아름다움의 추구, 용기, 절제와 같은 종류의 여러 가지 덕목들을 나열합니다. 그러나 소크라테스는 그와 같은 덕목들을 아무리 모아놓아도 덕의 본질에 대한 충분한 설명은 될 수 없다고 말합니다. 조금 어렵게 느껴진다면, '사랑'을 소재로 한번 생각해 보세요. 사랑이란 무엇일까요? 갑자기 이런 질문을 받는다면 아마 여러분들도 메논처럼 평소 사랑이라고 생각하는 일련의 행위들을 예로 들겠죠. 엄마가 자식에게 젖을 물린다든지, 곤경에 처한 사람을 돕는다든지 말입니다. 그러나 그것은 사랑의 한 예일 뿐입니다. 그리고 그 행위는 아직 사랑의 개념에 온전히 부합하는 예라고 보기도 어렵습니다. 예를 들어서 곤경에 처한 사람을 도와주는 이유가 자신이 살기 위해서였다면 어떤가요? 이렇듯 덕도, 사랑도 겉으로 표현된 모습만 보고 판단할 수 없습니다. 간혹 연인 사이에서도 서로가 사랑에 대해 생각하는 바가 달라서 갈등하다가 '그게 사랑이야?'라는 말을 내뱉는 경우가 있습니다. 그것은 적어도 둘 중 어느 한쪽은 사랑에 대해 참된 지식을 지니고 있지 못하기 때문입니다.

이와 같은 소크라테스의 의중은 에우튀프론과의 대화에서 더욱 선명하게 드러납니다. 소크라테스는 에우튀프론이 경건함에 대하여 내린 정의가 단지 경건함의 한두 가지 사례를 열거한 것에 불과하다고 논박합니다. 그러면서 자신의 질문이 의도했던 바는 경건함에 관한 단순 사례를 말해 달라는 요청이 아니라, 불경한 것과 다르게 경건한 것을 경건하게 해주는 특성 그 자체에 있다고 강조합니다.

> *그럼 내가 많은 경건한 것들 중 한두 개를 가르쳐 달라고 요구한 것이 아니라 모든 경건한 것들이 그것에 의해서 경건한 것이 되는 그 형상 자체를 요구했다는 것을 기억합니까? 당신은 뭔가 한 가지 형상에 의해서 불경한 것들이 불경하고 경건한 것들이 경건하다고 했으니까요. ...(중략)... 그러니 이 형상 자체가 도대체 무엇인지 내게 가르쳐 주시죠. 그걸 보고서 그것을 본으로 삼아, 당신이나 다른 누가 하는 행동이 그러한 것이면 경건하고 그렇지 않은 것이면 경건하지 않다고 이야기할 수 있도록요.*[7]

소크라테스와 메논의 대화는 덕의 본질에 대해서 명확한 규정을 내리지 못한 채 끝이 납니다. 결론 없이 끝맺는 대화는 허무하게 느껴지기 쉽습니다. 장시간 동안 회의를 하고도 뾰족한

7 Platon, 강성훈 역, 『에우튀프론』, 파주: 아카넷, 2023, 34쪽(6e).

대안을 찾지 못했을 때 우리는 시간을 낭비했다며 불평하기도 합니다. 그러나 소크라테스와 메논의 대화에서 중요한 것은 종국에 가서 덕의 의미를 찾았는지가 아니라, 덕의 본질적 의미를 찾고자 끊임없이 탐구하는 과정 그 자체입니다. 소크라테스가 프로타고라스와 나눈 대화도 마찬가지입니다. 히포크라테스가 지켜보는 가운데 덕은 가르쳐줄 수 있다고 주장하는 프로타고라스에게 소크라테스는 다양한 반례를 들면서 자신을 이해시켜달라고 요청했으니까요.[8] 스스로 자신의 불완전한 지식에 대해 자각하고 있으면서 끊임없이 지혜를 추구했던 소크라테스. 덕에 관한 보편적 지식을 찾고자 치열하게 질문하고 논쟁하는 소크라테스의 태도야말로 우리가 잘 살기 위해서 반드시 배워야 합니다.

끝없는 질문

처음으로 돌아와서, 우리가 도덕의 쓸모를 구하기 위해서는 무엇보다 먼저 도덕이 무엇인지 질문해야만 합니다. 소크라테스의 대화방식은 우리 스스로 알고 있다는 착각에 완전히 빠져 사는 것일지도 모른다는 사실을 일깨워 줍니다. 비록 그의 대화 형식이 대부분 명확한 결론에 도달하지 못했을지라도 무지를 자각하고 항상 질문하는 삶의 자세는 도덕이 뭔지도 모르면

---

8 Platon, 강성훈 역, 『프로타고라스』, 파주: 아카넷, 2021, 48-49쪽(320a-320c).

서 도덕을 추구하고, 잘 산다는 게 무엇인지도 모르면서 잘 살기를 추구하는 현대인들에게 경종을 울리기에 충분합니다. 소피스트들이 전제한 쾌락주의와는 전혀 다른 차원에서 도덕의 쓸모를 탐구했던 소크라테스의 지적 여정은 타의 추종을 불허합니다. 죽는 순간까지도 진리를 향한 열정과 탐구 정신으로 가득했으니까요.

질문만큼은 미친 듯이 진지하게 임했던 소크라테스는 실제로 많은 사람을 당혹감에 빠트렸습니다. 그런 그와 대화를 나누던 메논은 소크라테스가 사람들의 정신을 마비시키는 것 같다고 말하면서 전기가오리에 비유하기도 했습니다.[9] 그런데 전기와 같은 충격은 사람을 마비 상태로 만드는 게 아니라 오히려 마비 상태에 있는 사람을 깨어나게 해주는 것 아닐까요? 기절한 채 병원에 실려 온 사람을 살리기 위해 전기 충격을 가하는 장면을 한번 생각해 보세요. 소크라테스는 마비된 영혼을 살리기 위해 질문이라는 충격 장치를 이용했다고 볼 수 있습니다.

기원전 399년, 마침내 그는 아테네에서 당연시되어 오던 전통적인 신앙을 의심하고 젊은이들을 타락시켰다는 이유로 사형을 당합니다. 매사 사회적 권위에 대해 질문하는 소크라테스의 태도는 기성 권력에 대한 도전으로 오해받기 딱 좋습니다. 잘못된 국가 권력에 저항할 수도 있었을 텐데, 그는 탈옥을 간

9 Platon, 이상인 역, 『메논』, 파주: 아카넷, 2021, 45-46쪽(80a-80d).

청하러 찾아온 동료들을 뿌리치고 감옥에 남아 독배를 듭니다. 소크라테스의 부유한 친구였던 크리톤은 자신을 구할 수 있는 상황인데도 불구하고 자신을 포기하는 일은 정의롭지 못한 일이고, 더구나 세 아들을 남겨 두고 떠나는 일은 무책임하다며 소크라테스에게 도망가라고 권유합니다. 그러나 소크라테스는 이를 거절하고 질문만을 할 뿐입니다.

> *하지만 정의롭지 못한 것에 의해서는 손상되고 정의로운 것에 의해서는 이로움을 얻는 대상이 파괴되었을 경우에는 우리의 삶이 살 만한 가치가 있을까? 혹은 우리는 그 대상이 몸보다 하찮다고 여기는가? 정의나 부정의에 관계를 하는 것으로서, 우리에게 속해 있는 그것이 도대체 무엇이든 간에 말이네.*[10]

거듭 강조하지만, 소크라테스가 훌륭한 점은 질문에서 출발한 미궁 속에서 빠져나왔다는 데 있지 않습니다. 미궁 속에 있음을 스스로 깨닫고 질문을 던졌다는 사실 자체에 있습니다. 더욱이 소크라테스는 혼자만 미궁에서 빠져나오려 하지 않았습니다. 함께 미궁을 빠져나가자고 다른 사람들에게도 질문을 던졌습니다. 이것이 오늘날까지도 그를 최고의 교육자로 언급하는 데 주저하지 않는 이유일 것입니다. 그런 소크라테스에게

10 Platon, 이기백 역, 『크리톤』, 파주: 아카넷, 2021, 32쪽(47e).

물에 빠진 사람 구해줬더니 보따리 내놓으라는 격으로 사형을 내렸던 것입니다. 소크라테스가 죽음을 선택하면서까지 놓치고 싶지 않았던 것은 진리 추구를 위한 강한 신념과 초지일관 영혼을 돌보는 삶을 살겠다는 결연한 의지입니다. 도덕을 욕망이나 권력에 귀속된, 상대적인 것으로 이해했던 소피스트들과 달리, 소크라테스는 확고부동한 진리 차원에서 도덕의 토대를 구축하는 시도로서 죽음을 택했던 것입니다.

우리는 어떻게 사는 게 즐기는 삶인지, 육체적 욕망의 추구에 진정한 삶의 의미가 있는지를 따져 물어야 합니다. 이와 관련하여 천천히 시간을 갖고 의미를 탐구해 들어가는 소크라테스의 자세야말로 삶을 제대로 살아가기 위해서 꼭 필요합니다. 도덕조차 대수롭지 않게 여기며 감탄고토(甘呑苦吐) 격으로 취급하는 사람들은 쓰레기통 앞에서 다시 한번 진지하게 물어야 합니다. 이 도덕은 내가 버려도 상관없나? 지금 내가 버리려 하는 것이 도덕 맞나? 도덕이 뭐지?

기껏해야 쓰고 버리는 일회성 정보를 소비하는 사람들에게 사유란 사치에 불과한 것처럼 보입니다. 어차피 당장에 나에게 유용하면 그만인데 뭘 그리 깊게 파고들 필요가 있나 싶겠죠. 그런데 소크라테스는 언제든 버려질 정보가 아니라 내재적 의미에 천착했습니다. 삶 또한 그렇지요. "어차피 한번 사는 인생이야. 즐기며 살자."는 말은 깊은 고민보다 물질적 쾌락과 욕망을 삶의 지향점으로 삼겠다는 의지의 표현입니다. '즐기는 인생'을 강조하는 사람에게 질문은 매우 귀찮고 불편한 일입니다. 질문하는 순간, 멈춰야 하기 때문입니다. 같은 맥락에서 멈춰야 비로소 보인다는 혜민 스님의 말씀은 조급증에 시달리는 우리 사회에 던지는 경고입니다.

지금 우리 곁에 소크라테스는 없습니다. 하지만 그의 영혼은 영원히 우리 곁을 맴돕니다. 우리는 살아 있는 한 여전히 미완이며, 영원히 미완일 수 있는 진리 발견을 위해서 노력하는 삶을 살아야 합니다. 소크라테스가 죽음을 선택하면서까지 지키려 했던 진리 탐구의 여정. 그 바통을 이어받는 게 남겨진 인류에게 주어진 숙제입니다. 또한 이것은 인류의 숙제를 넘어 소크라테스처럼 나 자신이 잘 살기 위해, 나의 영혼에 대한 참된 지식을 얻기 위해 실천해야 할 일입니다. 그런 사유의 토대 위에서 도덕의 쓸모를 이야기해야 합니다.

2장

먹고 사는 문제가 먼저 아닐까?
- 플라톤과 영혼

"첫 번째이자 가장 위대한 승리는
자기 자신을 정복하는 것이다."

현실 세계에 대한 절망

앞장에서 우리는 도덕의 쓸모를 밝히려고 할 때 필요한 역량에 대해 소크라테스로부터 배웠습니다. 적어도 도덕의 적확한 개념에 도달하기 위해서 견강부회(牽强附會)하지 말아야 합니다. 가변적인 조건들에 휘둘려 선불리 결론을 내려서도 안 됩니다. 끊임없이 도덕적 진리를 궁금해하며 질문하는 자세가 소크라테스의 가르침입니다. 아마도 이 가르침은 도덕의 쓸모를 탐구하는 독자가 이 책의 마지막 장을 읽을 때까지 놓지 말아야 하는 태도입니다. 그의 제자 플라톤처럼 말입니다.

잘 알려진 대로 플라톤은 소크라테스의 제자였습니다. 그 역시 스승의 가르침에 따라 소피스트에 맞섰습니다. 그는 소크라테스의 제자답게 참된 지식에 도달하기 위해 변증법을 이야기했습니다. 이는 어떤 의견에 대해서 끊임없이 반대의 의견을 대비함으로써 오류가 있는지 점검하는 방법이라는 점에서 소크라테스의 엘렝코스가 지향하는 바와 같습니다. 보편적 지식을 부정하는 소피스트식 회의주의를 비판하고 지식이란 존재 가능하며, 인간이 절대적으로 확실한 진리에 도달할 수 있다고 믿었습니다.

한편, 플라톤은 도덕이 지식이라면 당연히 도덕 역시도 우리에게 객관적 인식이 가능한 대상이 될 수 있다고 보았습니다. 이는 곧, 참된 도덕의 세계를 인식할 수 있는 사람만이 비로소 그 도덕을 실행으로 옮길 수 있다는 논리로 연결될 수 있습니다. 왜냐하면 우리가 어떤 지식을 실제로 적용한다고 말하려면, 일단 그 지식에 대한 소유를 전제해야 하기 때문입니다. 아직 획득하지도 못한 지식을 활용한다는 말은 어불성설입니다. 도덕에 대한 플라톤의 생각을 제대로 이해하기 위해서는 그의 인식론에 대한 공부가 선행되어야 합니다. 흔히, '이데아' 이론이라고도 불리는데요. 플라톤은 참된 지식의 세계를 현실이 아닌 현실 너머, 즉 이데아에서 찾았습니다.

플라톤이 현실 저 너머에 있는 이데아의 세계를 동경한 이유는 무엇일까요? 그것은 현실에서 기댈만한 희망이 전혀 없다고 느껴졌기 때문입니다. 플라톤은 펠로폰네소스 전쟁의 소용돌이 속에서 태어났습니다. 이 싸움은 민주제를 근간으로 하는 아테네와 과두제(寡頭制, oligarchy)를 근간으로 하는 스파르타를 중심으로 동맹국들 사이에 벌어진 전쟁으로 무려 27년 동안이나 지속되었습니다. 플라톤은 20대 중반까지 내내 전쟁을 경험한 셈이죠. 더욱이, 델로스 동맹 도시들이 하나둘씩 떨어져 나가면서 아테네는 심각한 식량난에 시달리다가 전쟁에서 지고 말았습니다. 결국, 아테네는 몰락의 길을 걷게 되면서 나라 꼴이 말이 아니었습니다. 그렇게 나라가 위태로운 상황에서 자신의 스승마저 사형당해야 하는 현실이 플라톤에게는 무척 절망스러웠을 겁니다.

위와 같은 절망적인 상황에 놓인다면 여러분은 어떤 선택을 할 수 있을까요? 스승의 비합리적인 죽음까지는 아니더라도,

전쟁의 비극 속에서 살아가야 하는 운명이라면 말입니다. 지금 이 순간에도 세계 곳곳에서는 민족, 영토, 종교 등의 문제로 전쟁이 끊이지 않습니다. 2022년 러시아의 우크라이나 침공으로 시작된 전쟁도 해를 거듭하고 있으며, 2023년에는 이스라엘과 하마스가 이끄는 팔레스타인의 무장 단체 사이에 전쟁도 발발했습니다. 분명, 잘잘못을 따져 전쟁의 책임을 물음으로써 다시는 똑같은 일이 되풀이되지 않도록 해야 합니다. 그러나 여기서는 전쟁의 부정의함과 별개로, 전쟁으로 인한 아픔을 나라면 어떻게 이겨낼 것인가를 묻고 싶습니다.

우리는 참혹한 전쟁 속에서도 어떻게든 삶을 살아내야겠지요. 중요한 것은 어떤 삶을 사느냐입니다. 모두가 비참한 현실에서 하나같이 다들 자기 밥그릇에만 혈안이 되어 있다면 어떻게 될까요? 서로 싸우다가 아마도 힘이 센 사람이 밥그릇을 차지하게 될 것입니다. 이런 논리대로라면, 살아남기 위해서 타인을 이기기 위한 힘을 키우는 일이 능사일 겁니다. 사실, 이게 바로 강자의 이익을 대변하는 행위를 곧 정의라고 이해하는 트라시마코스의 논리입니다. 그는 소피스트답게 보편적인 도덕의 세계가 존재하지 않으며 입법권자들이 정한 법만이 정의에 부합한다고 주장합니다. 그리고 권력자들은 나라가 어떤 상황이든지 간에 자신의 이익을 추구하는 쪽으로 법을 궁리하고요. 정치가 타락했을 때 나타나는 나라 꼴이 이와 같지 않을까요?

문제는 오늘날에도 여전히 트라시마코스 말대로 강한 자의 논리가 강력하게 작동하고 있다는 겁니다. 지금의 기성 정치인들이 보여주는 정치 행위가 국민의 삶과는 동떨어진 느낌이 듭니다. 선거철만 되면 국민을 위해 일하겠다며 표를 요구하더니, 당선되고 나서는 연일 국민, 국민 이야기하는데 이때의 국민은 도대체 어떤 국민인지 모르겠습니다. 어떤 때는 국민을 핑계 삼아 자기 이익을 관철하고 있다는 생각을 지울 수가 없습니다. 고속도로가 뚫린다고 하면 이상하게도 인근 땅은 그들과 친인척들이 소유하고 있는 경우가 허다합니다. 개발 제한이 풀리는 지역의 땅과 임야도 마찬가지입니다. 일반 대중에게 알려지기라도 하면, 어처구니없게도 노후에 낙농업이니, 부업으로 농사를 지으려고 한다느니 도저히 믿을 수 없는 말들을 늘어놓습니다. 이런 일들을 보고 있노라면, 트라시마코스 말대로 법이 강자의 이익을 대변하는 게 맞지 않나? 라는 서글픈 생각이 들기까지 합니다.

결론적으로, 트라시마코스의 주장은 어떤 정권에서든지 법과 제도는 권력 집단의 이익을 대변하기 위해 제정하게 되고, 또한 일반 대중이 그것을 마치 정의롭게 여기도록 만듭니다. 자연스럽게 법과 제도에 대한 도전은 정의롭지 못한 행위가 되고요. 이러한 정의관에 노출된 사람들이라면 법에 대하여 옳고 그름을 따지기보다는 당연히 자신도 권력 집단에 예속되기 위해서 노력하겠죠. 그렇게 해야 더 많은 걸 얻을 수 있으니까요. 그러나 강한 힘을 얻기 위해 치열한 투쟁으로 내몰린 삶을 좋아할 사람은 아마도 없을 겁니다. 적어도 우리는 약육강식의 논리가 지배하는 사회를 꿈꾸지는 않습니다. 그런 사회에서는 도덕이 설 자리가 없습니다.

선의 이데아에 대한 동경

플라톤은 강한 자가 만든 법을 따르고, 그래서 강한 자가 되기를 욕망하는 시대 조류에 편승하지 않았습니다. 정의롭지 못한 사회 현실에 절망한 플라톤은 다른 길을 택했습니다. 더 나은 사회를 동경했지요. 단적으로, 강자의 이익을 대변하는 사회가 아니라 다른 사람에게 도움을 주는 사람들이 더 행복할 수 있는 사회를 꿈꿨습니다. 더 선하게 사는 사람들이 손해 보지 않으며, 그래서 누구나 강한 자가 되려 하기보다는 선하게 살기 위해 노력하는 사회 말입니다. 안타깝게도, 현실에서 우리는 착한 사람보다 나쁜 사람이 더 잘 사는 것처럼 보이는 경우를 목격합니다. 사기꾼까지는 아니더라도 철저하게 이기적으로 살아가는 사람이 잘 먹고 잘사는가 하면 반대로, 사리사욕을 채우는 일에 거리를 두고 이타적인 삶을 사는 사람인데도 불행에 빠집니다. 주변에서 이런 광경을 볼 때면, 선하게 사는 일과 행복이 관련성이 있나 의구심이 들기까지 합니다.

인간이 자기 이익을 추구하는 존재라는 점에서 현실은 늘 불완전할 수밖에 없습니다. 앞에서 언급했듯이, 결국 현실에 절망한 플라톤이 찾은 장소는 현실 너머였습니다. 플라톤은 우리가 경험하는 가시적 사물들의 배후에 놓여 있는 이데아야말로 참된 세계라고 주장했습니다. 경험 세계는 변하기 마련이죠. 그러나 우리가 지향해야 할 이상사회에서의 이상이란 시공간을 초월하여 인간 누구에게나 불변하는 이상이어야 합니다.

플라톤에 따르면, 사물과 달리 이데아는 감각 경험으로 지각할 수 있는 성질이 아닙니다. 사물과 현상의 본질은 오직 이성적 숙고를 통해서만 파악될 수 있습니다. 일례로 우리가 책에서 삼각형 그림을 보면 삼각형이라 부르고, 손쉽게 스케치북에 삼각형을 그릴 수도 있습니다. 그러나 어디까지나 그 삼각형들은 불완전한 삼각형일 뿐입니다. 삼각형 하나를 그리려고 시도하는 모습을 상상해 보세요. 자를 대고 선분 하나를 긋는 순간 실패해 버리고 맙니다. 우리가 실제로 그린 것은 선분이 아니라 얼마간의 너비가 있는 면을 그은 것에 지나지 않습니다. 심지어 그 면조차도 종이에 묻은 잉크 두께만큼의 높이가 있는 것이므로 입체도형을 만들었다고 보는 것이 타당합니다.

따라서, 온전한 의미의 '진짜' 삼각형은 감각적 경험으로 포착할 수 있는 게 아니라, 감각을 초월하여 지성적 추론과 직관을 통해서 인식할 수 있습니다. 그렇게 보면, 우리가 그린 삼각형은 애초에 우리가 삼각형 그리기를 시도하기 이전부터 존재하는 삼각형의 이데아로부터 파생된 것에 불과합니다. 이데아는 우리가 경험 세계에서 지각하는 개별 사물의 실재보다 더 높은 형이상의 형태로 존재합니다. 즉, 특정한 사물들이 사라져도 그것의 이데아는 영원히 계속 존재합니다. 이를 받아들이면, 경험 세계 내에 존재하는 것들은 모두 이데아의 불변성과 완전함을 향해 노력하고 있는 복제물일 뿐이라는 결론에 이르게 됩니다. 우리가 추구해야 할 지식은 억견(dóxa)이 아닙니다. 영원불변의 완전한 이데아를 통해 얻어지는 지식 즉, 에피스테메(epistēmē)여야 합니다.

『국가』에 소개되고 있는 '동굴의 비유' 이야기는 이를 매우 잘 보여줍니다. 동굴 안에서 쇠사슬에 묶여 입구에 등을 돌린 채 벽만을 바라보는 죄수들이 있습니다. 동굴의 중앙에는 불이 타고 있으며 그 불빛에 의해 물체들의 그림자가 벽에 투영됩니다. 등 뒤의 불빛조차 볼 수 없고 단지 그 불에 의해서 생긴 그림자만 볼 수 있는 죄수 입장에서는 그림자를 실재로 인식할 수밖에 없습니다. 여기서 동굴 밖 햇빛은 객관적인 진리와 지식을 상징합니다. 동굴 밖에는 태양이 빛을 비추고 있지만, 동굴 안에만 갇혀 있는 죄수들이 이를 알 리 만무합니다. 그런데도 동굴 밖이 존재한다는 사실을 모르고 그림자의 움직임만을 사실로 착각하며 사는 삶을 떠올리면 어리석기 짝이 없죠. 동굴 속 죄수들은 햇빛을 본 적이 없기에 진정한 지식에 대한 이해도 불가능합니다.

아무튼 내 의견은 지성에 의해 알 수 있는 세계에서도 선의 이데아는 마지막으로, 또한 노력을 해야만 겨우 볼 수 있다는 것이네.

그러나 일단 본 이상에는, 그것이 모든 사람을 위해 온갖 올바른 것과 아름다운 것의 원인이 되며, 가시적인 세계에서는 빛과 빛의 주인을 낳고 지성에 의해 알 수 있는 세계에서는 스스로 주인이 되어 진리와 지성을 창조한다는 결론을 내리지 않으면 안 된다는 것이네.[1]

그런데 만약 죄수 중 한 사람이 풀려나서 자신의 등 뒤에서 그림자를 만들어 내는 대상들을 보게 된다면, 그가 실재라 믿어왔던 대상이 허상에 불과하다는 사실을 깨닫게 될 것입니다. 한 걸음 더 나아가 동굴 밖 바깥 세계로 빠져나가게 되면 어떤 일이 벌어질까요? 처음에는 이전에 보지 못했던 강한 태양빛에 압도되어 눈을 뜨기조차 어렵겠지만, 차츰 시간이 지남에 따라 눈이 햇빛에 적응하고 나면, 동굴 밖의 아름다움과 진리를 마주하게 됩니다. 플라톤은 지금 우리가 발 딛고 살아가는 현실 세계가 마치 동굴 안의 죄수가 바라보는 벽면의 그림자 같다고 본 것입니다. 그림자를 보며 아등바등 살아가는 사람들에게 동굴 밖 이데아의 세계를 보여주고 싶었던 거죠. 비유하자면, 플라톤의 눈에 소피스트와 같은 현실주의자들은 동굴 밖에 존재하는 이데아의 세계를 모르는 채로 살아가는 사람들입니다.

---

1 Platon, 천병희 역, 『국가』, 고양: 숲, 2013, 389쪽(517c).

'동굴의 비유'를 포함하여 감각기관을 통해 지각하는 사물과 그 근저에 놓여 있는 이데아를 설명하는 플라톤의 인식론이 왜 중요한가 하면, 그는 도덕에 대해서도 이데아를 이야기하고 있기 때문입니다. 만약 우리가 일상에서 어떤 대상에 대해서 아름답다고 판단한다면 그 판단의 배후에 그 대상과 별도로 존재하는 아름다움의 표준이 있음을 인정해야 합니다. 많은 아름다운 사물들은 제각각 아름다움을 표현하고 있지만, 아름답다고 여겨지는 모든 양태의 근원에는 아름다움의 이데아가 놓여 있습니다. 같은 맥락에서 도덕도 마찬가지로 본 것이죠. 그것이 이른바 '선의 이데아'입니다. 그의 인식론은 우리에게 절대불변의 형이상학 차원의 도덕을 말할 수 있는 토대를 마련해 주었습니다.

우리가 눈에 보이는 현실에 안주하지 말고 형상과 사물의 관계에 대하여 올바로 인식해야 하는 것처럼, 우리의 관심은 도덕에 관한 허영에 빠지지 않기 위해서 언제나 도덕의 이데아를 향하고 있어야 합니다. 플라톤은 도덕적인 가치들이 실재 세계에서가 아니라, 더 높은 형이상학적인 세계에서 유래된다고 믿었습니다. 예를 들어 관습이나 여러 사람의 의견 따위는 현실 원리를 바탕으로 하기 때문에 사물처럼 가변적인 습성을 지니고 있습니다. 감각으로 얻은 지식과 마찬가지로 신뢰할 수 없죠. 그러나 이에 비해 진정한 의미의 정의, 선, 도덕과 같은 개념은 불변적이며 시공간 속에 존재하지도 않습니다. 그것들은 오직 이데아라고 부르는 형이상학적인 세계에서 비롯됩니다. 하나의 행위에 대해 도덕적이냐 아니냐를 판가름할 수 있는 것도 도덕의 원형이 항상 존재하고 있기 때문입니다.

혹자는 점점 더 도덕의 의미에서 멀어지는 것 같다고 생각할지 모르겠습니다. 소크라테스도 도덕이 정확히 무엇이라고 답해주지 못하고 질문만 던졌는데, 플라톤에 와서도 도덕의 이데아가 존재한다는 사실을 말할 뿐 아직 도덕이 구체적으로 무엇을 의미하는지 분명하게 제시하지 못하고 있으니까요. 그러나 플라톤은 도덕이 지닌 성격만큼은 명확히 하였습니다. 적어도 그는 완전한 의미의 도덕이란 경험 세계 밖에 존재하지만 얼마든지 인간이 인식할 수 있는 세계라고 여겼습니다. 마치 삼각형을 그릴 때 이미 우리 머릿속에 삼각형의 이데아를 떠올릴 수 있는 것처럼, 도덕 역시 아직 완전하지는 않지만, 우리가 일상에서 도덕이라고 말하는 일련의 행위 근저에 도덕의 이데아가 자리하고 있다는 것이죠. 그러므로 우리는 현실에서 도덕이라 부르는 행위를 실천하고, 언어적으로 그것을 표현하는 와중에 도덕의 이데아를 인식할 수 있다고 보아야 합니다.

영혼의 돌봄

도덕의 성격을 이데아와 연결한 플라톤의 사유 속에서, 그렇다면 어떻게 해야 우리가 이데아를 인식할 수 있느냐의 문제를 제기할 수 있습니다. 아무리 절대 불변의 보편적인 도덕이 있더라도 그것을 우리가 인식할 수 없다면 무용지물인 셈이니까요. 우리는 현실이 아닌 이념으로만 존재하는 참된 도덕을 어떻게 인식할 수 있을까요? 일상에서 경험하는 구체적인 도덕적 행위들을 아무리 늘어놓아도 그것은 도덕의 참 개념은 아닐 겁니다. 단지, 참된 도덕을 담지하고 있는 하나의 사례에 불과할 뿐이니까요. 경험 너머의 이데아에 접속할 수 있는 인간의 본질은 무엇일까요?

플라톤은 진리를 획득하는 일을 영혼(soul)이 담당한다고 말했습니다. 이는 그의 스승이었던 소크라테스의 생각과 별반 다르지 않습니다. 소크라테스가 감옥에서 독배를 들기 전까지 나눈 지인들과의 대화가 영혼이 불멸한다는 내용이었다는 사실에서도 충분히 확인할 수 있습니다. 플라톤은 이원론의 시각에서 육체와 영혼을 구분했습니다. 물질적 육체는 감각적 경험 세계에 속하고 비물질적 영혼은 이데아의 세계에 속하며, 이 둘은 속성에 따라 각각 하는 일이 구분됩니다. 그리고 인간은 영혼과 육체를 모두 가지고 있기에 현실과 이데아 둘 모두에 관여하게 됩니다.

플라톤의 견해에 따르면 인간은 영혼이 육체라는 옷을 입고 살아가는 것과 같습니다. 여기서 우리는 진정한 의미의 인간이란 옷에 해당하는 육체가 아니라 영혼임을 유추할 수 있습니다. 즉, 육체 안으로 들어온 영혼의 삶이 바로 인간의 삶입니다. 육체는 영혼이 머무는 거처에 해당합니다. 사실, 이러한 주장은 영혼의 존재를 믿지 않은 사람에게는 허무맹랑한 이야기처럼 들릴 수도 있습니다. 사실, 영혼의 존재까지는 아니더라도 영혼의 영원불멸에 대한 의심은 『파이돈』에서 케베스가 던지는 질문을 통해 이미 엿볼 수 있습니다. 케베스는 죽음과 함께 영혼이 몸으로부터 해방된다 해도, 그것은 더 이상 어디에도 남아 있지 않고 연기처럼 산산이 흩날려 소멸하는 것 같은데, 사람이 죽었을 때도 영혼이 계속 남아 있다는 사실을 어떻게 증명할 수 있는지 묻습니다.[2] 이에 대해서 플라톤은 소크라테스의 입을 빌어 영혼은 삶의 이데아와 관계하고 있는 것으로 소멸할 수 없다는 주장을 폅니다. 직접적으로 『파이드로스』에 나온 글귀를 살펴보겠습니다.

모든 영혼은 죽지 않네. 그 이유는 이렇지. 항상 운동하는 것은 죽지 않지만, 다른 것을 운동하게 하면서 다른 것에 의해 운동하는 것은 운동이 그치면 삶도 멈추네. 자기 자신을 움직이는 것만이 유일하게 자기 자신을 떠나지 않기 때문에 운동하기를 멈추지 않고, 뿐만 아니라 운동하는 다른 것들에 대해 운동의 원천이자 시원이 되네. 그런데 시원은 생겨나지 않네.[3]

---

2 Platon, 진헌상 역, 『파이돈』, 파주: 아카넷, 2020, 48-49쪽(70a-70c).

3 Platon, 조대호 역, 『파이드로스』 서울: 문예출판사, 2019, 58-59쪽(245d).

여전히 영혼에 관하여 거부감이 든다면, 정신(mind)을 떠올리면 조금 낫지 않을까 싶습니다. 언어 사용 맥락에 따라 분명 다르게 사용되는 측면이 있지만, 몇몇 철학적 입장에서는 영혼과 정신을 동의어로 사용하기도 하니까요. 뒤에서 이야기하겠지만, 플라톤에 따르면 인간의 영혼은 욕망, 기개, 이성으로 이루어져 있고, 그중에서도 이성은 순수한 사유와 인식의 능력으로서 욕망과 기개를 적절히 통제하는 역할을 하며 머리에 자리하고 있습니다.

물론, 사고와 의식 등을 포함하는 정신은 물리적 실체로서의 뇌의 활동과 관련되어 있습니다. 현대 뇌과학은 뇌의 다양한 영역이 어떻게 상호작용하며, 특히 뇌의 신경 회로망이 어떻게 특정 인지 기능을 수행하는지를 밝히는 연구를 수행하고 있습니다. 뇌과학자들에게 물질적인 뇌의 활동과 관련된 정신은 연구의 대상이지만, 주로 종교나 철학 분야에서 논의되는 영혼은 연구의 범위에서 다소 떨어져 있습니다. 그러나 일단, 플라톤이 이야기하는 도덕이 무엇인지 이해하기 위해서는 영혼에 거리를 두고 사는 사람일지라도, 영혼의 존재에 대해 한시적으로 수긍하고 접근할 필요가 있습니다.

플라톤의 관점에 따라 영혼이 인간을 구성하는 핵심이라고 한다면, 영혼이 좋은 상태여야 좋은 인간이라고 말할 수 있습니다. 그런데 영혼의 좋음은 우리가 일상에게 경험하는 일시적인 만족이나 육체적 쾌락과는 거리가 있습니다. 배고프면 먹고, 피곤하면 자야 하는 인간의 욕망은 영혼보다는 육체의 좋음과 관련되어 있습니다. 그리고 쾌락 자체가 나쁜 것은 아니지만, 그렇다고 쾌락을 무조건 옳다고 말할 수도 없습니다. 다른 사람을 괴롭히면서 만족을 느끼는 사람을 옳다고 말할 수 없으니까요. 타인을 해치는 일은 자신의 영혼에도 분명히 해가 되는 일입니다.

플라톤은 좋은 삶을 위해서 영혼을 잘 돌봐야 한다고 말합니다. 그에 따르면 영혼은 영원불멸하며, 육체는 한시적입니다. 육체에 속박된 영혼은 감각과 욕망에서 자유롭지 못하고 진리를 포착하는 데도 어려움을 겪습니다. 그래서 육체에 터를 잡은 영혼은 육체가 생을 마감하게 될 때 육체로부터 빠져나와 원래 자신이 있던 자리로 돌아가야 합니다. 애초에 영혼은 이데아의 세계에 닿아 있다는 것이 플라톤의 생각입니다. 천상병 시인의 '귀천'은 이러한 플라톤의 사상을 은유적으로 잘 대변하는 시입니다. '나 하늘로 돌아가리라. 아름다운 이 세상 소풍 끝내는 날. 가서 아름다웠더라고 말하리라.' 인간은 현세에서 일정 기간 머물다가 하늘로 돌아가야 할 운명입니다. 죽음과 동시에 영혼은 육체로부터 해방되어 이데아의 세계로 돌아가는 것입니다.

『국가』의 10권 후반부에는 에르(Er)라는 병사의 입을 통해 사후 세계의 심판과 보상에 관한 이야기가 소개됩니다. 에르는 전투 중에 죽었다가 열이틀째 되던 날 장례를 치르기 전에 화장용 장작더미 위에 누워 있다가 되살아나서 저승에서 본 것들을 들려줍니다. 에르가 죽은 뒤 다시 깨어날 때까지 목격한 저승의 모습은 죽은 자들의 영혼이 심판받고, 그들이 살아온 삶에 따라 보상이나 벌을 받는 장면이었습니다. 이 이야기는 도덕적인 삶의 중요성과 정의의 최종적 승리에 대한 플라톤의 신념이 고스란히 녹아 있습니다. 에르가 죽음 속에서 본 것은 땅에 나란히 난 구멍 두 개와 맞은 편 하늘 위에 난 구멍 두 개 사이에 재판관들이 앉아 있고, 이들의 판결에 따라 올바른 자들은 위로 올라가고, 불의한 자들은 아래로 내려가도록 명령하는 광경이었습니다. 재판관들은 에르에게 저승의 일을 인간들에게 전하는 사자(使者)의 역할을 부여하고, 저승에서 일어나는 일을 하나도 빠짐없이 듣고 보라고 일렀습니다. 다음은 에르가 저승에서 목격한 장면을 소크라테스가 글라우콘에게 소개한 일부입니다.

그는 혼들이 재판받은 다음 하늘 쪽 구멍 하나와 땅 쪽 구멍 하나를 통해 떠나가는 모습을 봤으며, 나머지 두 구멍 가운데 땅 쪽 구멍에서는 때와 먼지에 찌든 혼들이 올라오고, 하늘 쪽 구멍에서는 정결한 혼들이 내려오는 모습이 보이더래. 그런데 도착하는 혼들은 언제나 긴 여행에서 돌아온 듯이 보였고, 이 초원에 도착한 것을 몹시 기뻐하며 마치 축제장에 도착한 듯 그곳에서 야영하더래. 서로 아는 혼들끼리는 인사를 나누었고, 땅 쪽에서 온 혼

들에게 그곳 사정을 묻더래. 이들은 서로 이야기를 주고받았는데, 한쪽에서는 천 년이나 걸린 지하 여행에서 얼마나 많은 것을 보고 겪었는지 회상하고는 비탄의 눈물을 흘리며 이야기하고, 하늘 쪽으로 내려온 혼들은 그곳에서 누린 행복과 그곳에서 본 이루 말할 수 없이 아름다운 광경을 이야기하더래.[4]

플라톤은 인간의 영혼이 여러 생을 거치며 도덕적 성취에 따라 다른 형태의 삶을 살아가게 된다고 설명합니다. 그런데, 이데아의 세계가 영혼의 본질이라면 영혼은 이데아를 잘 알고 있다는 말이 되는데, 영혼을 품은 인간은 왜 이데아를 인식하는 일에 애를 먹을까요? 그 까닭은 육체에 들어오는 순간부터 영혼은 이전에 알았던 이데아의 세계를 망각하기 때문입니다. '진리'에 해당하는 희랍어 '알레테이아(aletheia)'는 부정을 의미하는 접두사 'a'와 망각을 의미하는 'lēthē'의 합성어로, 망각을 극복하는 것과 관련 있습니다. 이것은 이미 알고 있었지만, 지금은 잊고 있는 것을 다시 떠올려 알게 되는 인식의 작용과 관련되며, 소크라테스의 '상기(想起)'와 연결됩니다. 그래서 망각의 강을 건넌다는 것은 저승에서 이승으로 넘어옴을 의미합니다.[5]

---

4 Platon, 천병희 역, 『국가』, 고양: 숲, 2013, 587쪽(619b).

5 이강서, 『플라톤 읽기』, 서울: 세창미디어, 2020, 195쪽.

지금의 내가 전생의 나를 기억하지 못하는 것도 같은 이유입니다. 현재의 나는 누군가의 자식으로, 누군가의 부모로 살고 있지만, 전생의 내 영혼은 누구의 남편이었고 아내였는지 전혀 모릅니다. 이런 상황은 우리에게 생은 지금 여기서 단 한 번뿐이라고 여기게 만들죠. 하지만 우리의 생이 끝남과 동시에 영혼은 망각의 강을 건넙니다. 영혼이 육체의 땅을 떠날 때 기존에 갖고 있던 지식을 모두 잊게 되는 거죠. 영혼이 고향인 이데아로 돌아가기 위해서는 이 관문을 통과해야 합니다.

우리는 영혼의 좋음을 위해 무엇을 해야 할까요? 도덕과 영혼은 불가분의 관계에 있습니다. 플라톤은 이데아를 도덕적 가치와도 연결 지어 설명합니다. 도덕적인 훈련을 통해 인간의 영혼이 이데아에 가깝게 진화할 수 있다고 보았습니다. 쉽게 말해서 우리는 도덕적인 삶을 통해서 영혼을 더 높은 수준으로 이끌 수 있으며, 또한 고귀한 영혼일수록 선의 이데아에 더욱 가까워질 수 있습니다. 고로 우리는 영혼을 고귀하게 가꿔야 합니다. 그 구체적인 방법은 상기(想起)입니다.

선의 이데아의 세계에서 온 영혼은 육체에 들어오기 전부터 이미 선의 이데아에 친숙합니다. 그래서 일상에서 육체와 결합한 영혼의 인간은 선의 이데아와 유사한 현상들을 경험하면서 그 근저에 놓여 있는 선의 이데아를 상기할 수 있습니다. 그러므로 인간은 영혼이 육체 안에 머무는 동안, 즉 일생에 선의 이데아를 깨닫는 일에 힘을 쏟아야 합니다. 사는 동안에 영혼을 단련한다는 말의 의미에서 삶이 죽음의 연습이라는 맥락이 이해되기도 합니다. 마치 인간의 영혼이 지구별에 단기 체류하는 동안에 육체 안에서 혹독한 훈련의 과정을 거치다가 죽음과 동시에 육체와 이별하고 선의 이데아의 세계로 돌아가게 되는 것이죠.

> *정신의 더 뛰어난 부분들이 이겨서 그들을 질서 있는 생활 태도와 지혜에 대한 사랑으로 이끌면, 그들은 이곳의 삶을 복되고 조화 있게 살아가네. 자기 자신을 억제하고 절도를 지키면서 영혼의 열등함을 낳는 것에 자유를 허락하지.*[6]

영혼도 훈련이 필요한 이유는 육체에서 기인합니다. 우리의 몸은 그 물질성으로 말미암아 필연적으로 물질을 욕망합니다. 인간의 영혼이 육체에 거처를 마련한 이상 욕망의 굴레를 어쩔 수 없이 감내해야 합니다. 문제는 이 감각적 욕망이 우리의 영혼을 오염시킬 여지가 있다는 점입니다. 실제로 우리의 몸은 주변 환경으로부터 온갖 유혹에 시달립니다. 건강을 생각하면 식사도 조절하고, 적당히 운동도 해야 하지만, 운동은커녕, 건강을 해칠 정도로 게임에 중독되어 밤새 스마트폰만 보는 사람이 있는가 하면, 알코올 중독에 빠져 병원 신세를 지는 사람도

---

6 Platon, 조대호 역, 『파이드로스』 서울: 문예출판사, 2019, 86쪽(256b).

있습니다. 이렇듯 육체의 쾌락을 좇는 일은 영혼의 일을 방해하기 마련입니다. 심지어 때로는 나쁜 짓인 걸 알면서도 충동을 참지 못하고 화를 부를 때도 있습니다. 몸이 견디지 못한 거죠. 곤경에 처한 사람을 목격했을 때 도움을 주는 게 도리라는 사실을 알면서도, 나 하나 편하게 있자고 비겁하게 모른 척 지나치기도 합니다. 이때 편안한 것도 결국은 우리의 몸입니다.

이러한 인간의 상황에 대해 플라톤은 『파이드로스』에서 마차를 끄는 한 쌍의 날개 달린 말과 마부에 빗대어 설명합니다. 그는 영혼을 욕망(appetite), 기개(spirit), 이성(reason)의 세 부분으로 묘사하는데요. 여기서 한 마리는 욕망, 다른 한 마리는 기개, 그리고 마부는 이성에 각각 일대일 대응됩니다. 우선, 마차가 원하는 곳으로 나아가기 위해서는 마부가 두 말을 잘 제어해야 합니다. 그런데 욕망의 말은 출처가 지상이며 식욕, 성욕을 관장합니다. 건방지고 거칠어서 어설픈 조련으로는 말을 듣지 않습니다. 반대로 기개의 말은 출처가 천상입니다. 그래서 어지간히 말로 타일러도 충분히 제어할 수 있습니다. 이 두 말을 동력 삼아 영혼이 가야 하는 길은 천상입니다. 이성의 마부는 두 성품의 말을 모두 이용해 선의 이데아를 향해 나아가야 합니다.[7] 가장 어려운 점은 이리저리 미친 듯 날뛰는 욕망의 말입니다. 더욱이 한 마리 말이 날뛰면 나머지 한 마리도 덩달

---

7 Platon, 조대호 역, 『파이드로스』, 서울: 문예출판사, 2019, 60-63쪽(246b-247c).

아 날뛸 수 있습니다. 그래서 마부는 이데아로 가는 길목에서 항시 두 말이 엉뚱한 짓을 하지 못하도록 제어해야만 합니다. 이데아로 가야만 하는 마부로서는 힘에 부친다고 동력을 내칠 수도 없는 노릇이죠.

말과 말, 말과 마부는 서로에게 영향을 주지만, 이 셋의 관계는 결정적으로 마부가 하기 나름입니다. 아무리 이성이 욕망, 기개와 함께 작용하더라도, 이성이 채찍을 쥐고 있는 이상 욕망과 기개를 천상으로 인도해야 할 의무가 있습니다. 그러나 비이성적인 부분인 욕망과 기개가 이성을 짓누를 때 사단이 나는 것입니다. 우리가 욕망에 눈이 멀게 될 때 영혼의 질서가 깨지게 되고, 욕망은 주체할 수 없는 탐욕으로 자라나게 됩니다. 그런데 현실에서 욕망과 기개는 대부분 우리의 몸과 관련되어 무분별하게 작동합니다. 육체의 갈증을 자극하여 영혼의 이성이 더 이상 선의 이데아를 지향하지 못하도록 만듭니다. 실제로 현실에 안주하며 육신의 욕망을 채우는 데 혈안이 된 사람에게 진리를 상기할 여지는 없습니다. 그들은 훌륭한 마부가 될 수 없으며, 천상으로 갈 수도 없습니다.

플라톤은 영혼이 육체에 갇혀 있는 이상 욕망도 영혼의 일부일 수밖에 없음을 받아들이고 영혼의 세 부분이 조화를 통해 진리로 나아감을 주장한 것입니다. 육체에 자리를 튼 영혼이, 그중에서도 이성이 지금까지 욕망에 이끌려 다녔다면, 이제는 그만 정신 차리고 말의 고삐를 확실히 붙잡아 말을 제어하라는 가르침을 주고자 했던 것이죠. 여기까지가 아테네 땅에서 무너진 도덕을 회복하려고 했던 플라톤이 영혼의 개념을 가져온 논리입니다. 이상의 플라톤의 논의를 통해서 도덕의 의미를 추측해 보면, 영혼의 내적 조화라고 할 수 있습니다. 영혼이 해방되어 선의 이데아로 가도록 살아가는 것이야말로 도덕적인 삶이라고 말할 수 있습니다.

그런데, 플라톤이 살던 당시에도 현실주의자들이 판을 친 것을 보면 훌륭한 마부가 별로 없었던 듯합니다. 다시 말해서 이성을 토대로 올바른 도덕적 지식을 향해 가는 길이 결코 쉬운 일은 아닙니다. 플라톤은 인간이 이데아의 지식을 성취하기란 쉽지 않기 때문에 체계적인 교육과 훈련을 통해 탁월한 지적 능력을 보유해야 한다고 보았습니다. 올바르게 지혜를 사랑하는 사람들은 몸에 관련된 모든 욕망을 멀리하고 견뎌 내며 그것들에 자기 자신을 내맡기지 않습니다.[8] 그러나 플라톤 생각에 일반 대중은 아무리 열심히 훈련에 참여해도 이데아에 대한 통찰력을 소유하기 어렵기 때문에, 이를 소유한 소수의 엘리트가 나머지 대중을 올바른 길로 이끌어야 한다는 주장에 이르게 됩니다.

---

8 Platon, 진헌상 역, 『파이돈』, 파주: 아카넷, 2020, 79-80쪽(82c)

철학하는 인간

화이트헤드가 "모든 서양철학사는 플라톤 철학의 주석이다"라고 평할 정도로 플라톤은 명실공히 서양 철학의 모태로 봐도 무방합니다. 그만큼 훌륭한 철학자임에도 불구하고 국가 운영이나 교육 시스템과 관련하여 엘리트주의를 옹호했다는 점에서는 오늘날 많은 비판이 따릅니다. 더군다나 아테네는 직접 민주주의 정치 시스템이 작동하고 있는 사회였는데 소수자의 통치를 이야기했으니 말입니다. 사회적 계급 분화를 조장한 그의 사상을 비호할 마음은 조금도 없지만, 당시에 플라톤이 왜 그런 주장을 하게 됐는지 그 배경을 이해한다면, 분명 우리가 얻을 수 있는 교훈도 있습니다.

실제로 플라톤은 아테네의 민주 정치 체제에 대해서 불만이 많았습니다. 그가 민주주의에 대해 회의적인 시각을 갖게 된 것은 단지 달변가에 불과해 보였던 소피스트들의 횡행, 그리고 공동체 해체와 관련 있습니다. 더 결정적으로는 '말 잘하는' 소위 민주주의자들에 의해서 그의 스승이 죽음을 맞게 된 것을 목도하고 민주주의와는 반대의 목소리를 내게 된 것입니다. 민주주의보다 더 나은 정치 시스템이 뭐가 있을까요? 플라톤은 확실히 민주 제도보다 더 나은 제도를 갈망했습니다. 한 마디로 이상사회를 꿈꿨습니다.

플라톤은 소피스트도 소피스트지만, 우매한 대중에게 국가를 맡겨서는 절대로 정의로운 국가를 건설할 수 없다고 판단했습니다. 능력 없는 군주도 문제가 되고요. 여기서 능력이란 바로 선의 이데아에 대한 통찰력과 덕스러움입니다. 플라톤은 지혜와 덕을 완벽하게 갖춘 사람들만이 자기 이익에서 벗어나 사회 정의를 추구할 수 있다고 믿었습니다. 예나 지금이나 비슷한 거 같지 않나요? 그런데 완전하게 자기 이익을 초월하여 공공선을 추구하며 사는 사람이 있을까요? 하물며 정치인들이라고 해서 별반 다르지 않아 보입니다. 그런데 정치인들은 일반인과는 다르게 공공선의 추구가 직업적 본분입니다. 이들이 자기 이익을 염두에 두면서 정치 활동을 한다면 사회 정의 실현은 요원한 일이 될 것입니다. 어찌 보면, 플라톤의 절망 한가운데에는 도덕은 없고 정치는 타락한 현실이 자리 잡고 있었을 겁니다.

그가 이상사회를 동경하며 착수한 대업은 국가 통치를 맡길 만한 지혜로운 사람을 길러내는 일이었습니다. 그가 기원전 387년 '아카데미아'라는 학교를 세워 학생을 가르친 것도 같은 이유입니다. 플라톤은 『국가』에서 출신이나 성별 따위와 무관하게 모든 사람에게 동등한 교육을 제공하기를 제안했습니다. 각 개인은 일정 기간 교육을 받고 나면 선발 과정을 거친 후, 능력에 따라 국가에 필요한 계급 집단에 편입됩니다. 그 계급은 생산을 담당하는 노동자, 국가 행정을 담당하는 군인과 중간 관리자, 권력을 쥐고 국가를 통치하는 지배자로 나뉩니다. 그리고 이들에게 필요한 덕으로 절제, 용기, 지혜를 차례로 언급했습니다. 플라톤은 이렇게 나누어진 계급 안에서 각 개인이 할당된 자신의 직분을 충실히 수행함에 따라 국가의 안정과 조화가 유지될 수 있다고 생각했습니다.

특별히, 플라톤에 따르면 철학자가 지배자가 되어야 합니다. 이때 철학자란 오늘날 우리가 접하는 직업인으로서의 철학자를 말하는 것이 아닙니다. 지혜를 사랑하는 사람이요, 영혼이 맑은 사람입니다. 플라톤은 철학자가 되기 위해서는 약 40년 동안의 체계적인 교육과 훈련이 필요하며, 그것도 시험을 통과한 소수만이 완벽하게 덕을 갖추고 이데아를 통찰할 수 있다고 이야기합니다. 국가 통치자로서 자신의 쓰임을 위해 40여 년을 준비한다는 게 말이 쉽지 함부로 도전할 수 있는 일이 아닙니다. 최종 시험에 통과할지도 불분명한데 통치자가 되기 위한 훈련으로 반평생을 보낸다는 게 쉽지 않죠.

플라톤의 사상에는 능력에 따라 계급이 나뉘는 것도 그렇고, 역할을 부여받기 위해서 국가로부터 교육을 받아야 한다는 것도 그렇고 현실성이 떨어지는 내용들이 다수 있습니다. 맞습니다. 민주주의에 대한 비판은 또 어떻고요. 그러나, 플라톤이 오죽하면 민주주의를 비판했겠습니까? 그만큼 깨어있는 지식인이 없었던 거죠. 얄팍한 식견으로 욕망을 채우려는 사람들이 모인 집단에서 민주주의의 취지가 제대로 살아날 리 없죠. 오히려 민주주의를 악용한 사람들이 득실거렸던 겁니다.

지금은 평범한 시민 모두가 정치에 참여해야 한다는 게 상식입니다. 현재, 잠정적으로 민주주의를 최선의 정치 체제라고 긍정하는 사람들에게 당부합니다. 우리 한 사람 한 사람이 플라톤이 이야기하는 철학자가 되어야 합니다. 욕망에 눈멀어 쾌락만 추구할 게 아니라, 덕을 갖추고 이데아를 통찰할 수 있는 지혜를 얻기 위해 노력해야 합니다. 깨어있는 영혼의 소유자가 되어야 합니다. 이것이 현실에 절망하고 저 멀리 이상을 동경했던 철학자 플라톤이 도덕에 관하여 우리에게 주는 진정한 가르침입니다.

3장

도덕은 어디에 좋은 걸까?
- 아리스토텔레스와 행복

"삶은 자연의 선물이지만
아름다운 삶은 지혜의 선물이다."

행복하고 싶다면

도덕에 관한 플라톤의 이야기는 내세를 믿지 않는 사람에게는 별 감흥이 와닿지 않을 수 있습니다. 나의 관심사는 지금 여기인데, 당장에 먹고 살기도 바빠 죽겠는데 죽음 이후를 생각하라니 말입니다. 내 육신부터 일단 편해야 하는데, 죽음 이후의 영혼을 위해 살아있는 지금은 온갖 욕망을 참고 견디는 게 말이 되느냐고 반문할 수도 있습니다. 또한 죽은 다음의 영혼이 어떻든 망각의 강까지 건넌 다음이라면, 지금의 나는 있지도 않게 되는 거 아닌가 의구심이 들기에 충분합니다. 누가 뭐래도 죽음 이후의 세계를 부정하는 이들에게는 플라톤이 요구하는 영혼의 보살핌이란 설득력이 떨어집니다. 그의 제자 아리스토텔레스도 그렇게 느꼈습니다.

아리스토텔레스는 논리학, 물리학, 생물학, 문학 등 다방면에 박학다식했던 철학자입니다. 그중에서도 특히 자연에 관심이 많았던 아리스토텔레스는 왕의 주치의였던 아버지의 영향 아래서 자라면서 생물을 해부하고 관찰하는 일에 흥미가 많았습니다. 실제로, 바닷가에서 채집한 생물을 관찰하면서 시간을 보낸 적도 꽤 있었다고 전해집니다. 이렇게 눈앞에 보이는 생명체에 관심이 컸던 것처럼, 그의 철학은 지극히 현실 세계에 바탕을 두고 정립되었습니다. 아리스토텔레스는 아카데미아에서 플라톤에게 수학한 최고의 제자이지만, 동시에 플라톤과는 다른 길을 걸었습니다. 플라톤이 추상적인 이데아의 세계에 주목한 것과 달리 아리스토텔레스는 지상의 현실과 구체적인 사물들에 관심을 가졌기 때문입니다.

아리스토텔레스도 플라톤처럼 형상과 질료를 구분했지만, 형상이 없는 질료, 질료가 없는 형상을 내세우지는 않았습니다. 그가 생각하기에 존재하는 만물은 질료와 형상이 조화를 이루고 있는 구체적인 개별 사물들입니다. 그런 아리스토텔레스가 육체로부터 분리된 영혼의 상태를 인간의 온전한 삶으로 받아들이기란 쉽지 않았을 것입니다. 물론, 그의 스승처럼 아리스토텔레스 역시 '영혼에 관하여'를 저술할 정도로 영혼 자체를 거부하지는 않았습니다. 다만, 그는 인간이 죽음으로써 육체와 영혼이 분리되면 그것으로 더 이상 인간은 존재할 수 없다고 보았습니다. 그에 따르면 인간의 삶은 영혼과 육체가 하나로 결합하여 있을 때만, 즉 지금 여기 지구별에서 숨을 쉬며 살아가는 동안에만 온전히 말해질 수 있는 것입니다.

라파엘로의 그림 '아테네 학당'은 플라톤과 아리스토텔레스의 관심사가 정반대임을 상징적으로 보여주고 있습니다. 그림에 대해 짧게 설명하면, '아테네 학당'은 고대부터 르네상스 시대에 이르기까지 역사상 위대한 철학자들과 수학자, 과학자들을 한 폭의 그림 안에 담은 작품입니다. 초록색 옷을 입고 대화에 한창인 소크라테스부터 시작해서 계단 바닥에 앉아 있는 디오게네스, 피타고라스까지 우리에게 익숙한 인물들이 많습니다. 그런데 이 그림에서 단연 눈에 들어오는 인물은 그림 한

가운데를 차지하고 있는 플라톤과 아리스토텔레스입니다. 자세히 보면, 플라톤은 손가락을 하늘로 치켜들고 있고, 아리스토텔레스는 손바닥으로 땅을 가리키고 있습니다. 여기서 하늘은 이데아의 세계를 상징하며, 땅은 지금 우리가 사는 현실 세계를 의미합니다.

아리스토텔레스는 현세에서의 인간 삶을 어떻게 하면 더 좋은 상태로 이끌 수 있을지를 탐구했습니다. 인간은 누구나 잘 살고 싶어 합니다. 잘 사는 게 무엇인지 그 의미를 정확하게 말하기 어렵지만, 우리가 살아가면서 하는 일들은 하나같이 다 잘 살기 위해서 하는 일들입니다. 만약 이와 반대로 살아가는 사람이 있다면 자기 삶을 스스로 망치고 있다고 봐야 합니다. 아리스토텔레스는 인간을 목적론적 존재로 바라보면서 인간 삶의 목적으로서 궁극적인 선이 무엇인지를 물었습니다. 그리고 이와 관련하여 도덕의 쓸모를 논리정연하게 풀어내고 있습니다. 단적으로, 아리스토텔레스는 도덕이 인간의 삶을 좋게 만드는 데 쓸모가 있다고 말합니다. 그렇지만 고대 아테네에서 그의 눈에 들어온 것은 도덕의 의미를 상실한 채 진정한 행복과는 거리가 먼 삶을 사는 사람들이었습니다.

잘 살기 위해서는 도덕적이어야 한다는 말이 다소 낯설게 느껴질 수 있을 겁니다. 왜냐하면 오히려 반칙을 일삼으며 제멋대로 사는 사람들이 더 잘 사는 것처럼 보일 때가 있으니까요. 그런 상황을 목격할 때면 도덕이 밥 먹여주는 것도 아닌데 다른 사람에게 심각한 피해를 주는 게 아니라면 굳이 도덕에 신경 쓰며 살고 싶지 않다고 말하기도 합니다. 이런 사람들의 시선에 도덕은 단지 불편하고 성가신 존재일 뿐입니다. 그리고 내 주변에서 도덕적이지 못한 일들이 벌어지더라도 적당히 타협하고, 적당히 눈 감으면서 자기 행복을 추구하며 사는 게 뭐 그리 문제가 되느냐며 합리화하기도 합니다.

그러나 생각이 여기에 갇힌 사람은 다시 소크라테스의 질문으로 돌아가야 합니다. 잘 산다는 것은 무엇이고, 그 삶의 주체인 나는 누구이며, 나에게 진정으로 좋은 것은 무엇인지에 대한 앎의 문제로 말입니다. 이에 대한 복습은 독자의 몫으로 맡기겠습니다. 여기서는 아리스토텔레스가 잘 사는 일과 도덕의 쓸모를 어떻게 연관 짓고 있는지에 주목하고자 합니다.

아리스토텔레스는 말합니다. 그저 막연하게 잘 살고 싶어 해서는 잘 살 수 없다고요. 우리가 궁극적인 삶의 목적을 간과한 채로 잘 살 수 있을까요? 우리는 우연히 세상에 태어났지만, 저마다 삶의 목적을 찾고, 얼마간 그 목적을 실현하기 위해 노력합니다. 여러분은 어떤 목적을 갖고 인생을 살아가고 있나요? 주변의 지인들과 이야기를 나누다 보면 사람마다 삶의 목적이 다를 수 있다고 느낄 수 있습니다. 그러나 아리스토텔레스는 모든 인간의 궁극적인 삶의 목적은 하나라고 이야기합니다. 아무리 겉으로 드러나는 삶의 양상이 사람마다 다를지라도 삶의 지향점으로서의 최고선은 결국 하나라는 것이죠.

아리스토텔레스는 최고선으로 '에우다이모니아(eudaemonia)'를 이야기하였습니다. 이 개념은 좋음(good)을 의미하는 'eu'와 영혼(spirit)을 의미하는 'daimōn'이 합쳐진 말로 '좋은 영혼'이란 뜻을 지니고 있습니다. 국내에서는 흔히 '행복'으로 번역되는데요. 일상에서 우리는 서로 다른 성격의 목표를 세우곤 하지만, 그 목표를 실현함으로써 얻게 되는 삶의 궁극에는 늘 행복이 자리하고 있습니다. 그렇습니다. 우리는 행복하기 위해서 삽니다. 아니, 정확히는 행복한 삶을 살고 싶어 합니다. 그러나 아리스토텔레스가 이야기하는 에우다이모니아를 세상 사람들이 일상에서 통념적으로 사용하고 있는 행복의 개념으로 이해해서는 곤란합니다.

아리스토텔레스는 인간이 추구하는 행복의 참된 의미를 현실감 있게 풀어낸 철학자입니다. 잘 산다는 것은 무엇이며 행복이란 무엇일까요? 적어도 아리스토텔레스가 말하는 행복은 물질적 욕망의 충족이나 쾌락과는 거리가 있습니다. 어떤 사람은 로또에 당첨되어 일확천금을 얻는 게 행복이라고 여기고, 또 어떤 사람은 높은 사회적 지위를 획득하면 행복해질 거라고 기대합니다. 그러나 사람들이 행복의 개념을 이런 식으로 천차만별 다르게 정의한다면 무슨 일이 벌어질까요? 모두 인정해 주어야 할까요? 각자의 인생이니까 말입니다. 아마도 행복 때문에 나쁜 일까지 용인되어야 한다고 생각하는 사람은 없을 겁니다. 도둑질하면서 만족감을 느끼고, 비도덕적으로 축적한 부로 행복하다고 느끼며 살아가는 사람까지 우리가 이해 해줄 수는 없는 노릇입니다.

인간의 고유한 기능

아리스토텔레스는 행복하기를 바란다면 도덕적으로 살라고 말합니다. 다분히 현실적인 접근인데요. 만약 아리스토텔레스의 말이 사실이라면 우리는 사람들에게 특별히 도덕적으로 살아야 한다고 설득할 필요도 없을 것입니다. 저마다 자기 행복을 위해서 알아서 매 순간 도덕적 행위를 선택할 테니까요. 실제로 아리스토텔레스는 우리가 인간으로서의 덕을 함양할 때 온전한 행복에 도달할 수 있다고 보았습니다. 그에게서 덕은 흔히 인간으로서 지녀야 할 고유한 자질이나 품성과 관련됩니다. 사실, 고대 그리스는 덕을 조금 더 광범위한 의미로 사용했습니다. 엄밀한 의미에서 이것을 아레테(arete)라고 부르는데요. 당시 아레테로서의 덕을 지닌 대상은 인간만이 아니라 존재 일반으로 확장됩니다. 모든 존재는 그 나름의 본질적 기능을 지니고 있으며, 그 기능을 최대한 잘 발휘하는 상태를 덕이 있다고 보았습니다. 이런 맥락에서는 아레테를 '탁월성'이라고 번역하는 것은 매우 바람직합니다.

여타의 사물들은 인간이 부여한 목적이 있기 마련입니다. 볼펜은 메모하기 위해서, 지우개는 메모한 내용을 지우기 위해서 만들어졌죠. 그 본연의 기능을 상실하면 더 이상 그 볼펜은 볼

펜으로서의 가치를 발휘하지 못합니다. 잉크가 소진된 볼펜은 쓸모가 없게 됩니다. 만약 볼펜이 살아있다면 어떤 기분일까요? 자신의 기능을 상실한 볼펜의 기분 말입니다. 자신의 본질적인 기능을 상실했다는 것은 쓸모를 상실한 거나 마찬가지입니다. 그렇다면 인간 본연의 기능은 무엇이라고 말할 수 있을까요? 인간을 사물처럼 바라보는 것 같아서 못마땅한 사람도 있을 것입니다. 문득, 실존주의 철학자 사르트르가 떠오릅니다. 그는 인간에 대하여 어떤 목적이나 필요에 따라 만들어진 존재가 아니라, 스스로 존재의 의미를 찾아가는 존재라고 주장합니다.

그러나, 인간에 대한 자연주의적 접근을 시도하는 아리스토텔레스는 인간에게도 인간을 인간으로 만드는 본질적 기능이 있음을 전제합니다. 인간은 왜 만들어졌을까요? 볼펜이나 지우개의 쓰임처럼, 인간의 쓰임을 생각해 보세요. 표현이 좀 그렇지만 인간은 어떤 기능을 핵심으로 소유하고 있나요? 인간이 만든 여타의 사물들은 애초에 어떤 기능을 수행하기 위해서 만들어졌다면, 우리는 그렇지 않습니다. 아리스토텔레스는 사물처럼 인간이 지닌 고유한 기능이 무엇인지 밝히면서 인간이 그 기능을 탁월하게 발휘함으로써 행복에 이를 수 있다고 생각한 것입니다. 그리고 인간의 기능에 있어서 탁월성을 갖출 때만이 덕 있는 사람으로 불릴 수 있습니다.

예를 들어, 피아니스트는 피아노 연주가 본질입니다. 피아노 연주를 하지 못하는 사람을 피아니스트라고 부를 수는 없습니다. 그리고 연주가 형편없다면 좋은 피아니스트라고 할 수 없습니다. 또 다른 예로, 의사는 환자를 치료하는 일에 있어서 탁월한 역량을 보유하고 있어야 합니다. 같은 병을 앓고 있는 환자를 치료하더라도 의사의 역량에 따라 환자 상태를 정확히 진단하여 치료할 수도 있고, 반대로 오진할 수도 있습니다. 그렇게 그 직업 고유의 탁월성을 갖춘 사람이 덕이 있는 사람이며 행복을 실현할 수 있는 것입니다. 그런데 이처럼 직업마다 지닌, 그 직업이 발휘해야 할 고유의 기능과 관련하여 인간 일반으로 시선을 돌려봅시다.

아리스토텔레스는 여타의 사물과 구별되는 인간의 기능으로 이성을 꼽았습니다. 조금 더 정확히는 '이성에 따른 영혼의 활동 혹은 이성이 없지 않은 영혼의 활동'이라고 상정했습니다.[1] 동물과도 현격히 차이가 나는 분별력과 숙고의 능력은 이성이 있어서 가능합니다. 인간은 이성의 능력을 탁월하게 발휘함으로써 삶을 행복하게 가꿀 수 있습니다.

아리스토텔레스에 따르면, 행복은 궁극적이며 최종적이어야 합니다. 우리는 행복을 언제나 그 자체 때문에 선택합니다. 우리가 명예나, 온갖 즐거움을 선택하는 이유도 그 자체 때문이기도 하지만, 결국은 그 선택이 나의 행복에 긍정적일 것이라고 기대하기 때문입니다. 오늘 하루의 만족에만 맹목적으로 매

1 Aristoteles, 강상진, 김재홍, 이창우 역, 『니코마코스 윤리학』 서울: 길, 2015, 30쪽(1098a).

달리며 살아가면서 인생 전체가 행복하기를 기대하는 것은 어리석은 일입니다. 그렇다고 해서 내일의 기쁨과 만족을 생각하며 오늘을 참고 견디라는 말은 아닙니다. 그런 오늘이 계속 반복된다면, 그 사람은 영영 행복에 이를 수 없겠죠. 그리고 지금 나의 행동이 내일 하루와만 연관이 되어서도 문제입니다.

> *인간적인 좋음은 탁월성에 따른 영혼의 활동일 것이다. 또 만약 탁월성이 여럿이라면 그중 최상이며 가장 완전한 탁월성에 따르는 영혼의 활동이 인간적인 좋음일 것이다. 더 나아가 그 좋음은 완전한 삶 안에 있을 것이다. 한 마리의 제비가 봄을 만드는 것도 아니며, 좋은 날 하루가 봄을 만드는 것도 아니니까. 그렇듯 행복한 하루나 짧은 시간이 지극히 복되고 행복한 사람을 만드는 것도 아니다.*[2]

아리스토텔레스는 나에게 좋은 것들이 아무리 많더라도 그것들 사이에는 위계가 존재하기 마련이라고 말합니다. 돈을 버는 일도 좋은 일이고, 직업을 갖는 일도 좋은 일이고, 원하는 학교에 진학하는 일도 좋은 일이죠. 그런데 이렇게 일련의 좋은 일 중에서 최고로 좋은 것은 무엇일까요? 돈을 이야기하는 사람이라면 황금 만능주의에 매몰된 사람일 가능성이 큽니다. 돈이 좋아서 평생 돈만 모으다가 죽는 사람을 행복하다고 생각하

2 Aristoteles, 강상진, 김재홍, 이창우 역, 『니코마코스 윤리학』 서울: 길, 2015, 30쪽(1098a).

는 사람은 없을 것입니다. 또 반대로 돈은 엄청 많지만, 그 돈의 쓰임이 적절하지 못한 사람도 행복할 수 없습니다.

2014년 대한항공 086편 회항은 그야말로 엽기적인 사건이었습니다. 이른바 '땅콩 갑질'로 기억하는데요. 당시 대한항공 부사장은 객실 승무원의 마카다미아 제공 서비스를 문제 삼아 항공기를 유턴시킨 뒤 사무장을 강제로 내리게 하도록 요구했습니다.[3] 결국 어리석은 한 사람에 의해서 항공편이 한 시간 가까이 지연되는, 세계에서 유례없는 촌극을 연출하고야 말았습니다. 아마도, 돈 많은 항공사 대기업 부사장의 갑질은 돈과 권력이 없었다면 불가능했을 겁니다. 부사장이 지닌 부는 그 개인의 인격적 성숙을 기대한다면 없느니만 못한 것입니다. 사회 전체에도 해롭기만 할 뿐이죠.

돌아와서, 우리가 돈을 좋아하는 이유, 돈을 모으는 이유가 존재하기 마련입니다. 원하는 물건을 사고 싶어서, 내 집 장만을 위해서 등 여러 가지 이유가 있습니다. 그렇다면 왜 내 집을 소유하려 할까요? 편안한 노후, 걱정 없는 삶 등. 여러 목적이 있겠죠? 이런 식으로 우리가 추구하는 일련의 행위들의 목적은 더 높은 수준의 목적을 실현하기 위한 수단이 됩니다. 어떤 목적을 또 다른 목적의 수단이 되는 방식으로 사고할 때 더 이상 다른 무엇의 수단이 아닌 목적 그 자체인 것이 바로 '최

3 위키백과, '대한항공 086편 회항 사건', (2024. 7. 9.자 검색)

고선'이며 아리스토텔레스는 인간의 행복을 이와 같은 논리로 풀어낸 것입니다.

우리는 인생 전체를 염두에 두면서 살아가야 합니다. 어떤 사람은 "인생 뭐 별거 있냐, 먹고 죽은 귀신은 때깔도 좋다."느니 가까운 미래조차도 염두에 두지 않는, 지극히 현재의 만족에만 신경 쓰는 삶을 살기도 합니다. 나중에 하게 될 후회는 그때 가서 생각하는 거지요. 이는 대책 없는 삶이라고 할 수 있습니다. '현재에 충실하라.'는 스토아적 삶은 미래를 생각하지 말라는 의미가 아닙니다. 나의 인생 전체를 고려하여 현재 내가 할 수 있는 일에 최선을 다하라는 가르침입니다. 실제로 스토아학파의 철학자들도 아리스토텔레스의 영향을 많이 받았습니다. 현재에 충실한 삶은 현재의 행복과 미래의 행복 모두를 염두에 둔 인생 전체에 대한 충실성입니다.

그리고 우리의 이성은 바로 인생 전체의 궁극적 행복을 고려하는 데 필수적으로 필요합니다. 어떤 일을 할 때 이성적 숙고를 하지 못한다면, 너무 쉽게 욕구나 감정에 이끌려 행위 하게 되고 결국은 일을 그르칠 수 있습니다. 물론, 이성적 숙고를 해도 나의 행복과 엇박자가 날 수도 있습니다. 그러나 그것은 이성적 능력이 아직 덜 영글었기 때문입니다. 그래서 우리는 아리스토텔레스가 말한 것처럼 이성의 기능을 탁월하게 발휘할 수 있어야 합니다. 즉흥적인 감정이나 욕망에 얽매이지 않고, 매사에 이성을 적절히 사용하여 무엇이 정말로 나의 삶을 행복으로 이끄는지를 고민해야 합니다.

탁월성과 중용

이제 우리는 누구도 거부할 수 없는 행복에 대한 정의처럼, 아리스토텔레스가 이성을 어떤 방식으로 설명하는지 이해할 필요가 있습니다. 행복과 마찬가지로 우리는 일상에서 이성이라는 개념을 제각각 조금씩 다른 용법으로 사용하기 때문입니다. 우리가 삶의 여정에서 맞닥뜨리는 온갖 선택의 기로 앞에서 우리는 최선을 선택해야 합니다. 최고선과도 같은 맥락인데요. 그래서 이성은 선택의 문제와 관련됩니다. 매사 무엇을 선택해야 할지 고민되는 상황에서 나의 행복에 최고로 좋은 선택지를 고르려면 숙고가 필요하며, 숙고의 근원에는 이성이 자리하고 있습니다.

> *마땅히 그래야 할 때, 또 마땅히 그래야 할 일에 대해, 마땅히 그래야 할 사람들에 대해, 마땅히 그래야 할 목적을 위해서, 또 마땅히 그래야 할 방식으로 감정을 갖는 것은 중간이자 최선이며, 바로 그런 것이 탁월성에 속하는 것이다.*[4]

아리스토텔레스는 유덕한 사람, 즉 인간으로서의 탁월성에

---

4 Aristoteles, 강상진, 김재홍, 이창우 역, 『니코마코스 윤리학』 서울: 길, 2015, 65쪽(1106b).

가까워질수록 행복해질 수 있다고 보았습니다. 유덕한 상태는 인간의 기능, 즉 이성을 탁월하게 발휘하는 사람만이 도달할 수 있는 지점입니다. 여기서 아리스토텔레스에게서 최선의 선택지는 중용(中庸)입니다. 흔히, 중용은 어느 한쪽에 치우치지 않음을 이야기하는데요. 이것은 단순히 양적 중간을 의미하지 않습니다. 무엇이든 극단으로 치달으면 좋을 게 없습니다. 용기나 절제처럼 일상에서 미덕으로 여기는 것조차 과할 정도로 지나치면 어느 지점부터는 용기나 절제의 참된 의미를 잃어버리기 마련입니다.

예를 들어, 돈을 써야 할 때는 과하지도 부족하지도 않게 적절히, 상황에 맞게 지출해야 합니다. 여기서 '적절히'라는 표현은 매 상황마다의 구체적인 맥락을 고려하여 해석이 필요합니다. 차를 구매할지 고민하는 상황을 떠올려 보세요. 출퇴근길에 대중교통을 이용하기에는 시간 낭비가 너무 심한 지역에 사는 사람이 자금 상황에 충분히 여유가 있음에도 불구하고 차를 사지 않고 이동하는 데 지나칠 정도로 많은 시간을 허비하는 상황을 어떻게 이해해야 할까요? 조금 더 구체적으로, 하루에 8시간 일하는 사람이 8시간을 출퇴근한다고 생각해 보세요. 이 선택지는 결코 바람직하다고 볼 수 없습니다.

때에 따라서 이 상황은 절약이라기보다는 어리석은 행동일 수 있습니다. 그게 어리석은지 그렇지 않은지는 본인만 알 수 있습니다. 본인 삶에 있어서 그것이 최적의 선택인지 판단하기 위해서는 자기 삶의 모든 요소를 총체적으로 고려해야 하니까요. 물론, 출퇴근으로 8시간을 소모해야 하는 상황이 최적인 경우가 있을 수 없다고 장담할 수는 없습니다.

한편, 막상 차를 사기로 마음먹었을 때 이내 곧 다음 선택 사항에 직면합니다. 지금 나에게 맞는 최적의 차가 무엇인지 심사숙고해야 합니다. 내가 가진 돈과 앞으로 예상되는 수입, 고정적인 지출, 용도, 미래 계획 등을 고려하여 적절한 금액의 차를 사야 합니다. 결혼과 출산이 예정되었을 때, 퇴직이 얼마 남지 않았을 때, 이런 사항들까지 충분히 고려되어야 합니다. 차 한 대를 사더라도 생각해야 할 요소가 이렇게 많습니다. 우리는 이 모든 요소를 총체적으로 고려하여 과하지도 부족하지도 않은 지점을 찾아야 합니다. 그것이 중용이요, 그 중용을 찾을 때 이성이 필요한 것입니다.

차만 그렇겠습니까? 인생이 그렇습니다. 아리스토텔레스는 인간관계에서 미덕이라고 부르는 것들도 지나치거나 모자라면 덕의 본질에서 얼마든지 멀어질 수 있다고 이야기합니다. 용기 있는 행동이라고 생각하지만, 때에 따라서는 그것이 무모할 정도로 과도하여 일을 그르칠 때가 있습니다. 반대로, 지혜롭게 행동한다고 했는데 용기의 덕이 너무 모자라서 비겁한 행동을 한 사람이 될 수도 있습니다. 바로 이렇게 무모하지도 비겁하지도 않은 중용의 지점에 '용기'라는 덕이 자리합니다. 훌륭한 인격의 소유자라면 용기의 덕을 갖추고 있어야 합니다.

실천적 지혜

용기 있는 행동을 실천하기란 생각처럼 쉽지 않습니다. 겁이 많아서가 아니라, 우리 스스로 용기 있게 행동한다고 했는데, 나중에 가서 자신이 한 선택이 참된 행복을 저해하는 방향이었음을 깨닫기도 하니까요. 중용에 따르는 삶을 실천하기 위하여 개별 상황 상황마다 그때그때 최적의 선택을 해야 하는 사람은 복잡한 이해관계 속에 놓인 행위 당사자입니다. 더욱이 그 상황은 지금까지 한 번도 있지 않았던 상황입니다. 아무리 다른 사람이 비슷한 일을 겪었다고 할지라도, 그것은 그의 생활세계에서 그 사람이 겪은 경험입니다. 단지 유사할 뿐이지, 지금 내가 맞닥뜨린 상황에 연루된 수많은 요소까지 일치할 수는 없습니다. 우리가 어떤 문제 사태에 직면하여 바른 판단을 내리기 위해서는 더욱 철저하게 이성적 숙고가 필요합니다.

> *자신에게 좋은 것, 유익한 것들과 관련해서 잘 숙고할 수 있다는 것이 실천적 지혜를 가진 사람의 특징으로 보인다. 그런데 이때 잘 숙고한다는 것은 건강이나 체력과 같은 부분적인 것에서 무엇이 좋은지 생각하는 것이 아니라, 전체적으로 잘 살아가는 것과 관련해서 무엇이 좋고 유익한지 잘 숙고한다는 뜻이다.*[5]

---

5 Aristoteles, 강상진, 김재홍, 이창우 역, 『니코마코스 윤리학』 서울: 길, 2015, 210쪽(1140b).

아리스토텔레스는 이것을 실천적 지혜(phronesis)라고 불렀습니다. 실천적 지혜란 앞에서 언급한 것처럼 개인이 지금 처한 상황에서 모든 요소를 고려하여 최적의 선택을 내리도록 도와줍니다. 추상적이며 보편적인 앎의 차원이 아니라, 구체적인 개별 상황에서 지금 내가 마땅히 해야 하는 일이 무엇인지를 제대로 판단하도록 합니다. 가장 적절한 중용의 덕을 찾아 실천하도록 돕는 것이죠. 그에게 있어서 이론적 지식은 앎 자체가 목적이지만 실천적 지혜는 올바로 행위 하는 것을 목적으로 하는 일종의 도덕적 판단력과도 같습니다.

지금까지의 논의를 통해, 행복을 추구하는 사람에게 왜 도덕이 필요한지 아리스토텔레스가 말하는 탁월성과 중용, 이성, 실천적 지혜에 대한 이해와 함께 충분히 확인되었습니다. 사람들이 도덕적으로 살아야 할 이유를 행복과 연관시켜서 말한 아리스토텔레스의 논리보다 도덕의 쓸모에 대하여 더 설득력 있게 주장하는 방법이 있을까요? 행복과 무관하거나 오히려 도덕적 행위가 내 인생을 불행으로 이끈다면 어느 누가 도덕을 선택하겠습니까?

도덕이 행복에 긍정적으로 작용한다는 것만 사람들에게 일깨워 준다면, 굳이 도덕적으로 살아야 한다고 말하지 않더라도 사람들은 자기 행복을 위해서 도덕적으로 살고자 노력할 것입니다. 그러나 현실에서 우리는 도덕이 행복과 모순되는 상황을 목격하곤 합니다. 다른 사람을 성심껏 도왔지만, 나에게 별 이득이 되지 않는다거나, 공금을 횡령한 직장 상사를 신고했는데, 오히려 보복성 인사이동 조치를 당하기도 합니다. 뉴스에서 불공정한 대우를 받는 사례들을 접할 때면 사람들이 도덕과 행복을 서로 반대로 인식하는 것이 그리 이상하게 보이지 않습니다. 위와 같은 일들이 개선되지 않고 계속 반복해서 일어난다면 사람들의 뇌리에 도덕과 행복은 전혀 별개의 것으로 고착화될 것입니다.

아리스토텔레스는 여기서 무엇이 진정한 행복인지 우리에게 다시 한번 묻습니다. 나쁜 행위를 보고도 모른 척, 안타까운 상황에 놓인 사람을 보고도 모른 척하며 자기 자신을 위하는 삶이 과연 행복할 수 있을까요? 그런 사람들이 팽배한 사회는 어떻게 될까요? 아마도 나쁜 행위는 횡행하고, 서로 모르는 체하는, 그야말로 차가운 사회가 만들어질 것입니다. 보통의 사람은 누구나 따뜻한 공동체에서 살고 싶어 합니다. 가족도 그렇고, 직장도 그렇고요. 아리스토텔레스는 행복의 개념을 단순히 나 개인의 행복으로 국한하지 않았습니다. 사회는 망조가 들어 갈팡질팡하는데, 그 와중에도 개인은 전혀 주위를 둘러보지 않고 나의 행복만을 생각하며 살아간다? 아리스토텔레스는 그런 삶은 바람직하지도 않고 가능하지도 않다고 말합니다.

그는 인간을 정치적 동물에 빗댔습니다. 인간은 혼자서 살아갈 수 없습니다. 정치도 결국 서로 영향을 미치며 살아가는 사람 사이에서 최적의 선택을 하는 것입니다. 내게 가장 좋은 선택이 아니라 우리 전체에 가장 좋은 대안을 마련하는 일이죠. 그래서 정치 행위는 내가 살아가고 있는 공동체가 가장 좋은 공동체가 되도록 힘쓰는 일과 관련됩니다. 『니코마코스 윤리학』이 인간의 행복과 도덕을 핵심 주제로 다루고 있다고는 하지만, 아리스토텔레스는 개인의 행복이 사회 상황과 결코 동떨어져 있다고 생각하지 않았습니다. 좋은 공동체라면 응당 도덕적인 삶을 사는 사람이 그만큼 행복하게 살아갈 수 있는 기반이 탄탄하게 구축되어 있어야 합니다. 그가 『정치학』을 쓴 것도 같은 맥락입니다. 둘 이상이 함께 있을 때 최고선을 실현하기 위해 정치가 필요합니다. 우리가 발 딛고 살아가는 공동체가 제대로 된 공동체가 되는 일은 개인의 행복과 무관하지 않습니다. 그런 맥락에서 『니코마코스 윤리학』에서의 '윤리'는 개인의 차원을 넘어섭니다.

참고로, 도덕은 라틴어 morale을 어원으로 하고, 윤리는 고대 그리스어 éthique를 어원으로 합니다. 일상에서 이 두 단어는 크게 다른 뜻으로 사용되지 않습니다. 예를 들어 '도덕적 인간'이나 '윤리적 인간'을 비교해 보면, 별반 차이가 느껴지지 않습니다. 하지만 사용 맥락을 두고 느껴지는 차이를 구분해 보자면 통상적으로 도덕은 옳고 그름의 판단을 위해 사용되는 개인적인 가치 체계를 주로 의미합니다. 그래서 도덕은 개인의 신념이 모인 집합의 성격이 강합니다. 반면에 윤리는 특정 사회나 문화에 의해 규정되고 강제되는 행동양식을 일컫습니다.[6] 그래서 윤리는 전문 분야나 사회적 맥락이 고려된 규범과 관련됩니다. 용례를 살펴보면 쉽게 확인할 수 있습니다. '성윤리', '직업윤리', '종교윤리'와 같은 말들은 자연스럽게 느껴지고, 실제로 통용되지만, '성도덕', '직업도덕', '종교도덕'이라고 말하면 어딘지 모르게 어색한 느낌이 듭니다.

돌아와서, 탁월성은 선택과 연관된 일종의 성품입니다. 그런데 우리가 하루에 전개되는 숱한 상황에서 매사 가장 적절한 선택을 위해서 고민하기란 쉽지 않습니다. 일의 경중을 고려하지 않고 매번 숙고한다는 것은 현실적으로 어려운 일이죠. 그래서 우리는 어릴 때부터 실천적 지혜를 발휘하여 최선을 선택하는 경험을 가져야 하며, 이것이 일상에서 반복되다 보면, 나도 모르는 사이에 습관으로 내 몸에 배기 마련입니다. 아마도 이웃집 어른을 만날 때마다 어떻게 인사해야 할지를 고민하는 사람은 없을 것입니다. 매 순간 깊게 고민하고 선택한다는 말은 어딘가 어색합니다. 우리는 반자동적으로 웃어른을 만나면 인사를 합니다.

"세 살 버릇 여든 간다."는 말이 있듯이 한번 내 몸에 밴 습관은 그것이 좋은 것이든 나쁜 것이든 반자동적으로 밖으로 표현됩니다. 양치기 소년의 사례가 대표적입니다. 거짓말을 하

---

6 E. Collinsworth, 한진영 역, 『예의 바른 나쁜 인간』, 서울: 한빛비즈, 2019, 54쪽.

는 아이가 거짓말을 거듭하다 보면 습관이 되고, 더 큰 거짓말도 거리낌 없이 하게 됩니다. 그래서 우리는 내 몸이 쓸모 있는 도덕에 익숙해지도록 노력해야 합니다. 물론, 사람마다 편차는 있습니다. 어떤 사람은 타고난 성격이 도덕적 실천과 굉장히 거리가 멀 수 있습니다. 이를 아리스토텔레스는 성격적 탁월성이라고 부릅니다.

아리스토텔레스는 탁월성을 크게 지적 탁월성과 성격적 탁월성으로 분류했습니다. 이러한 구분법은 앎과 실천을 하나로 본 소크라테스와는 상당히 대조적인 모습인데요. 이 중에서 지적 탁월성은 말 그대로 지식과 관련된 것으로, 시간은 걸리지만 배움을 통해서 터득할 수 있는 앎과 관련됩니다. 이와 다르게 성격적 탁월성은 도덕적 덕이라고도 부르는데, 알게 된 도덕적 지식을 실천하는 것과 관련됩니다. 그리고 도덕적 덕은 훈련을 통해 획득할 수 있습니다. 위에서 언급한 것처럼, 우리가 일상에서 직접 덕행을 실천하는 가운데, 도덕적 덕은 하나의 습관으로 자리 잡을 수 있습니다.[7]

자제력과 공적 삶

아리스토텔레스는 인간이 도덕적으로 바람직한 행동이 무엇인지 알면서도 실천하지 못하는 이유를 아크라시아(akrasia), 즉

---

7 W. Prior, 오지은 역, 『덕과 지식, 그리고 행복』, 파주: 서광사, 2019, 253쪽.

'자제력 없음'에서 찾았습니다. 자기 통제력과 의지가 결핍된 사람은 이성과 감정 사이의 갈등으로 인해 계획된 목표를 달성하지 못하게 되는 경우가 잦습니다. 우리는 선택의 갈림길에서 이 길이 답이라는 사실을 뻔히 알면서도 의지가 뒷받침해 주지 못해 엉뚱한 길을 선택하곤 합니다. 엉뚱한 길을 지나온 만큼, 목표에 도달하기 위해서는 되돌아가는 시간까지 포함하여 더 많은 시간이 소요될 것입니다. 아리스토텔레스를 따라서 이야기하자면, 무엇이 옳고, 무엇이 그른지를 정확히 알면서도 자신의 감정이나 욕구에 지나치게 경도되어 중용으로부터 멀리 떨어진 선택을 하고 맙니다.

> *자제력 없는 사람들 중 한편은 자신들이 숙고해 낸 것에 머물지 못하는 사람들이며, 다른 한편은 불같은 성질의 소유자로 아예 숙고하려 들지 않는 사람들이다. 또 자제력 없는 사람은 마땅히 있어야 할 모든 것들을 투표로 가결하고 신실한 법률들을 가지고는 있지만 전혀 집행하지 않는 폴리스를 닮았다.*[8]

성격적으로 탁월한 사람은 중용의 원리에 따르려는 강한 경향을 보이기 때문에 어떤 상황에서도 쉽게 유혹되지 않고 초지일관 합리적 원칙에 따라서 나와 사회 전체의 행복과 복지에

---

8 Aristoteles, 강상진, 김재홍, 이창우 역, 『니코마코스 윤리학』 서울: 길, 2015, 264쪽(1152a).

긍정적인 행위를 실천하려고 합니다. 그런 경향성은 타고나는 부분도 있지만, 우리의 노력 여하에 따라서 얼마든지 바뀔 수 있습니다. 환경의 영향도 받고요. 그래서 어른들은 아이가 어릴 때부터 좋은 성격을 지닐 수 있도록 지도해야 하며, 또 아이 주변에 그런 환경을 만들어 주어야 합니다. 요즈음 조금만 불편해도 참지 못하고 포기한다거나, 자신에게 참으로 좋은 선택이 무엇인지 알면서도 그 길이 험난하다면 선택지에서 제외하는 아이들이 많습니다. 조금만 더워도 에어컨을 켜고, 조금만 짜도 반찬 투정을 하며 먹지 않겠다는 아이는 분명 가정의 영향을 무시할 수 없습니다. 물론, 아이의 타고나 기질도 영향이 없지 않지만, '오냐오냐' 키우는 부모의 양육 방식이 가장 큰 문제입니다.

우리는 더 깊게 숙고하여 에너지를 절약해야 하는 이유를 알아야 하며, 그래서 어지간한 더위에서는 에어컨 전원 버튼에 손이 가지 않아야 합니다. 성급히 최저온도로 설정하기 위해서 리모컨을 마구 누르는 사람은 성격적으로 탁월성이 있다고 볼 수 없습니다. 더욱이 우리의 삶은 공동체를 기반으로 이루어집니다. 언젠가 급식이 마음에 들지 않는다며 항의 전화를 받은 영양교사의 이야기를 들은 적 있습니다. 이야기인 즉슨, 아이가 국과 반찬이 너무 싱거워서 밥을 하나도 먹지 못하고 집에 왔다는 겁니다. 문제는 같은 날 똑같은 음식을 두고 또 다른 학부모가 간이 너무 세다며 전화했다는 사실입니다. 무엇이 문제인가요? 영양교사가 500명이 넘는 학생의 입맛을 모두 맞출 수는 없는 노릇입니다. 그보다는 모든 걸 자기 기준에 맞추려는 개인이 문제지요. 그런 사람은 어디서든 환영받지 못합니다.

다른 아이들은 급식이 자기 입맛에 딱 맞았을까요? 공동체적 삶이란 타자와 함께 잘 살아가는 방식입니다. 그가 저술한 『정치학』에 담긴 정신도 결국은 서로 다른 사람들이 함께 조화롭게 살아가기 위해서 국가가 필요하며, 그 국가를 운영하는 시민들에게 훌륭한 덕성이 갖춰져 있어야 함을 이야기하는 것입니다. 아리스토텔레스가 바라본 당시의 시민 개념은 고대 아테네 사회라는 시대적 한계 속에 있습니다. 하지만, 훌륭한 삶과 시민이 분리되어 존재할 수 없다는 점, 그리고 그것은 국가라는 공동체 내에서의 공적 삶과 무관하지 않음을 기술한 점은 오늘날 기성 정치가 보여주는 행태들과는 확연히 차이가 납니다.

> *국가의 목적은 훌륭한 삶이며, 앞서 말한 것들은 이 목적을 위한 수단이다. 국가는 완전하고 자족적인 삶을 위한 씨족들과 마을들의 공동체다. 그리고 완전하고 자족적인 삶이란 행복하고 훌륭하게 사는 것을 뜻한다.*[9]

---

9 Aristoteles, 천병희 역, 『정치학』 고양: 숲, 2013, 159쪽.

우리는 실제 생활에서 개인의 문제뿐만 아니라 자신이 속한 집단의 최고선을 가장 잘 실현할 수 있는 행위를 선택할 수 있어야 합니다. 최선을 다해서 산다는 것은 모든 순간에 최고의 선택을 하며 산다는 말과 같습니다. 우리는 한순간의 선택에 있어서 내 인생 전반을 염두에 두면서 좋은 선택을 해야 한다는 말입니다. 예를 들어 오늘 하루의 포만감만을 생각한다면, 다이어트 생각을 잠시 지우고 먹고 싶은 음식을 마음대로 먹는 게 최선입니다. 그러나 내 삶은 오늘 먹고 끝나는 게 아니잖아요.

소설이나 드라마 속에서 시한부 인생을 사는 사람들의 이야기를 접할 때가 있습니다. 어느 날 몸이 아파서 병원에 갔더니 암 말기이며 몇 개월밖에 살기 어렵다는 말을 들었다고 생각해 보세요. 어떻게 하겠습니까? 평소에 하고 싶었지만, 자의든 타의든 차일피일 미루어뒀던 일들을 떠올리게 되고 죽기 전에 어떻게든 그것들을 실천하려고 합니다. 인생을 대충 막사는 사람을 본 적은 없는 것 같아요. 아리스토텔레스의 가르침은 우리가 하루하루를 바로 이런 절실함을 갖고 살아가라는 것입니다. 죽을 때가 되어 후회해도 소용없습니다. 그러니 우리는 내 인생을 최고로 행복한 삶으로 이끌기 위해서 이성이 절대적으로 필요합니다. 일상에서 우리는 이성적 숙고에 탁월해짐으로써 도덕적 인간이 될 것이요, 행복에도 가까워질 수 있습니다.

4장

착했던 내가 변한 것일까?
- 유가와 인성(人性)

"덕이 있는 사람은 외롭지 않다.
반드시 이웃이 있다."
– 공자

춘추전국시대의 사회 혼란

한때는 자기도 착했던 거 같은데 세상의 온갖 찌든 때를 경험하면서 바뀌었다고 말하는 사람들이 있습니다. 초등학교를 졸업하고 전혀 소식이 없던 친구가 훗날 범죄를 저질렀다는 소문이 들려오면 그 친구가 어렸을 때는 꽤 착했던 거 같은데 변한 것 같다며 안타까워하기도 합니다. 일부에서는 사람은 고쳐 쓰는 게 아니라며 변화 가능성에 회의적이기도 합니다. 반대로, 예전에는 욕심 많고 심술꾸러기였던 친구였는데, 어떻게 철이 들었는지 남을 돕는 일에 주저하지 않고, 친절한 사람으로 거듭난 사례도 있습니다.

좋은 쪽이든 나쁜 쪽이든 사람은 변하기 마련입니다. 교육이 필요한 이유도 여기 있습니다. 배움의 유무와 상관없이 선한 사람은 죽을 때까지 선하고, 그렇지 않은 사람은 평생 나쁜 짓만 하며 살아갈 수밖에 없는 운명이라면 교육도 필요 없겠죠. 만약 우리가 인간으로서 훌륭한 기질을 지니고 태어났다면 그것이 변질되지 않도록 노력해야 하며, 나쁜 기질을 지녔다면 어떻게든 그것을 제거하려고 노력해야 할 것입니다. 다만, 어떤 방향에서든 좋은 인간이 되기 위해서 노력해야 한다는 사실에는 누구나 동의하지만, 애초에 인간이 어떤 성품으로 태어나는지는 대해서는 의견이 분분합니다.

일찍이 유가를 대표하는 철학자 맹자와 순자는 인간의 성(性)을 어떻게 규정할 것인가의 문제에서 길을 달리하였습니다. 두 사람 모두 사상적으로 공자를 계승하고 있지만, 인간의 본성을 바라보는 시선만큼은 극과 극이었습니다. 흔히, 맹자는 성선설, 순자는 성악설이라고 알고 있죠. 이들 사후 2,500여 년이 지난 지금까지도 인간의 본성을 선하다 악하다 중 어느 한 쪽이 정답이라고 밝혀내지 못했습니다. 아마 먼 미래에도 그럴 것이라 예상됩니다. 맹자와 순자의 입장은 사실이 아니라 의견입니다. 아무리 많은 행동 사례를 모아서 분석한들 인간의 본성을 선과 악 중 어느 하나임을 객관적으로 입증하기 어렵습니다. 그렇다면, 지금 우리가 할 수 있고 또 해야만 하는 일은 인간 이해의 연장선에서 이들의 상반된 견해를 제대로 이해하는 일입니다. 이를 통해서 현재 우리 삶에 어떤 방식으로 도덕적 의미를 부여할 수 있을지 배워야 합니다.

역사적으로 이들이 살던 시대는 도덕의 권위가 땅에 떨어지고 사회 혼란이 극심했던 때입니다. 아마도 지금보다 더하면 더 했지 결코 평온한 분위기는 아니었습니다. 유가가 등장한 시기는 춘추전국시대입니다. 당시 중국의 주나라는 왕이 있고 그 주변에 제후들이 각 지방을 맡아서 다스리는 봉건제도가 운영되는 사회였습니다. 그러나 왕실이 약해지면서 상대적으로 제후들의 세력이 커졌고, 이들 사이의 세력 다툼이 전국적으로 확대되었습니다. 이들 중에서 힘을 키운 제후들은 따로 소국을 세워 왕이 되기도 하였습니다. 이 혼란한 시기를 우리는 춘추전국시대라고 부릅니다.

사회가 혼란스러운 상황에 빠졌을 때 우리는 무엇인가 기댈 곳을 찾기 마련입니다. 이것은 지식인의 목소리가 필요한 이유이기도 하고요. 실제로 당시의 혼란을 극복하기 위하여 다양한 사상들이 등장했습니다. 전국의 많은 제후와 왕들은 자기 나라를 안정적으로 통치하기 위해서 이들 사상을 이용했습니다. 우리나라 역사에서도 유사한 맥락에서 유교 사상을 활용한 사례가 있습니다. 태조 이성계는 조선의 개국에 유가의 국가론을 국가 체제의 기반으로 삼았습니다. 고려의 국교였던 불교를 배척하고 권문세가를 견제한 것도 크게 보면 왕권 강화 때문이었습니다. 불교가 국가 재정에 부담을 주고 사회에 악영향을 끼치고 있다고 생각되는 이상, 태조는 새로운 국가를 세우면서 불교를 억제하려 했고, 이를 대체할 수 있는 강력한 사상이 필요했습니다. 그것이 바로 유교 사상입니다.

춘추전국시대의 제후와 왕들이 국가 정당성을 확보하고 부국강병을 이루기 위한 수단으로 이용한 사상을 이끌었던 여러 학파를 총칭하는 말이 바로 제자백가(諸子百家)입니다. 있는 그대로 풀이하자면, '제자(諸子)'란 '여러 학자들'이란 뜻이고, '백가(百家)'란 '수많은 학파들'을 의미합니다. 그리고 이 제자백가의 대표적인 사상이 유가이며, 유가를 대표하는 철학자가 바로 공자, 맹자, 순자입니다. 이들은 세상이 혼란한 원인을 인간의 도덕성 타락에서 찾았습니다. 유가에서 도덕은 '인간이라면 마땅히 지켜야 하는 도리'를 의미합니다. 유가의 사상가들은 어떻게 해서든 도덕성의 회복을 통해 사회 혼란을 극복하려 했습니다.

사실 지금도 그런 면이 있습니다. 국가가 학교를 짓고 사람들을 교육하는 이유는 개인의 행복과 성장만이 아니라 국가 발전을 목표로 삼고 있기 때문입니다. 국가 경쟁력 확보에 필요한 역량을 갖춘 인재를 양성하기 위해서 교육은 없어서는 안 될 중요한 수단이기도 합니다. 그런데 이때 우리가 키워야 할 역량의 하위 요소로 도덕성 또한 빼놓을 수 없습니다. 인접 국가와의 전투에서 이길 수 있는 지략과 용맹스러움도 필요하지만, 그것만으로는 나라가 안정을 꾀할 수 없습니다. 경제적으로 부유한 나라가 잘 사는 게 당연하다면 미국을 비롯한 소위 선진국들이 상대적으로 사회 혼란도 적어야겠지요. 그러나 현실은 꼭 그렇지만은 않습니다. 민주주의가 후퇴하고 사회 양극화가 심화되어 이전보다 사회가 더 혼란에 빠지는 경우가 있으니까요.

유의할 점으로는, 유가 역시 덕을 강조한 것은 맞지만 앞에서 소개한 고대 그리스의 덕 개념과는 확연히 차이가 있다는 사실입니다. 아리스토텔레스가 말하는 덕이 폴리스 구성원으로서 시민이 갖춰야 할 성품으로서의 성격이 짙다면, 유가에서는 생득적으로 주어진 인간 본성의 차원에서 덕을 이야기합니다. 즉, 덕이란 여타의 존재들과 구분되는 인간만의 인간다움과 관련이 깊습니다. 그래서 유가가 바라보는 도덕관을 제대로 이해하기 위해서는 인간 내면의 덕성을 포함하여 외부 세계에 주어진 당위적 규범까지를 두루 포괄하는 선(善)의 차원에서 접근

할 필요가 있습니다.[1]

도덕성 회복과 사회질서 유지

사람들이 혼란을 극복하기 위해 노력하기보다 그 사회 환경에 적응력을 키우면서 각자도생(各自圖生)할 때 경제 성장과 무관하게 사회 혼란은 가중되고, 인간관계는 삭막해질 것입니다. 개인의 도덕성은 그만큼 중요합니다. 일제 강점기에 자기 가족의 영달과 자신의 안위만 생각하며 친일 행위를 서슴지 않았던 매국노야말로 비도덕적 인간의 전형이라고 말할 수 있습니다. 매국노들은 도덕성이 타락한 일종의 기회주의자들이었습니다. 이에 반해, 나라를 빼앗긴 상황에서도 사적 이익이 아니라 의를 생각하며 독립운동을 펼친 애국 투사들은 도덕적인 분들입니다. 사람마다 자기만 생각하며 사는 정도는 조금씩 다를 겁니다. 결과론적인 이야기지만, 만약 친일파가 훨씬 득세하고, 조국의 광복을 염원하는 이들의 염원과 희생이 없었다면 여태껏 일제 강점에서 벗어나지 못했을 수도 있습니다. 그만큼 공동체 안에서 살아가는 사람 개개인의 도덕성이 중요합니다.

내가 사는 나라가 넓은 땅과 강한 군대를 가지고 있으면 뭣 합니까? 사람들이 서로 신뢰하지 못하고 이기적인 삶을 사는데요. 국가가 위기에 처할 때 개인은 어떤 삶을 살아야 할까요?

---

1 김근호, 『선, 그리고 악의 논쟁』, 파주: 글항아리, 2017, 15-16쪽.

현실에 순응하면서 철저하게 자신의 이익을 추구하는 사람들이 많아질수록 이들 사이에 다툼은 증가할 것입니다. 물론, 국가가 갈등을 관리하고, 법률을 제정하여 다툼을 최대한 막을 수 있습니다. 그러나 법에 명시된 처벌 규정들이 범죄를 어느 정도 차단할 수 있을지는 몰라도 개인의 도덕성을 끌어올리지는 못합니다. 단지 처벌을 피하려고 타인에게 피해를 주지 않는 사람과 처벌과는 무관하게 타인에게 피해를 주지 않는 사람은 매우 다릅니다. 유가는 도탄에 빠진 민생을 살리고 보다 건강한 사회로 나아가기 위해서 개인의 도덕성 자체를 물었던 것입니다. 개개인의 도덕성이 회복되지 않고서는 사람 사이에 신뢰 형성이나 진정한 배려도 기대할 수 없습니다.

도덕적 완성과 배움

유가는 인간이 실제 현실에서 어떻게 자기를 완성해 나갈 수 있는지와 관련하여 구체적인 실천을 중시하는 사상입니다. 어떻게 하면 도덕성을 회복할 수 있을까요? 단적으로 유가는 인간의 내면적 도덕성으로서의 '인(仁)'과 밖으로 표현되는 외적 규범으로서의 '예(禮)'를 강조합니다. 웃어른에게 인사할 때 내재적 차원의 마음가짐이 '인'과 관련된다면, 고개를 숙이거나 악수하는 행위처럼 인사를 하는 외재적 형식은 '예'와 관련된다고 볼 수 있습니다. 도덕적인 삶을 이야기할 때는 이 두 가지 모두 중요합니다. 존중의 마음은 있는데 인사를 하지 않는 것은 상대방에 대한 존중의 결여로 비춰질 수 있고, 또 반대로, 정중히 고개를 숙여서 인사를 했어도 실제 마음속으로는 존중의 마음이 전혀 생기지 않았다면 이 또한 도덕성의 본질과는 거리가 있습니다.

유가를 대표하는 공자는 인간의 질서를 중시하였지만, 법가처럼 인위적인 법을 통해서 유지되는 사회를 지향하지는 않았습니다. 그는 인간의 도덕적 완성과 이를 위한 부단한 노력을 강조했습니다. 공자가 지향하는 군자는 바로 그런 사람입니다. 강조하자면, 군자는 학문을 좋아하며 덕이 있는 사람입니다. 학문하는 것도 덕을 기르는 것과 무관하지 않습니다. 『논어』에는 글공부를 하는 사람이 어떤 마음가짐으로 임해야 하고 무엇을 목표로 공부해야 하는지를 보여주는 텍스트가 있습니다.

> *"子曰: 弟子, 入則孝, 出則弟, 謹而信, 汎愛衆而親仁, 行有餘力, 則以學文."*[2]
> *(자왈: 제자, 입즉효, 출즉제, 근이신, 범애중이친인, 행유여력, 즉이학문.)*

해석하면 다음과 같습니다. "공자께서 말씀하셨다. 젊은이들은 집에 들어와서는 효도를 다하고 밖에 나가서는 윗사람에게

2 『論語』, 「學而」, 김학주 역, 서울: 서울대학교출판문화원, 2015, 6-7쪽.

공순해야 하며, 근신하고 신의를 지키며, 널리 사람들을 사랑하고 어진 사람을 가까이하여야 한다. 이렇게 행하고 남는 힘이 있으면, 그때 그 남는 힘으로 글을 배워라." 이 대목에서 공자가 일상에서의 실천을 매우 강조하고 있음을 알 수 있습니다. 일상에서 우리는 좋은 머리를 이용해 약아빠진 행동을 하는 사람을 심심치 않게 목격합니다. 공자는 '실천 없는 머리'를 경계했던 것입니다.

극기복례(克己復禮) 또한 인의 실천을 위한 방법의 일환입니다. '사사로운 욕심을 버리고 예로 돌아가는 일'은 도덕적 마음가짐의 문제로 순전히 우리 자신에게 달려 있습니다. 제자 안연(顔淵)의 질문에 "예가 아니면 보지도 말고, 듣지도 말고, 말하지도 말라."는 공자의 가르침은 그만큼 강한 실천의 엄격성을 보여줍니다. 실천하지 않는 앎은 의미가 없습니다. 공부 역시도 인(仁)을 행하는 사람이 되기 위한 과정의 일부가 되어야 합니다. 『논어』 '헌문(憲問)' 편에는 그 유명한 '위기지학(爲己之學), 위인지학(爲人之學)' 구절을 상기할 수 있는 부분이 등장합니다.

"子曰: 古之學者爲己, 今之學者爲人."[3]

(자왈: 고지학자위기 금지학자위인.)

---

3 『論語』, 「憲問」, 김학주 역, 서울: 서울대학교출판문화원, 2015, 246-247쪽.

위기지학이 인간이 마땅히 알고 행해야 할 바와 관련하여 자기 수양을 위해서 몸소 실천하는 것을 목표로 삼는 공부라면, 위인지학은 도덕적 진리를 실천하려 하지 않고 자기의 시선을 바깥으로 돌려 사회적 지위와 명성에 목표를 두는 공부를 의미합니다. “과거에 배우는 자들은 자기를 위하였는데, 지금 배우는 자들은 타인의 시선에 얽매인 공부를 한다.”고 한탄한 공자의 목소리가 더욱 절실하게 요청되는 오늘날입니다.

공자는 우리가 위기지학을 통해 도달할 수 있는 이상적 인간상으로 군자(君子)를 제시했습니다. 군자란 예의가 바르고 덕행이 높은 지식인을 일컫습니다. 자신의 내면적 성찰에서 출발하여 스스로 거리낌이 없는 상태에 이른 사람만이 군자라 할 수 있습니다. 거리낌이 없다는 의미는 하늘의 명과 내 언행이 일치하여 법도에 어긋남이 없다는 말과 같습니다.

옳은 행위가 무엇인지 알면서 행하지 않는 사람은 군자라고 말할 수 없습니다. 공자는 군자와 반대로, 위인지학에 몰두하는 사람을 소인이라고 불렀습니다. 매사 도덕의 기준과 인(仁)에 대한 실천을 생각하는 사람이 군자라면 자기 주변의 편안함과 혜택에만 골몰하는 사람이 소인입니다.

“子曰, 君子懷德, 小人懷土, 君子懷刑, 小人懷惠.”[4]

---

4 『論語』, 「里仁」, 김학주 역, 서울: 서울대학교출판문화원, 2015, 56-57쪽.

(자왈, 군자회덕, 소인회토, 군자회형, 소인회혜.)

인간은 인격을 함양하고 인을 충실하게 실천함으로써 삶을 완성해 나갑니다. 이를 위해서 나쁜 욕구는 도리에 맞게 맑고 깨끗하게 변화시켜야 합니다. 물론 공자가 중시한 것은 인간의 본성 중 긍정적인 측면입니다. 적극적으로 덕을 실천함으로써 누구나 삶을 완성해 가는 거죠. 공자 스스로 자신을 '배움을 좋아하는(好學)' 사람으로 칭한다는 것에서 알 수 있습니다. 그에게 배움이란 언제나 덕을 완성해 가는 과정의 연속입니다.

학생들이 학교에서 공부하는 궁극적인 이유는 무엇일까요? 아리스토텔레스라면 행복이라고 하겠지만, 유가는 인격 완성이라고 말할 것입니다. 아리스토텔레스의 논리를 따라서 인격을 완성한 사람만이 행복할 수 있다고 말하는 사람이 있을 테지만, 공자의 시각에서 보면, 그 시비를 가리기 전에 애초 배움의 목적을 행복에 두느냐 인격 완성에 두느냐는 다릅니다. 우리는 도덕적 삶의 실천을 가능하게 만드는 내적 힘을 확립하기 위해서 공부해야 합니다.

살면서 인간으로서의 기본을 이야기할 때가 있죠. 기본이 안 된 사람이 글을 배우면 어떻게 될까요? 오로지 자기 이익을 위한 공부에 머물 것입니다. 대체 무엇이 중요합니까? 예의 없는 사람을 지향하는 교육이란 그 자체로 모순입니다. 아무리 손익 계산에 탁월하고 말을 잘해도 기본적인 예의범절도 지키지 않는다면 제대로 배운 사람이라고 할 수 없습니다. 안타깝게도 이러한 기본을 놓치고 자식의 생존 경쟁력에만 매몰된 부모들이 있습니다. 그래서 일류 대학에 진학하여 부모가 원하는 사회적 지위와 경제적 보상을 얻었지만, 부모님께 감사하는 마음을 갖지 않거나, 마음만 있고 효를 실천하지 않는 자식들도 늘어나는 것 같습니다. 후회해도 소용없습니다. 그것을 교육이라고 생각하며 가르친 부모 탓을 해야죠. 자꾸만 세상이 배움에 대하여 공자가 생각하는 바와 거꾸로 가는 것 같아서 안타깝습니다. 공자가 말하고 싶었던 바는 도덕의 쓸모라기보다는 배움의 쓸모였다고 보면 이해가 쉽습니다. 배움을 통해 도덕적 완성을 추구하는 거죠. 『중용』의 시작을 알리는 공자의 손자 자사(子思)가 한 말이 이를 잘 드러내고 있습니다.

> *"天命之謂性(천명지위성), 率性之謂道(솔성지위도), 修道之謂教(수도지위교)."*[5]

풀이하면 다음과 같습니다. "하늘이 부여한 인간의 내적 본질이 성이며, 그 성을 따르는 것이 도이며, 그 도를 닦는 것이 교육이다." 거꾸로 거슬러 생각하면, 교육을 통해서 우리는 하늘이 부여한 인간의 성에 도달할 수 있다는 뜻으로 읽힙니다.

---

5 『中庸』, 동양고전연구회 역, 서울: 민음사, 2016, 53-54쪽.

인간의 성(性)은 하늘이 내린 명이라는 점에서 초월적 근원으로서의 속성을 지닙니다. 이것은 한편으로 통치자가 하늘의 권위에 기대어 권력을 확보하고, 그 힘을 토대로 사람들에게 도덕적 삶을 촉구함으로써 사회질서를 유지하려는 측면이 엿보입니다. 그러나 그보다 우리는 인간의 초월적 본질을 궁구하며 자신을 완성해 나가야 한다는 사실에 주목해야 합니다. 도덕이 왜 필요하냐고요? 천명에 따르는 자기 삶에 대한 완성의 중심에 도덕이 있기 때문입니다.

군자(君子)와 인(仁)

군자는 일상에서 끊임없이 도덕적 수양과 실천을 통해 인(仁)의 가치를 실천하고, 또한 그것이 사회 전반에 고루 퍼지는 일에 기여 해야 합니다. 사람 사이에 인이 충만할 때 사회적 조화와 안정을 되찾을 수 있기 때문입니다. 인이야말로 사람다움의 본질을 상징하는 최고의 덕목입니다. 사실 『논어』에는 인(仁)에 대해서 이야기되는 부분들이 많이 있지만, 공자가 직접적으로 인이란 무엇이라고 명확히 정의 내리고 있지는 않습니다. 그도 그럴 것이 인은 쉽게 설명될 수 있는 개념이 아니기 때문입니다. 다만, 우리는 공자가 인의 속성에 대해 묘사한 구절들을 종합해서 나름의 이해를 도모할 수밖에 없습니다. 여기서 다시 『논어』 '술이(述而)' 편의 한 구절을 살펴보겠습니다.

"子曰: 仁遠乎哉? 我欲仁, 斯仁至矣."[6]

(자왈: 인원호재? 아욕인, 사인지의.)

"인(仁)이 멀리 있는가? 내가 인(仁)하고자 하면 이내 곧 인(仁)에 이른다." 어찌 보면, 인의 실천은 그다지 어렵지 않습니다. 바라기만 하면 되니까요. 그런데 사람들이 어디 그런가요? 소인처럼 도덕보다는 자기 이익에 매몰되기 쉽죠. 그래서 공자는 살면서 지금껏 진정으로 인(仁)을 좋아하고 불인(不仁)한 일을 싫어하는 사람을 보지 못했다고까지 말했습니다.[7] 그만큼 인한 사람이 되기 위해서는 한 치의 망설임 없이 꾸준히 실천하려는 치열한 태도가 요구됩니다. 오죽하면 공자가 인의 실천에 있어서는 스승에게도 사양하지 말아야 한다고 했겠습니까?[8]

인(仁)은 결코 인간의 외부에 존재하는 게 아닙니다. 공자는 인을 인간의 내면세계에 있는 생명체처럼 여겼습니다. 인은 인간이 되는 내재적 본질로서 인간이 본래부터 선천적으로 가지고 있는 것이며 반성과 자각을 통하여 드러납니다. 그래서 자기 자신에 대해서 성찰이 없는 사람의 경우, 자기 내면에서 인은 항상 죽어 있는 상태로 있게 됩니다. 그러니까 우리의 노력 여하에 따라 인은 살아 작동될 수도 있고, 영영 드러나지 않을

---

6 『論語』, 「述而」, 김학주 역, 서울: 서울대학교출판문화원, 2015, 114-115쪽.

7 『論語』, 「里仁」, 김학주 역, 서울: 서울대학교출판문화원, 2015, 56-57쪽.

8 『論語』, 「衛靈公」, 김학주 역, 서울: 서울대학교출판문화원, 2015, 276-277쪽.

수도 있는 것입니다. 마치 씨앗처럼 말입니다.

일반적으로 씨앗은 살아 있는 상태가 아닙니다. 그러나 씨앗은 싹을 틔워 생명체가 되기도 하고, 그렇지 못하기도 하죠. 사실, 인(仁)의 어원을 추적하면, 살구나무의 씨앗 행인(杏仁)과 만나게 됩니다. 살구를 먹어본 사람은 알겠지만, 살구는 다른 과일에 비해 씨앗 크기가 크고 단단합니다. 웬만한 충격으로는 쉽게 부서지지 않죠. 그 딱딱한 씨앗에서 싹이 트고 새로운 생명이 탄생할 수 있다는 사실이 신비롭습니다.

살구 씨앗은 살아 있습니까? 죽어 있습니까? 아마도 생명을 가질 가능성의 존재로 파악하는 것이 가장 타당합니다. 어떤 경로를 따르냐에 따라 싹이 터 온전한 생명체로 성장을 기대할 수도 있고, 그냥 그대로 생명 없는 사물로 영영 머물지도 모릅니다. 인간도 마찬가지입니다. 주변의 자극에 전혀 반응하지 않고, 자기만 생각하는 사람은 도덕적 차원에서 보면 감각이 마비된 사람이나 다름없죠. 다시 말해서, 타인과 관계를 맺을 줄 모르는 사람, 타인의 아픔에 공감하지 못하고 무반응으로 일관하는 사람은 인과는 거리가 있는, 온기 없는 딱딱한 씨앗에 지나지 않습니다. 씨앗의 발아와 마찬가지로 인간은 노력 여하에 따라 얼마든지 내부에 잠재된 인의 발현이 가능한 존재입니다. 우리는 자기 내면에 숨어 있는 인을 고양하고 그것이 자연스럽게 밖으로 뿜어져 나올 수 있도록 노력해야 합니다.

맹자와 인간의 선한 본성

선악의 측면에서 인성(人性)을 어떻게 이해해야 할까요? 맹자에게 있어서 인성은 사람을 사람답게 하는 것, 곧 인간의 본질을 의미합니다. 그런데 맹자는 인간만이 지닌 본질을 '도(道)'에서 찾습니다. 즉, 인간에게는 마땅히 따라야 할 도(道)가 있다는 겁니다. 흔히 알고 있듯이 맹자는 인간의 타고난 본성을 선하다고 생각했습니다. 마치 물이 아래로 흐르듯 인간 내면에서 선이 자연적으로 움트는 거죠.

> *"人性之善也, 猶水之就下也. 人無有不善, 水無有不下"*[9]
> *(인성지선야, 유수지취하야. 인무유불선, 수무유불하)*

그래서 사람은 착하지 않은 것이 없고, 물은 아래로 흘러가지 않는 것이 없다는 겁니다. 언뜻 맹자의 말대로 우리가 이미 날 때부터 선하게 태어난다면 굳이 도덕적 완성을 위해 치열하게 배우며 살아가라는 공자의 가르침이 굳이 필요한가 싶을 수 있습니다. 상상하지도 못했던 별의별 악행들이 벌어지는 요즘 같은 시대에 인간의 선한 본성에 동의하지 않는 사람이 더 많을 것 같습니다. 사실 생물학은 말할 것도 없고, 행동주의 심리학에서도 인간의 선천적 욕망에서 비롯된 이기심과 공격성을

9 『孟子』, 「告子 上」, 김학주 역, 서울: 서울대학교출판문화원, 2013, 454-455쪽.

증명하는 사례는 수도 없이 많습니다. 『이기적 유전자』의 저자 리처드 도킨스는 유전자가 자기 자신을 보존하고 증식하는 방향으로 설계되어 있음을 주장했습니다. 종 전체의 이익보다 유전자의 이익을 우선시한다는 것입니다. 그러나 맹자는 우리가 악행을 저지르게 되는 이유를 선천적으로 타고난 천성에서 찾지 않고, 환경과 후천적인 경험에서 찾았습니다.

흔히, 우리에게 맹모삼천지교(孟母三遷之教)로 알려진 어린 맹자와 어머니의 일화는 사람이 제대로 성장하는 데 있어서 환경이 차지하는 비중이 작지 않음을 상징적으로 보여줍니다. 하지만 실제 맹자의 생각은 조금 다릅니다. 인간이 환경의 영향을 받는 것은 맞지만, 나쁜 환경에 놓여 있더라도 자신의 본래 마음을 잘 살핀다면 쉽게 현혹되지 않고 선한 성품을 보존할 수 있다는 겁니다. 그런데 어디 사람들이 그런가요? 분명 우리 주변에는 욕심에 눈멀어 오로지 자기 이익만 챙기고 주변을 돌아보지 못하는 사람들이 있습니다.

옛날보다 훨씬 풍족한 먹거리와 안식처가 존재하는데도 불구하고 세상은 더욱 각박해졌습니다. 이것은 맹자의 말대로 사람들이 선한 본성을 잃어버렸기 때문일지 모릅니다. 『맹자』에서 맹자가 인간의 마음을 민둥산에 비유한 일화가 이를 잘 보여줍니다. 간략히 소개하면, 본디 산은 울창하게 숲이 우거져 아름다웠습니다. 그런데 사람들이 집을 짓고 땔감을 구하기 위해 나무를 베어갔고, 나무를 잃은 산은 인적 없는 밤에 이슬을

머금고 부지런히 새싹을 틔우려 해도 이번에는 목동이 소와 양을 끌고 나타나 그 풀마저 뜯어 삼키니 황폐해질 수밖에요.[10] 스스로 회복할 능력마저 상실한 산은 원래의 아름다운 모습으로 돌아가기 어렵습니다. 애초부터 숲을 가꿔온 사람은 울창했던 본래 모습을 기억하지만, 까마득히 잊고 지낸 사람은 벌거숭이 산에 전혀 이상함을 느끼지 못할 것입니다. 맹자가 보기에 인간의 마음도 이와 같습니다. 아름다운 산에 도끼가 들어와 나무를 베어낸 것처럼 욕망의 칼이 우리 마음에 심어진 선한 싹을 싹둑싹둑 잘라 버린 거죠. 폐허가 된 내 마음의 땅에 다시 싹을 키우고 숲을 일궈야 합니다.

사단(四端)의 확충

맹자는 인간의 마음에 처음부터 살고 있는 네 가지 싹이 있다고 했습니다. 구체적으로 타인의 고통과 불행에 대해 측은히 여기는 마음을 의미하는 측은지심(惻隱之心), 도덕적으로 옳지 못함에 대해 부끄러워하는 마음을 의미하는 수오지심(羞惡之心), 양보하고 공경하는 마음을 의미하는 사양지심(辭讓之心), 옳고 그름을 가리는 마음을 의미하는 시비지심(是非之心)입니다. 그리고 이들은 각각 인의예지(仁義禮智)의 싹으로 일대일 대응됩니다. 사단에 기초한 도덕적 심성은 인간 누구나

10 『孟子』, 「告子 上」, 김학주 역, 서울: 서울대학교출판문화원, 2013, 474-475쪽.

갖고 있는 보편적 마음입니다. 맹자는 사단이야말로 인간과 동물을 구분하는 징표로 여겼습니다. 종종 TV 뉴스에서 극악무도한 살인자나 '묻지마' 범죄를 저지른 사람이 포토라인에 서는 것을 볼 때면, "어떻게 인간이 저럴 수 있지?", "저게 사람이야?", "동물만도 못한 놈"이라고 말하며 분노합니다. 그 이유는 도덕적 격분의 감정 기저에 배운 사람이든, 배우지 못한 사람이든지 간에 인간이라면 차마 어쩌지 못하는 마음이 내재해 있기 때문입니다.

온갖 호기심에 가득한 어린아이가 뜰의 여기저기를 돌아다니며 놀다가 우물 쪽으로 기어가고 있는 광경을 목격했다고 가정해 봅시다. 만약 나라면 어떻게 하겠습니까? 나에게 예상되는 피해나 이익을 고려할까요? 잠시 고민하는 사이에 아이는 우물에 빠질지도 모르는 상황에서 말입니다. 한 치의 망설임도 없이 아이를 향해 달려갈 것입니다. 그 아이의 부모에게 받을 사례금이나 왜 가만히 지켜만 보고 있었냐고 비난할 주변의 목소리를 생각할 겨를도 없는 상황입니다. 그런 위급한 상황에서 위험을 직감하고 내 몸이 아이를 구조하도록 동기화되는 것은 아이가 우물에 빠지는 광경을 차마 눈 뜨고 볼 수 없는 마음이 있기 때문입니다. 이것이 바로 측은지심(惻隱之心)입니다.[11] 우물로 달려가기까지는 타고난 천성, 순수한 마음이 중요하

11 『孟子』, 「公孫丑 上」, 김학주 역, 서울: 서울대학교출판문화원, 2013, 130-131쪽.

지, 결코 높은 지능이나 사고력 따위가 요구되는 게 아닙니다.

아이를 향해 달려감으로써 우리는 인(仁)을 실천하는 것입니다. 만약 측은함의 감정이 밀려왔음에도 불구하고, 이에 반응하지 않는다면 자신에게 내재한 선한 본성의 싹을 스스로 잘라내는 것과 같습니다. 나를 망가뜨리는 주체는 나입니다. 우리 스스로 선한 본성을 해치는 일에 가담해서는 안 됩니다. 맹자는 말할 때마다 예의(禮義)를 비방하는 것을 가리켜 '스스로를 해하는 자(自暴者)'라 불렀고, 인의(仁義)를 실천할 수 없다며 포기하는 자를 '스스로를 버리는 자(自棄者)'라고 불렀습니다.[12] 여기서 유래한 말이 자포자기(自暴自棄)입니다. 스스로를 해하는 자와 무슨 말이 통하겠습니까? 또, 스스로를 버리는 자와 무엇을 더불어 할 수 있을까요? 맹자는 인의(仁義)를 멀리하고 자포자기 상태에서 허우적대는 세상 사람들을 보며 통탄했습니다. 『맹자』의 이루 상(離婁 上)편에서 자포자기에 이어서 나오는 구절을 살펴보겠습니다.

"仁 人之安宅也; 義 人之安路也. 曠安宅而弗居, 舍正路而不由, 哀哉!"[13]
(인 인지안택야; 의 인지안로야. 광안택이불거, 사정로이불유, 애재!)

---

12 『孟子』, 「離婁 上」, 김학주 역, 서울: 서울대학교출판문화원, 2013, 290-291쪽.

13 『孟子』, 「離婁 上」, 김학주 역, 서울: 서울대학교출판문화원, 2013, 같은 쪽.

풀이하면, "인(仁)이란 사람이 편안하게 머무는 집이요, 의(義)는 사람을 바르게 인도하는 길이다. 슬프도다. 편안한 집을 비워두고 머물지 않으며, 올바른 길을 따르지 않는다."입니다. 사람들이 굳이 편하고 바른 길을 마다하는 이유가 무엇일까요? 바로 욕심입니다. 욕심이 인간의 선한 본성을 오염시킵니다. 과욕은 화를 부르고 인간관계를 망가뜨립니다.

선거철이 되면 자신이 지역의 일꾼으로서 적임자라며 지지를 호소하는 정치인들을 목격합니다. 처음에는 국가와 지역사회를 위하는 순수한 마음이 많은 부분을 차지했을지라도 사적 욕심이 개입하여 나라의 안위보다는 자기 정치생명을 연장하려는 의도가 뻔히 보이는데도 내려놓지를 않습니다. 추태가 아닐 수 없습니다. 이게 더 심해져 자기합리화를 해버리기도 하죠. 이와 다르게 맹자가 이상적인 인간상으로 삼은 대장부(大丈夫)는 부귀나 빈천 따위에 흔들리지 않고 어떤 위압이나 무력에도 굴복되지 않는 사람입니다. 오직 천하라는 넓은 거처에 몸을 담고, 올바른 도(道)를 위해 움직이는 사람입니다.[14]

우리의 마음은 민둥산에서 다시 숲이 우거졌던 본래의 옛 시절로 돌아가야 합니다. 맹자는 우리 마음에 선(善)의 싹을 확충하기 위해서 끊임없이 자기 수양을 하라고 요구합니다. 그렇게 할 때 비로소 선한 본성을 보존하여 도덕적 실천으로 나아갈 수

---

14 『孟子』, 「滕文公 下」, 김학주 역, 서울: 서울대학교출판문화원, 2013, 232-233쪽.

있기 때문입니다. 살아가면서 우리는 자신의 선한 본성을 잃어가고 있음을 좀처럼 인식하기 어렵습니다. 어쩌면, 도덕에 무감각해진 사람들에게 도덕의 쓸모에 관하여 이야기하는 것 자체가 난센스일지 모릅니다. 애당초 우리가 도덕의 쓸모를 알아채고 도덕적으로 사는 게 아니라, 나 자신에게 처음부터 내재해 있던 선의 싹을 틔움으로써 '완성형' 인간으로 나아간다고 보는 것이 훨씬 자연스럽게 느껴집니다.

어떻게 하면 선을 싹 틔울 수 있을까요? 유가 전체의 원리와도 상통하는데요. 의외로 맹자의 가르침은 단순합니다. 도덕적 수양과 실천입니다. 이를 위해 맹자는 호연지기(浩然之氣)를 강조합니다. 호연지기는 일종의 도덕적 실천 의지에 가깝습니다. 돌이켜 자신을 성찰하는 태도와 더불어 호연지기를 기를 때 우리는 어떤 유혹에도 쉽게 흔들리지 않을 수 있습니다. 당장에 더 먹고 싶은데 건강을 위해서는 절제해야 하고, 함께 잘 살기 위해서 때로는 하고 싶은 대로 할 것을 포기하고 타인에게 배려도 해야 합니다. 당연한 이야기지만 지나친 욕심과도 거리를 두어야 하고요. 이를 위해 우리에게는 선한 본성을 지켜내기 위한 굳은 신념과 의지로서 호연지기가 필요합니다.

순자와 화성기위(化性起僞)

마지막으로 순자가 바라본 도덕을 살펴볼 차례입니다. 순자는 유가에 속하는 사상가이지만 인간의 본성과 관련하여 공자, 맹자와는 확연히 다른 입장을 보입니다. 그는 인간의 타고난 본성을 악하다고 보았습니다. 여러분은 우물 쪽으로 기어가는 아이처럼 위험에 처한 사람을 발견하면 어떤 감정이 들 것 같은가요? 순자는 맹자가 주장한 측은지심이야 동의한다 해도, 그것이 왜 궁극적으로 선에 부합하는지에 대한 논증에 있어서는 빈약하다고 본 것 같습니다. 물론 순자 역시도 성(性)에 대하여 선천적인 것으로 간주한 것은 분명한 사실입니다. 성(性)이란 인간이 나면서부터 그렇게 되어 있는 것으로서, 배우지 않아도 인간에게 내재한다고 말했으니까요.

그러나 한편으로 순자는 인간 본성을 선하다고 확신한 맹자와 다른 입장을 지지했습니다. 맹자가 선의 싹에 절대적으로 부정적인 욕심을 경계하라고 주문한 것과 달리, 순자는 애초에 이익을 좋아하는 것이 인간이라고 주장합니다. 인간이 타고난 본성을 욕구에서 찾았고 그 욕구는 악으로의 경향성을 지닌다고 본 것입니다. 조금 더 정확하게 표현하면, 그의 인간관은 인간에게 감정의 반응으로서의 욕망이 무한하다는 데서 출발합니다.

순자에게서 성(性)은 자연적인 재질과도 같습니다. 그는 인간이 생명체로서 지니는 자연적인 현상에 주목했습니다. 가꾸어지지 않은, 있는 그대로의 질박한 의미에서 인간의 성(性)은 감각기관에 기초하고 있습니다. 사람은 배고프면 배를 채우고 싶고, 추우면 따뜻하기를 원하며, 힘들면 쉬고 싶어 합니다. 사람도 동물인 이상 자연의 이치를 따르죠. 그런데 자식이 배고픔을 참고 부모에게 음식을 양보하거나 부모를 대신하여 일하기도 합니다. 이는 인간의 본성과는 반대됩니다. 배고픈 것은 자연 현상이지만, 양보하는 것은 선택 사항입니다. 순자는 자연 본성을 따르지 않고 사양의 덕을 취하는 인간의 행동이 철저히 후천적이며 인위적인 노력의 산물이라고 여겼습니다.[15]

실제로 사람들이 제각각 자연적 경향성에 따라 자신의 욕구 충족에만 몰두한다면 사람 사이에 으레 갈등이 발생하기 마련입니다. 이것은 서양의 정치철학자 홉스(Thomas Hobbes, 1588~1679)가 이야기한 자연 상태와 비슷합니다. 홉스의 사상을 잠깐 살펴보면, 저마다의 이익을 추구하는 인간은 자연 상태에서 자기 이익을 위해 서로 다투게 됩니다. 만인의 만인에 대한 투쟁과 같지요. 이제 이러한 경쟁이 인간 무리를 야만스럽게 만들고 사람들은 자연 상태에서 벌어지는 사태를 해결하기 위해서 합리적 계약을 도모하기에 이릅니다. 오로지 자기 이익에 해가 되는 것을 방지하기 위해서 사회가 출현하게 되는 것입니다. 언제 합의가 깨질지 모르니 그 합의를 강제할 수 있는 행정 권력과 법이 필요할 테고, 이러한 이유로 국가가 세워집니다.

순자의 사상이 법가에 영향을 준 것도 바로 이 때문입니다.

---

15 『荀子』, 「性惡」, 김학주 역, 서울: 을유문화사, 2016, 783-785쪽.

물론 순자는 인간이 선천적으로 사회성을 지니고 있다고 보았습니다. 여기서, 인간은 도덕적인 사람이 되기 위해서 인위적으로 노력할 수 있는 여지가 있다는 점이 중요합니다. 단순히 사회로부터 가해지는 처벌 때문이 아니라, 내적 동기 차원에서 얼마든지 도덕적인 사람이 되는 쪽으로 방향을 선회할 수 있다는 것입니다. 인간은 가능성의 존재입니다. 홉스가 인간의 의지에 대하여 그리 큰 기대를 하지 않았다면, 순자는 인간의 타고난 천성이 비록 악하지만, 인위적인 노력으로 얼마든지 좋은 사람이 될 수 있다고 보았습니다. 여전히 인간에게 희망을 걸었습니다. 단, 그러기 위해서는 인간의 노력이 전제되어야 합니다.

순자에 따르면, 인간은 배우고 노력함으로써 자연적 경향성을 벗어날 수 있습니다. 후천적인 작위에 의해서 사람의 성격이나 능력도 달라지는 법입니다. 생각이 쌓이고 능력이 익숙해진 다음에 이루어지는 것이 바로 인위(人爲)입니다.[16] 인위의 대표적인 것이 예의입니다. 예의는 성인(聖人)이 오랫동안 생각을 쌓고 배움으로써 일궈낸 것입니다. 그러므로 우리는 성인의 가르침과 수양을 통해서 악한 본성을 변화시키고 인위를 일으켜야 합니다. 이것이 바로 순자가 이야기한 화성기위(化性起僞)의 본뜻입니다.

---

16 『荀子』, 김학주 역, 「正名」, 서울: 을유문화사, 2016, 742-743쪽.

사람들이 악한 본성을 버리고 변화된 모습은 외부로 표현된 형식으로 파악할 수 있습니다. 평소 자기만 생각하며 이기적으로 살던 사람이 주변 친구들을 배려하고 양보하는 쪽으로 태세 전환을 했을 때, 그리고 그것이 쌓이고 쌓일 때 우리는 그가 변화되었다고 말합니다. 그리고 그 변화의 양상은 형식으로 드러나기 마련입니다. 순자가 예(禮)를 강조한 것도 그 때문입니다. 예는 일상에서 지켜야 할 지켜야 할 규범과도 같습니다. 물론, 예는 인간이 갖게 되는 도덕적 감정에 토대를 두어야 합니다. 감정에 적절한 표현의 형식을 갖출 때 사회에 예(禮)가 온전하게 작동한다고 볼 수 있습니다.

안타깝게도 오늘날 그런 예가 제대로 작동하고 있는지 의문입니다. 법은 고사하고 공공장소에서 지켜야 할 기본예절조차 지키지 않는 사람들이 있습니다. 지하철 노약자석에서의 싸움은 더 이상 뉴스거리도 되지 않습니다. 공공시설을 이용할 때 지켜야 할 에티켓을 무시하고 막무가내로 행동하는 사람들이 많죠. 얼굴에 철판을 깔았는지 내 돈 내고 왔는데, 당신이 무슨 상관이냐며 도리어 호통을 치는 사람도 있습니다. 예의 형체조차 알 수 없을 정도로 허물어진 사회에서 예를 이야기하는 사람은 꼰대가 되기 십상입니다.

역설적으로, 우리 사회에는 어느 때보다 더 스승이 필요합니다. 배움의 즐거움을 아는 평생 학습자 공자를 떠올려 보세요. 자기 삶의 완성을 위해 부단히 노력하는 사람에게는 주변 모든 게 배움의 소재가 됩니다. 누굴 탓하겠습니까? 배움으로 나아가지 못한 자신을 탓해야지요. 인간은 스승의 가르침으로 감화를 받아야 바로잡히고, 비로소 예의가 바로 설 수 있습니다. 마치 무딘 쇠가 숫돌에 간 뒤에 날카로워지듯이 말입니다.[17]

청출어람(靑出於藍)이라는 사자성어가 있습니다. 『순자』의 '勸學(권학)' 편 처음에 등장하는 말입니다. "푸른 물감은 쪽풀에서 얻지만, 쪽풀보다 더 파랗고, 얼음은 물로 이루어져 있지만 물보다 더 차다." 사람도 그렇습니다. 쪽풀에서 푸른 물감을 만들어 내듯이 태어날 때는 똑같은 본성을 지녔을지라도 교육에 따라서 뒤에는 전혀 다른 사람으로 성장할 수 있습니다. 그러므로 사람들은 성실히 배우면서 올바른 길을 추구해야만 합니다.[18]

지금까지 유가 사상으로 대표되는 공자, 맹자, 순자의 사상을 간략하게 살펴보았습니다. 인간 본성을 바라보는 관점에서는 맹자와 순자의 입장이 갈리지만 넓게 보면 본성의 보존이든, 인위적인 변화든지 간에 유가 사상에서는 하나같이 인격 완성을 위한 개인의 부단한 노력과 성실한 배움을 강조합니다. 이들 유가 사상은 인간의 본질에 대해 낙관적으로 신뢰하면서 변화 가능성을 인정했다는 데에 공통점이 있습니다.[19] 이러한 연

17 『荀子』, 김학주 역, 「性惡」, 서울: 을유문화사, 2016, 775-777쪽.

18 『荀子』, 김학주 역, 「勸學」, 서울: 을유문화사, 2016, 40-42쪽.

19 황의동, 『위기의 시대 유학의 역할』, 서울: 서광사, 2004, 65쪽.

유로 당연히 따라오는 관심사가 교육입니다.

가치 상실과 사회 갈등이라는 대위기 속에서 인간의 도덕적 가능성을 염두에 두면서 끊임없이 정진하라고 권고하는 유가적 가르침이야말로 교육의 본질을 회복하는 길이기도 합니다. 우리는 자기 스스로를 그런 교육의 사태 속으로 참여하도록 이끌어야 합니다. 지금의 나는 어떤 길을 가고 있습니까? 세속적 가치에만 신경 쓰며 도덕을 멀리하고 있지는 않나요? 아직까지 주변만을 탓하면서 말입니다. 그것은 자기기만이요, 자신을 속이는 일입니다.

“人不知而不慍, 不亦君子乎?”[20]

(인부지이불온, 불역군자호?)

『논어』의 처음 學而(학이) 편에서 공자는 남이 알아주지 않더라도 화를 내지 않는다면 그 또한 군자가 아니겠냐고 말했습니다. 남이 알아주지 않아도 한번 도전해 보는 겁니다. 인생 짧다고 하잖아요. 도덕의 세계로 한 발 내딛는 것부터 시작하고 나서 도덕의 쓸모를 고민해도 늦지 않습니다.

---

20 『論語』, 김학주 역, 「學而」, 서울: 서울대학교출판문화원, 2015, 4-5쪽.

5장

고작 그것 때문에 도덕이 좋다고? - 칸트와 선의지

"자유는 다른 사람의 자유와
공존할 수 있는 자유여야 한다."

순수한 도덕의 지향

이 책의 제목을 보고 화를 낼 법한 철학자가 있습니다. 18세기 계몽주의 시대를 대표하는 철학자 임마누엘 칸트입니다. 칸트의 시선에서 보면, 도덕을 이야기하면서 쓸모를 운운한다는 것 자체가 가당치 않은 일일 수 있습니다. 그는 모종의 이익을 바라면서 하는 도덕적 행위는 도덕의 순수성을 훼손한다고 보았습니다. 강조하자면, 칸트는 도덕의 본질을 행위 결과와 무관한 곳에서 찾습니다.

과연 우리가 나 자신에게 이익이 수반되지 않는 일에 굳이 도덕적으로 행동할 필요가 있을까요? 나에게 불이익이나 불편이 뒤따를 것이 분명히 예견되는데도 흔쾌히 타인을 돕는 사람을 어떻게 이해해야 할까요? 이것은 앞장에서 소개한 맹자의 측은지심과는 다른 차원입니다. 편히 쉬고 있다가도 우물에 빠질 것 같은 아이를 보면, 측은히 여기는 마음이 일어나는 것은 인간의 본성입니다. 그 아이의 부모와의 친분을 고려하거나 친구들의 칭찬, 또는 아이의 울음소리가 듣기 싫어서 발생한 마음도 아닙니다. 즉, 개인의 의도와는 무관합니다. 실제로 측은지심은 발생했지만 아이 쪽으로 가느냐, 마느냐는 철저하게 의지의 문제입니다. 칸트는 바로 이점을 궁구했습니다. 단언컨대, 그의 시선에서 타인을 돕는 행위를 선한 행위로 간주할 수 있는 경우는 오직 하나입니다. 동기가 순수할 때입니다.

동기의 순수성과 관련하여 성경에 나오는 착한 사마리아인은 아주 좋은 예입니다. 이야기는 어떤 사람이 도적에게 공격당해 길가에 쓰러진 상황에서 시작됩니다. 쓰러진 이를 발견한 제사장과 종교 지도자들은 그를 그냥 지나쳤습니다. 그런데 사마리아 사람이 그를 발견하고 치료받도록 도와주었습니다. 자신이 위험에 처할지도 모르는 상황에서 곤경에 처한 타인을 돕는 사마리아인을 적어도 우리는 바보라고 생각하지는 않습니다. 똑같은 상황에서 나도 사마리아인처럼 용기 있게 행동했을까를 생각하며 그의 행동에 존경을 표하죠. 위험에 처한 사람을 모른 척하고 지나가는 일은 오랫동안 법의 영역이 아닌 도덕의 영역 안에만 존재했습니다. 자신에게 위험한 상황이 초래될 가능성이 전혀 없음에도 불구하고 타인을 돕지 않는 사람은 도덕적으로 비난을 받을지언정 처벌의 대상은 될 수 없었던 것이죠.

우리나라는 학교를 비롯하여 근로자 수가 5인 이상 되는 기업에서도 의무적으로 심폐소생술 실습 교육을 실시해야 합니다. 혹시나 모르게 심장마비 환자를 발견했을 때 생명을 살릴 수 있는 역량을 길러주는 차원이죠. 그러나 심장마비로 쓰러진 사람을 도울지 말지는 어디까지나 개인의 선택에 달려 있습니다. 다만, 우리나라는 심폐소생술을 실시하다가 상대방이 잘못되었을 때 법적 책임을 지지 않도록 하는 면책조항을 두어 위험에 처한 사람에 대한 응급처치를 장려하고 있습니다. 이와 달리 프랑스에서는 구조의 의무를 법에 명시하고 있습니다. 자신에게 따를 위험이 없는데도 불구하고 위험에 빠진 타인을 돕지 않은 사람은 법에 따라 처벌받게 됩니다.

'법은 도덕의 최소한이다.'라는 말이 있습니다. 의사소통행위이론의 대가인 위르겐 하버마스에 따르면 민주주의 사회에서 법은 법대로 시민들이 함께 공론의 장에서 대화와 토론을 통해 입법화 과정을 거친다는 측면에서 의의가 있습니다. 자신이 주체적으로 참여해서 정한 약속을 특별한 이유 없이 지키지 않는 것은 아무리 생각해도 이해하기 어렵습니다. 그러나 사람이 법에 그렇게 명시되어 있으니까, 지키지 않으면 벌을 받을 수도 있어서 법을 따른다면, 막상 그 법이 사라지고 났을 때 굳이 그 법이 강제한 행위 규율을 따를 의무도 사라지게 됩니다.

인간관계에서 갈등이 터졌을 때 걸핏하면 "법대로 하라."고 말하는 사람들이 있습니다. 이들은 법의 노예나 다름없습니다. 최근 일부 청소년들은 10세 이상 14세 미만의 미성년자의 경우 범죄를 저질러도 형사 처분 대신 소년법에 의해 보호처분을 받는다는 사실을 악용하여 더욱 대범하게 비행을 저지르기도 합니다. 더욱이, 막상 범죄 사실이 탄로 나도 자신들은 촉법소년이라서 형벌 대상이 아니라며 어른들에게 비아냥거리기도 합니다. 촉법소년의 기준 연령을 낮춰야 한다는 목소리가 나오는 게 이상하지 않을 정도입니다. 그렇게 해서라도 청소년 범죄를 줄어야 하니까요. 법 개정이 범죄 예방에 어느 정도 효과가 있을지는 미지수입니다. 다만, 성문법을 통해서 모든 걸 해결할 수 있다고 믿어서는 안 됩니다. 법에 지나치게 매몰된 사람은 도덕을 간과하기 마련입니다.

칸트는 우리가 준수해야 할 의무가 있는 성문법과는 본질적으로 다른 차원에서 도덕을 이야기합니다. 도덕은 일종의 법칙입니다. 마치 물리학에서 이야기하는 운동 법칙처럼 말입니다. 어떤 물체를 공중으로 던지면 땅바닥으로 떨어지게 마련입니다. 지구 중력장 내에서는 물체의 고유 질량과 상관없이 그렇습니다. 칸트는 도덕도 마치 중력처럼 보편타당하게 존재하는 법칙처럼 이해합니다. 진정 도덕이라고 말하기 위해서는 모든 인간이 언제 어디서든 적용이 가능한 원리여야 한다고 보았기 때문입니다. 그리고 도덕적 실천 법칙이란 철저하게 객관적 필연성을 갖는 것으로서, 칸트는 인간이 그것을 이성에 의해 선험적(a priori)으로 인식할 수 있다고 생각했습니다.

> *그 자신 아무런 정당화해주는 근거들을 필요로 하지 않는 도덕법칙은 이 자유의 가능성뿐만 아니라 현실성을 이 법칙이 자신들을 구속하는 것으로 인식하는 존재자들에서 증명한다. 도덕법칙은 사실상 자유에 의한 인과의 법칙이고, 그러므로 초감성적 자연을 가능하게 하는 법칙이다. 감성 세계 안에서 사건들의 형이상학적 법칙이 감성적 자연의 인과법칙이었던 것처럼 말이다.*[1]

---

1 I. Kant, 백종현 역, 『실천이성비판』, 서울: 아카넷, 2009, 116쪽.

세상이 변했으니까 그에 따라 도덕도 변해야 한다고 말하는 사람은 어찌 보면 도덕을 쓸모의 관점에서 보는 사람입니다. 인간에게 유용한 것이 도덕인 셈이죠. 그러나 칸트는 이런 식으로 유용성의 논리로 도덕을 보는 관점을 완강하게 거부했습니다. 도덕은 내가 지구상에 있든 없든, 나와 별개로 항상 있었고, 앞으로도 변함없이 늘 그렇게 존재합니다. 엄밀히 말하면, 그런 방식으로 존재하는 도덕만을 진정으로 도덕이라고 말할 수 있습니다. 법칙으로서의 도덕의 성격을 받아들이고 나면, 오히려 선악의 개념은 도덕법칙에 앞서서 존재하는 것이 아니라, 도덕법칙의 뒤에서, 도덕법칙에 따라서 규정되어야 합니다.[2]

우리 모두 동의할 만한 도덕이란 무엇일까요? 칸트는 행위의 결과가 도덕을 규정하는 것이 아니라, 결과와 상관없이 우리를 도덕적으로 행동하게끔 이끄는 동인에서 도덕의 본질을 찾습니다. 이 부분은 아리스토텔레스를 시작으로 전개되는 행복주의와 상당히 대비됩니다. 행복하기 위해서 도덕적이어야 한다는 말은 우리 각자가 그리고 있는 행복의 그림이 다르다면 공감하기 어렵습니다. 실제로 도덕적인 선택이 그렇지 않은 선택을 했을 때보다 더 불편하고, 더 불행하게 되는 경우도 충분히 생각해 볼 수 있으니까요. 더욱이 우리가 선을 추구하고 악을

---

2 I. Kant, 김석수, 김종국 역, 『도덕형이상학 정초 실천이성비판』, 파주: 한길사, 2019, 218쪽.

멀리하는 이유를 오직 행복에서 찾는다면 도덕은 행복을 위한 수단으로 전락해 버릴 수 있습니다. 그래서 칸트는 자기 행복의 원리가 의지의 규정 근거가 된다면, 그것은 도덕의 본질과는 정반대로 멀어지는 일이라고 비판했습니다.[3]

종종 우리는 타인의 비난을 피하고 싶다거나 친구와 사이좋은 관계를 유지하기 위해서 마음에 내키지 않은 일인데도 억지로 실천으로 옮깁니다. 좋은 인간관계를 맺는 일과 도덕을 실천하는 일 중 무엇이 먼저인가요? 좋은 인간관계를 위해서 도덕을 실천하는 것은 도덕을 수단으로 삼는 행위입니다. 도덕적 행위를 실천했을 때 실제로 좋은 인간관계가 따라오더라도 그것은 중요한 게 아닙니다. 오히려 관계 유지에 도덕이 방해물이 될 수 있습니다. 거짓말을 하거나 나쁜 짓을 해서 자신이 좋아하는 친구와 더 친해질 수도 있는데, 괜히 도덕적으로 행동하거나 친구에게 도덕을 권유했다가 관계가 틀어질 수 있습니다. 그래서 우리는 인간관계 안에서 도덕을 잠시 잊고 살거나 그 기준을 고무줄처럼 줄였다 늘였다 반복합니다. 이런 일상인의 도덕에 칸트가 말한 법칙이란 수식어는 어울리지 않습니다.

목적 그 자체

칸트는 도덕을 수단이 아닌 목적의 차원에서 바라봅니다. 도덕

3 I. Kant, 백종현 역, 『실천이성비판』, 서울: 아카넷, 2009, 98쪽.

은 단지 그것이 도덕이기 때문에 우리가 따라야 합니다. 여기서 중요한 것은 애초에 그 도덕적 행위를 하는 사람의 의도입니다. 겉으로 표현된 두 사람의 행위가 동일하게 보일지라도, 그 행위 동기는 다를 수 있습니다. 좋은 인간관계를 위해서 도덕적으로 행동했는지, 아니면 단순히 그것이 도덕적 행위이기 때문에 그렇게 행동했는지는 매우 큰 차이가 있습니다. 똑같이 곤경에 처한 친구를 도왔다고 하더라도, 친구의 마음을 사기 위해서 도운 경우와 단지 곤경에 처한 사람을 돕는 것이 선한 일이라서 돕는 경우는 엄연히 다릅니다. 도움을 받는 친구 입장도 그렇습니다. 친구가 나를 도운 이유가 단지 나의 마음을 사기 위해서였다는 사실을 알게 된다면 고마운 마음도 반감될 것입니다.

겨울철 시내를 거닐다 보면 구세군을 목격합니다. 경제적으로 어려운 사람들에게 혹독한 추위는 그야말로 견디기 어려운 고통입니다. 이들에게 가엾음을 느끼는 사람이라면 조금이라도 도움이 되고 싶어 주머니를 뒤적이게 됩니다. 어려운 사람을 위해 기꺼이 지갑을 여는 사람들은 칭찬받아 마땅합니다. 하지만 이와 같은 행위조차도 도덕이라고 말할 수 있으려면 반드시 추가로 의도의 순수성이라는 필터를 거쳐야 합니다.

구세군 냄비에 돈을 넣는 이유는 무엇일까요? 아마도 막연하게 훗날 돌고 돌아 내게 복으로 돌아올 거라는 기대 때문은 아닐 겁니다. 이것은 친구를 도와서 직접적으로 친구의 마음을 사는 것과는 분명 다른 차원입니다. 구세군 냄비에 넣은 돈이 구체적으로 어떻게 쓰이고, 누구를 위해서 쓰이는지 쉽게 확인할 수 없습니다. 내가 기부했다는 사실이 기록으로 남지도 않습니다. 어떤 사람은 기부하면서 천국을 떠올릴지 모르겠습니다. 그러나 천국에 가기 위해서 선한 행위를 한다는 논리는 천국에 대한 믿음이 있는 사람에게만 해당합니다. 더욱이 동기를 따져보면, 그것 역시나 자기 행복을 위한 지극히 이기적인 행위에 불과합니다.

반면에 자기 행복을 위해서가 아니라, 길거리에서 만난 거지가 단지 불쌍하고 측은하게 느껴져서 돕는 경우는 어떨까요? 우리는 그 사람이 왜 많은 행인이 지나다니는 길바닥에 나앉아 구걸하는 삶을 사는지 알지 못합니다. 그러나 그냥 지나치기에는 도저히 발걸음이 무거워 푼돈이라도 바구니에 넣는 사람이 있습니다. 만약, 그 사람이 신체가 온전하지 못한 불구 상태라면 마음이 더 쓰이게 됩니다. 그리고 한번 요동친 마음은 쉽사리 사그라지지 않죠. 애써 무시하고 지나쳤다면 집에 돌아와서 문득 그 사람이 떠올라 마음이 불편할 수도 있습니다. 맹자의 측은지심이 선한 사람이라면 마땅히 지녀야 할 마음이라는 데에 이의를 제기하는 사람은 아마도 없을 겁니다.

그러나 마음의 편안함도 넓게 보면 행복과 무관하다고 할 수 없습니다. 내 마음 편하자고 거지를 돕는 행위도 결국은 내 마음의 안식과 평온을 목적으로 삼은 수단일 뿐입니다. 일찍이 인간의 자연적인 경향성에 바탕을 두고 도덕을 이야기 한 철학자가 있으니, 그가 바로 데이비드 흄(David Hume, 1711~1776)입니다. 그는 인간의 이성이 행위를 산출할 수 없다고 보았습니다. 어떤 도덕적 문제 사태 속에서 아무리 우리가 옳고 그름을 이성적으로 식별한다고 해도 그것 자체가 옳은 쪽으로 행위 하도록 이끌지는 못한다는 것이죠. 실제로 우리는 내 자신이 내린 이성적 판단과 반대 방향으로 행동할 때가 얼마든지 있습니다.

흄은 이성을 정념의 노예로 간주합니다. 일상에서 우리가 어떤 쪽으로 도덕적 판단을 내리든, 행위를 낳는 동인은 인간의 욕구 충족과 관련된다고 보았기 때문입니다. 그리고 그는 도덕을 이성보다는 감정의 측면에서 다룹니다. 인간의 감각적 경험에서 출발하여 그것이 인간에게 남기는 인상과 관념이 행위 방식을 결정한다는 거죠. 앞선 경험이 머릿속에 어떻게 자리 잡고 있느냐에 따라서 그다음의 행위 선택을 좌우한다는 겁니다. 초기 경험이 이후의 정서적 반응에 영향을 미치는 사례는 주변에서 쉽게 찾을 수 있습니다. '자라 보고 놀란 가슴 솥뚜껑 보고 놀란다.'는 속담도 그 예입니다. 어릴 때 불우한 환경에서 자란 사람이 커서도 자신과 같은 사람의 처지에 대해서 더 잘 공감할 수 있는 것도 같은 이치입니다. 시험에서 1등만 하던 부모는 공부를 못하는 자녀를 이해하지 못하는 것도 그렇고요. 이와 같은 측면에 주목한 흄은 인간의 경향성 중 하나인 공감을 도덕의 핵심으로 설명합니다. 실제로 공감 능력이 현격히 떨어지는 사람은 타인과 어울리기 어렵습니다. 슬픈 일을 겪은 사람을 보면 나 역시도 슬픈 마음이 드는 것이 도덕 아닐까요?

그런데 말입니다. 슬픔에 빠진 사람을 보면 슬픈 마음이 드는 것까지는 자연스러울 수 있지만, 칸트의 시선에서 그것을 도덕이라고 보기는 어렵습니다. 만약 그 사람이 슬픔에 잠긴 이유가 자신이 타인을 해함으로써 부당한 이득을 취하려고 했으나 실패해서라면 어떨까요? 그 사실을 알고도 그 사람의 슬픔에 공감하는 사람은 없을 것입니다. 일제 강점기 친일 활동을 벌이며 독립운동을 방해하고 극악무도한 학살에 가담한 범죄자가 훗날 재판장에서 울면서 선처를 호소할 때 그의 눈물에 이끌려 슬픔이 밀려올까요? 악어의 눈물일 수 있습니다. 설사 그렇지 않다고 하더라도, 감정에 호소하는 선처가 범죄 자체를 선으로 바꿀 수는 없습니다. 다시 말해서 이성적 사고가 빠져 있는 동정심은 그 자체로 한계가 있습니다.

도덕적 의무감과 선의지

이제 우리는 도덕적 선을 말하기 위해서 행복주의나 공감이 아닌, 다른 방식을 찾아야 합니다. 사실 지금까지 이야기한 인간의 경향성이나 자기보존의 원리처럼 인간 경험에 기반한 행복주의는 도덕을 선험적(a priori)으로 정초하고자 했던 칸트가 비판한 주요 원리입니다. 칸트는 종교적 신에 기댄 도덕적 행동에 대해서 불완전하다고 보았지만, 경험적 자연주의에 기초한 도덕 이론도 강하게 비판했습니다. 그에 따르면 도덕은 우리가 경험하기 이전부터 이미 존재해 왔으며, 경험으로부터 독립적이지만, 인간에게는 그것을 인식할 수 있는 이성이 있습니다. 도덕법칙은 이성적 존재에게 적용되는 이념입니다.

이성은 일종의 명령 형태로 무엇이 옳은 행위인지를 우리 자신에게 알려줌으로써 그렇게 행위 하도록 의무 지웁니다. 뒤에서 자세히 이야기하겠지만 이러한 무조건적 명령이 정언명령이며, 그것을 인식하고 나에게 부과되는 명령처럼 받아들일 수 있는 이유는 인간에게 '순수실천이성'이 있기 때문입니다. 우리는 왜 살인을 저질러서는 안 될까요? 타인의 생명을 빼앗는 일은 당연히 나쁜 거 아니냐고 반문할지 모릅니다. 물을 필요도 없는 당연한 것을 왜 묻냐고 말입니다. 그러나 따져볼 필요가 있습니다. 우리에게 살인은 악이라고, 나쁜 행위이므로 절대 하지 말아야 한다고 명령하는 그 실체가 무엇인지 확인해야 합니다. 그럴 때 비로소 살인하지 말라는 도덕적 명령이 보편적 정당성을 획득할 수 있기 때문입니다. 칸트는 인간이 지닌 순수실천이성이 이 역할을 담당한다고 믿었습니다. 순수실천이성이 도덕적 명령을 내리고, 그리고 또 그 명령이 마땅히 내가 행해야 할 의무로 받아들이도록 만든다는 거죠.

그리고 우리가 오로지 이와 같은 의무에 의해서 행위를 할 때, 그때 비로소 그 행위는 진정으로 도덕적 가치를 갖게 됩니다.[4] 의무란 우리가 어떤 종류의 책임이나 도덕법칙 아래에 있음을 뜻합니다. 칸트는 이성적 존재로서 우리가 이러한 의무를 명령의 형식으로 다가오는 것으로 인지한다고 보았습니다. 그러나 이때의 명령은 어떤 다른 목적과 관련 없이 그 자체로 보편적이며 필연적인 행위를 명령합니다. 언뜻 내 안의 이성이 나에게 도덕적으로 선한 행위를 명령한다는 말이 쉽게 이해되지 않을 수 있습니다. 그런데 만약 자기 자신이 명령한 바에 따라 행위 하지 않는 사람이 있다면, 아마도 그 사람은 생각 없이 맹목적인 삶을 사는 사람이거나 철저히 다른 사람이 시키는 대로 사는 그야말로 타율적인 삶을 사는 사람으로 봐야 하지 않을까요? 적어도 칸트는 이성의 명령에 따라 스스로 행위 할 때 자율이라는 말을 사용합니다.

문제는 자신이 스스로 선택하는 행위라 하더라도 그 선택이 다른 목적을 염두에 두고 있다면 도덕이라는 단어를 함부로 붙여서는 안 됩니다. 도덕은 수단과 목적 연관으로 설명될 수 없습니다. 늘 도덕은 최상위에 존재하며 단지 그 자체로 우리에게 선하게 행동하라고 명령합니다. 그리고 인간은 그런 도덕에 대해 존경심을 갖고 따라야 하며, 그 도덕적 명령을 따르려는 의지를 발현할 때, 그 의지야말로 완벽하게 도덕에 부합한다고 볼 수 있습니다. 칸트는 이를 선의지라고 불렀습니다. 그는 선

---

4 I. Kant, 백종현 역, 『윤리형이상학 정초』, 서울: 아카넷, 2006, 87쪽.

의지 외에 아무런 제약 없이 선이라고 불릴 수 있는 것은 지구 상에서나 밖에서나 아무것도 없다고 말했습니다.

선의지는 그것이 생기게 하는 것이나 성취한 것으로 말미암아, 또 어떤 세워진 목적 달성에 쓸모 있음으로 말미암아 선한 것이 아니라, 오로지 그 의욕함으로 말미암아, 다시 말해 그 자체로 선한 것이다.[5]

선의지는 경향성에 따르도록 하는 의지와는 차원이 다른 의지입니다. 진정한 선의지는 의무감에서 비롯됩니다. 그리고 그 도덕적 의무감으로 말미암아서 실천한 나의 행위는 그 행위의 영향 아래 있는 일체의 것들로부터 자유로워야 합니다. 선의지를 결정할 수 있는 것은 객관적으로는 법칙, 주관적으로는 이 실천적 법칙에 대한 순수한 존경 말고는 허락되어서는 안 됩니다.

실제로 선을 향한 의지가 아니라면 의지 자체도 타락하여 얼마든지 악한 행위를 더 잘하는 데 쓰일 수 있습니다. 그래서 선한 의지는 오히려 겉으로 드러난 일련의 행위들이 참으로 선한지를 판별하는 기준이 됩니다. 도덕의 영역에서만큼은 "너 왜 그렇게 행동했어?"라고 물었을 때 "그것이 선한 일이니까요."

---

5 I. Kant, 백종현 역, 『윤리형이상학 정초』, 서울: 아카넷, 2006, 79쪽.

라는 답변 외에 어떤 다른 답변이 붙는 것을 허락하지 않습니다. 어떤 목적을 성취하거나 유용성 때문에 하는 행동은 자신에게 분명 득이 되는 일이지만, 그렇다고 해서 거기에 '도덕적'이라는 수식을 붙일 수는 없습니다.

도덕적 자율

하기 싫은 일인데도, 다른 누군가가 강요한 일이 아님에도 불구하고, 그것을 하도록 만드는 기제는 무엇일까요? 퇴근길 지하철에서 연로하신 할아버지에게 자리를 양보하는 이유가 단지 주변 사람들의 시선 때문만은 아닐 겁니다. 사실 오늘날에는 그 시선을 따갑게 느끼는 사람도 드물죠. 어떤 사람은 어릴 때부터 그렇게 배웠고, 노약자에 대한 자리 양보가 습관이 되어 자리에서 일어납니다. 그러나 반자동적으로 자리를 양보하는 행위 역시도 칸트가 보기에는 도덕이라 말하기에는 여전히 부족합니다. 선의지와는 다소 거리가 있기 때문입니다.

자동(automatic)과 자율(autonomy)은 다릅니다. 아리스토텔레스의 말대로 좋은 습관은 내 삶을 총체적으로 좋게 만듭니다. 그러나 습관에 따라 행동하는 인간을 다른 각도에서 보면 마치 자동화된 시스템을 탑재한 로봇과 같습니다. 어릴 때부터 예의범절을 배우고 일상에서 실천하도록 잘 교육받은 사람은 아마도 그것이 온전히 몸에 배어 생각할 틈도 없이 행동으로 나올 겁니다. 로봇은 의지가 있을까요? 만약 인간이 프로

그래밍한 대로 움직이는 로봇이 버스에서 인간에게 자리를 양보했다면, 거기에 도덕이란 말을 붙일 수 있을까요? 칸트라면 거부했을 겁니다. 우리는 다른 사람이 설계해 놓은 로봇과는 다른 존재입니다.

노약자를 보고 반자동으로 자리에서 일어나는 사람의 행위는 의지가 결여된 습관의 산물일 뿐입니다. 칸트가 이야기하는 도덕은 자동이 아니라 자율입니다. 도덕적 자율이란 이성적 존재인 인간이 마땅히 해야 할 바에 대해서 인식하고, 또 그것을 하기 싫은 마음이 일더라도 그것이 단지 옳은 일이기 때문에나 스스로 그 명령에 따르려고 할 때 가능한 표현입니다. 즉, 행위의 도덕적 가치는 인간의 의지 안에 위치할 때 발생합니다. 그러나 시스템화된 기계는 의지가 없습니다. 그래서 기계에게 도덕적 책임을 묻는다는 말 자체가 성립하기 어렵습니다. 오직 자유의지를 지닌 인간에게만 책임을 물을 수 있습니다.

여기서 한 가지 의문이 들 수 있습니다. 기계야 인간이 조작한 대로 움직인다지만 인간은 도대체 누가 명령하길래 옳은 일을 수행할 수 있냐는 말입니다. 칸트는 우리에게 도덕적 명령을 내리는 존재의 실체를 나의 밖이 아니라 안에서 찾았습니다. 왜냐하면 외부에서 가하는 명령은 타자의 강요와 같기 때문입니다. 그래서 엄마나 아빠가 시켜서 한 행위를 자율적이라고 말하지는 않죠. 칸트에게 자율이란 어디까지나 의지의 자율입니다. 우리는 외부 간섭 때문이 아니라, 내 스스로 옳다고 여겨서 기꺼이 그 일을 수행하려 할 때 자율적인 사람이 됩니다.

그렇다고 해서 옳다고 여기는 일이 한 사람의 착각 속에서 진행되어서는 안 됩니다. 주변에서 종종 사회성이 떨어지는 사람을 만납니다. 그중에는 아집으로 인해 다른 사람의 말을 들을 줄 모르는 사람들도 있습니다. 대개 이런 사람들은 자기 의견이 가장 합리적이고 타당하다고 생각하기 때문에 고집을 부리고, 집단의 의사 결정이 자기 생각대로 이루어지지 않으면 토라지거나 관심을 끕니다. 집단을 대표하는 사람이 이렇게 귀가 꽉 막혀 있을 때는 그 집단 내 구성원들은 무척 힘들겠죠. 도덕의 영역에서 아집이 센 리더는 특히 위험합니다. 의사 결정권이 있는 사람이라면 자신이 소유한 도덕적 신념을 핑계로 조금도 자기 생각을 굽힐 줄 모르니까요.

칸트가 말하는 도덕은 아집이나 독선과는 거리가 있습니다. 아무리 내가 옳다고 생각하는 일이라고 할지라도 다른 사람들도 나처럼 똑같이 옳다고 여길지를 검토해야 합니다. 그래서 칸트의 도덕을 내용이 아닌 형식의 도덕이라고 말합니다. 우리는 어느 지점에서 내가 거짓말을 하는 편이 낫다고 생각될 때 과연 모든 다른 사람들이 동의할 수 있는가를 따져보아야 합니다. 만약 그렇지 않다면 그것은 보편적 도덕이 될 수 없습니다. 아전인수(我田引水) 격으로 상황에 따라 자신에게 유리한 기준을 적용하고 있지는 않은지 점검해야 합니다.

칸트는 교육을 도야(bildung)의 차원에서 이야기하고 있습니다. 특정 기능이나 감정, 문화적 생활도 도야의 맥락에서 파악하였는데, 그중에서도 이성의 도야, 도덕적 도야에 대해서 중요하게 다룹니다. 이성적 도야란 이성적 판단을 통해 도덕적 법칙을 인식하고 따르는 능력을 개발하는 것을 의미하며, 도덕적 도야란 단순히 지식을 습득하는 것을 넘어, 도덕적, 지적 성장을 통해 인간이 자율적이고 이성적인 존재로 발전하는 과정을 의미합니다.

> *실천적 또는 도덕적 교육이란 이를 통하여 인간이 자유로이 행위하는 존재로 살 수 있도록 육성하는 교육이다(실천적이라는 말은 자유와 관련되는 모든 것을 가리킨다.) 이것은 인격성을 위한 교육, 자유로이 행위하는 존재의 교육이다. 자유로이 행위하는 존재는 자기 자신을 유지하고, 사회 속에서 한 구성원을 이루며, 스스로 내적 가치를 지닐 수 있는 존재다.*[6]

사실, 도야에 해당하는 독일어 'bildung'은 'bilden'이라는 동사에서 유래했습니다. 'bilden'은 형성하다, 만들다, 창조하다 등의 의미를 지니고 있습니다. 여기에 기원한 'bildung'은 18세기에 들어와 독일 철학에서 단순한 의미의 형성을 넘어서 인간의 내적 성장과 자기 형성을 포함하는 개념으로 확장되었

---

6 I. Kant, 이엽, 김창원, 박찬구 역, 『논리학 교육론』, 파주: 한길사, 2021, 231쪽.

습니다. 이성의 도야가 궁극적으로 목표하는 바는 단편적인 지식 습득이 아니라 전인적 성숙에 있습니다.

도야와 관련하여 칸트는 이성의 활동을 마치 건축가가 건물을 설계하고 세우는 과정에 비유하여 설명합니다.[7] 이성의 건축술은 단순히 다양한 지식을 모으는 것에서 그치지 않고, 이를 체계적으로 정리하고 통합하는 과정을 의미합니다. 이성은 지식의 전체적인 조망을 가능하게 만들죠. 그래서 칸트는 이성적 판단력을 기름으로써 도덕적 법칙을 인식하고 따르는 능력을 함양할 수 있다고 본 것입니다. 이러한 도덕적 도야는 훈련이 아니라 준칙에 기초합니다. 왜냐하면 모든 행위의 도덕적 가치는 선의 준칙 안에 존재하기 때문입니다.[8]

정언명령

칸트는 나의 의욕이 윤리적으로 선하기 위해서 행해야 할 것이 무엇인지에 대해 알고자 할 때 통찰력과 같은 두루 캐묻는 그 어떤 예리함도 필요 없다고 단언합니다. 아무리 세상 경험이 부족하고 개개의 사건에 대한 대처 능력이 부족할지라도, 어떤 행동을 할 때 자신이 세운 준칙이 보편적 법칙이 되기를 원할 수 있는지 보편화의 원리에 입각한 질문을 던짐으로써 얼마

7 I. Kant, 백종현 역, 『순수이성비판2』, 서울: 아카넷, 2008, 955쪽.

8 I. Kant, 이엽, 김창원, 박찬구 역, 『논리학 교육론』, 파주: 한길사, 2021, 256쪽.

든지 도덕적 선을 실천할 수 있기 때문입니다.[9] 그것이 도덕의 본질입니다. 칸트에 따르면, 인간이 지닌 절대적인 도덕적 의무는 정언명령으로서 위상을 지닙니다. 그 명령의 형식은 다음과 같이 표현됩니다.

> *따라서 정언명령이야말로 단 하나의 유일한 명령이다. 게다가 그 명령은 '그 준칙이 보편적 법칙이 될 것을 네가 동시에 바랄 수 있게 해주는 준칙에 따라서만 행하라'는 것이다.*[10]

내가 세운 하나의 준칙이 보편적 법칙이 되기를 바랄 수 있는지를 묻는 행위는 보편적 법칙을 수립하는 과정으로서, 칸트는 인간의 이성이 이러한 과정을 존경하도록 강요한다고 보았습니다. 정언명령은 구체적인 일련의 도덕적 문제 상황에서 어떻게 행동하는 것이 바람직한지 일러준다기보다는 하나의 추상적인 형식으로서 바람직한 행위가 되기 위해서 반드시 통과해야 하는 필터에 가깝습니다. 그리고 나의 이성이 그 필터를 통과하라고 강요하는 거죠. 그 필터를 통과한 명령만이 보편적 도덕법칙에 부합하는 준칙으로 승인되는 것입니다. 요컨대, 도덕법칙은 정언명령의 형식을 띠어야 합니다.

---

9 I. Kant, 김석수, 김종국 역, 『도덕형이상학 정초 실천이성비판』, 파주: 한길사, 2019, 45쪽.
10 I. Kant, 김석수, 김종국 역, 『도덕형이상학 정초 실천이성비판』, 파주: 한길사, 2019, 71쪽.

실천이성을 지닌 인간은 의무를 표현하는 정언명령과 연결되어 있습니다. 인간은 나 자신과 무관하게, 항상 그렇게 존재해 온 '무엇을 해야 한다'라는 당위적 명령을 의무로 받아들일 수 있는 능력이 있습니다. 도덕적 강요를 의무로 받아들인다는 게 얼핏 비합리적이라는 생각이 들 수 있습니다. 그러나 칸트의 인식론에 따르면, "너는 ~을 해야 한다."는 정언명령은 경험에 토대하고 있지 않지만, 인간에게는 양심이 있어서 정언명령 스스로를 드러내는 일정한 암시들을 받아들일 수 있다고 주장했습니다. 칸트는 이러한 암시를 '순수 실천 이성의 사실'이라고 불렀습니다.[11]

내가 지닌 실천이성이 도덕적으로 행위 하도록 나의 내면에서 도덕적 의무를 강제하는 겁니다. 여기서 칸트적 의미의 자율 개념이 보다 분명해집니다. "너는 ~을 해야 한다."는 정언명령은 명령의 형식을 띠고 있고, 나는 그 명령에 복종해야 하지만, 인간의 실천이성이 직접적으로 자기 자신에게 부여한 것이기 때문에 자율이라고 말할 수 있습니다. 그래서 칸트에게 있어서 도덕적 인격성이란 정언명령들인 도덕법칙들 아래에 있는 이성적 존재자의 자유와 다르지 않으며, 인격자란 자기 자신이 자신에게 제시한 그 법칙들에 복종하는 자입니다.[12]

11 G. Skirbekk, N Gilje, 윤형식 역, 『서양철학사』, 서울: 이학사, 2023, 624쪽.

12 백종현, 『이성의 역사』, 파주: 아카넷, 2018, 521쪽.

이러한 복종은 납세의 의무나 국방의 의무처럼 국가가 법률로 강제하는 의무를 준수하는 것과는 질적으로 다릅니다. 설사, 그 법에 대한 존경심을 갖고 법적 의무를 다한다고 하더라도 내가 아닌 밖에서 강제한 법률에 충성했기에 엄밀히 따지면 칸트의 도덕적 자율 개념에는 부합하지 않습니다. 인간이라고 다 똑같은 인간이 아닙니다. 우리가 이성적 존재로서 자율적으로 도덕법칙을 준수할 때 비로소 인격을 지닌 인간이 되는 것입니다.

> *따라서 도덕법칙에 대한 존경은 유일한 동시에 의심할 수 없는 도덕적 동기다. 마찬가지로 이 감정 또한 오로지 도덕법칙이라는 근거에서 나온 객관 밖에는 아무 객관도 향하지 않는다. 먼저 도덕법칙은 이성의 판단에서 객관적이고도 직접적으로 의지를 규정한다. 그러나 그 인과성이 순전히 법칙으로서만 규정될 수 있는 자유가 성립하는 경우는 바로 자유가 모든 경향성, 즉 인격 자신의 평가를 자유의 순수한 법칙을 준수한다는 조건에 제한하는 경우다.*[13]

다른 어떤 의도 없이 도덕법칙에 대한 순수한 존경이 나에게 의무감을 지니게 만들고, 그 의무는 그 자체로 선의지의 조건

---

13 I. Kant, 김석수, 김종국 역, 『도덕형이상학 정초 실천이성비판』, 파주: 한길사, 2019, 240쪽.

이 됩니다. 그리고 그러한 순수한 존경이 필연적으로 나의 행위를 촉발합니다.[14] 우리가 도덕적 책임을 물을 때 그 행위에 행위 당사자의 의지가 반영된 것인가를 묻는 것도 같은 이치입니다. 도덕적으로 비난받을 행동을 했더라도, 그것이 자율적인 선택에 따른 행동이었는지, 아니면 타인의 강요나 외압에 의해 어쩔 수 없이 한 행동이었는지에 따라 책임을 묻는 강도가 달라지기 마련입니다. 그런데 사람의 의도나 마음은 눈에 보이지 않는 법입니다. 단지, 행동을 보고 추측할 수 있을 뿐이죠. 그래서 행위 결과에 상관없이 정언명령에 따르지 않았을 때 나를 질책하고 추궁하는 것도 결국은 내가 될 수밖에 없습니다.

정언명령은 우리에게 내가 세운 도덕적 준칙이 보편적 법칙이 될 수 있어야 한다는 보편화에 대한 요건 외에 다른 한 가지를 더 요구합니다. 이성적 존재자인 인간은 목적 그 자체로 실존합니다. 칸트에 따르면, 인간은 한낱 이런저런 의지의 임의적인 사용을 위해 수단으로서 존재하지 않습니다. 인간은 자기 자신뿐만 아니라 타인을 향한 모든 행위에서 언제나 목적으로서 여겨져야 합니다.[15] 혹시 가족이나 친구를 나의 행복을 위한 도구처럼 여긴 적 있나요? 냉정하게 생각하면 자식의 성공을 바라는 부모의 마음도 궁극적으로 부모의 행복을 염두에 둔 거

---

14 I. Kant, 김석수, 김종국 역, 『도덕형이상학 정초 실천이성비판』, 파주: 한길사, 2019, 45쪽.

15 I. Kant, 김석수, 김종국 역, 『도덕형이상학 정초 실천이성비판』, 파주: 한길사, 2019, 81쪽.

라면 한참 부족합니다.

칸트는 모든 인간이 서로의 존엄성과 자유를 존중하며 살아가는 사회를 이상적으로 바라보았습니다. 그는 이를 '목적의 나라'라고 불렀습니다. 여기서는 모든 존재자가 가격을 갖거나 존엄성을 갖습니다.[16] 가격을 갖는 것은 언제든지 시장에서 다른 것으로 대체될 수 있는 존재자이며, 존엄성을 갖는 것은 다른 무엇으로도 대체될 수 없는 고유의 주체입니다. 이 중에서 인간은 후자와 같은 존재죠. 모든 인간이 절대적 가치를 가지고 있기에 다른 무엇의 수단이 되어서는 안 됩니다. 예를 들어, 함께 일하는 직원을 단순히 경제적 가치로 매기는 행위는 비판받아 마땅합니다. 인간의 존엄성은 화폐 가치로 환산될 수 없기 때문입니다.

전 세계적으로 난민 문제가 심각한데요. 최근 유럽 연합이 난민 수용에 대한 미온적인 태도를 넘어서 장벽을 더욱 두껍게 세우고 있습니다. 난민이 우리나라 일반에 도움이 된다면 어떨까요? 적극적으로 수용하자는 주장이 대세를 이룰 것만은 틀림없습니다. 난민은 달면 삼키고 쓰면 뱉을 수 있는 영양분과는 다릅니다. 칸트는 『영구평화론』에서 이방인이 타국에 머무를 권리를 인간 존엄성 차원에서 긍정하고 있습니다. 우리에게는 난민에 대한 동정심 때문이 아니라, 인간을 목적으로 대우하라는

16 I. Kant, 김석수, 김종국 역, 『도덕형이상학 정초 실천이성비판』, 파주: 한길사, 2019, 90쪽.

보편적 도덕법칙에 따라 그들을 환대해야 할 책임이 있습니다. 칸트가 이야기하는 실천이성이 있는 사람이라면 말입니다. 이것은 손익 계산을 할 줄 몰라도 상관없습니다. 도덕을 실행하는 데 있어서 우리는 이미 너무나 똑똑합니다.

굳이 칸트의 언어로 도덕의 쓸모를 풀이하자면, 도덕은 여타 인간에게 유용한 무엇이 있기 때문이 아니라, 단지 우리가 그렇게 함으로써 인간이 될 수 있기 때문입니다. 칸트가 말하는 도덕은 분명합니다. 도덕적 행위를 하려는 의도가 그것이 단지 도덕이기 때문이어야 합니다. 그렇게 칸트는 도덕의 순수성을 지키고자 했던 철학자입니다. 그가 죽을 때까지 포기하지 않았던 도덕의 본질은 그의 묘비에 적힌 문구에도 잘 나타나 있습니다. 『실천이성비판』 말미에 적힌 이 문구를 소개하면서 칸트 장을 마칠까 합니다.

> *더 자주 더 오래 숙고하면 숙고할수록 매번 새롭고 매번 커지는 경탄과 경외로 마음을 채우는 두 가지가 있다. 그것은 내 위의 별이 총총한 하늘과 내 안의 도덕법칙이다.*[17]

---

17 I. Kant, 김석수, 김종국 역, 『도덕형이상학 정초 실천이성비판』, 파주: 한길사, 2019, 353쪽.

2부

어떻게 도덕적인 삶을 살 수 있을까?

6장

조금 더 고결한 이유로 행위 할 수 없을까?
- 콜버그와 도덕적 추론

"도덕성 발달은 규칙의 준수가 아니라,
그 규칙의 기저에 있는 원칙을
이해하는 것이다."

똑같은 행동, 다른 이유

칸트가 이야기한 것처럼 도덕의 순수성을 지키며 살아가기란 매우 힘듭니다. 현실 상황에 따라 도덕적으로 행동할 때가 있고 그렇지 않을 때도 있습니다. 어지간해서는 비도덕적으로 행동하지 않는 사람도 당장에 자신에게 손해가 될 거 같으면 도덕적 행동을 포기하곤 합니다. 반대로 도덕적으로 행동하는 이유가 순전히 자신에게 이득이기 때문일 수도 있습니다. 타인을 도운 이유가 순수하면 좋겠지만, 그렇지 않은 경우가 더 많죠. 하지만 행위의 동기들이 칸트의 정언명령을 따르지 않았다고 해서 그 동기가 모두 똑같은 것은 아닙니다. 도덕적으로 행위하는 이유는 매우 다양합니다.

두 사람의 행위가 아무리 똑같은 결과를 낳을지라도, 두 사람에서 표현된 선한 행위가 동일하게 보일지라도, 행위 의도는 다를 수 있습니다. 꼬마 아이가 과자를 사 먹고 남은 봉지를 길가에 버리지 않고 집으로 가져오는 경우만 해도 그렇습니다. 과자 봉지를 함부로 버렸다가 주변 어른한테 혼날까 봐 걱정되어서일 수도 있고, 집에 가져와서 버리고 부모님께 칭찬을 듣고 싶어서일 수도 있습니다. 물론, 칸트가 보기에는 두 경우 모두 그다지 바람직하지 않습니다. 그러나 위의 두 이유보다는 환경오염을 걱정하면서 친구들과 쓰레기를 버리지 않기로 약속했다고 말하는 아이가 더 바람직해 보입니다.

이렇듯 도덕적 문제 상황에서 우리가 어떤 선택을 하든 그 이유는 매우 다양합니다. 행위자가 무슨 이유로 행위할 때 상대적으로 더 높은 도덕성을 지녔다고 말할 수 있을까요? 우리가 도덕성의 우열을 가려야 한다면 최소한 행위자의 의도가 고려되어야 합니다. 하기야 우리는 형이 동생의 머리를 한 대 쥐어박았어도 왜 때렸냐고 이유를 묻고, 하다못해 편의점에서 과자를 하나 훔쳤어도 배고픔에 시달리다 훔친 사람과 재미 삼아 훔친 사람을 동일한 잣대로 비난하지는 않습니다. 전후 사정을 들어보기 마련입니다.

이성, 즉 생각할 수 있는 능력을 소유한 인간은 어떻게 행동하는 것이 바람직한지 판단합니다. 그리고 그 행동의 결과에 따라 평가까지 합니다. 그런데 이때의 생각하는 힘이란 사람마다 차이가 납니다. 이성적 능력이 현격히 낮은 사람은 사리분별력도 떨어지기 마련입니다. 옳고 그름을 제대로 판단하지 못해서 일을 그르치기도 합니다. 친구를 돕기 위해서 한 행동이 오히려 친구에게 피해가 되는 경우가 그렇습니다. 복잡한 문제 상황일수록 더 높은 사고력이 요구됩니다.

우리는 상대적으로 아이보다 어른에게 더 높은 판단력을 요구합니다. 나이 먹은 만큼 판단력도 발달했을 거라고 기대하기 때문입니다. 그래서 어른이 상식 밖의 행동을 하면 더욱 강도 높게 비난합니다. 똑같은 잘못이더라도 사고가 아직 성숙하지 못한 아이가 저질렀을 때와 성인이 저질렀을 때 우리의 관용은 차이를 보입니다. 어릴 때 엄마한테 거짓말을 했다가 들통나서

혼이 난 경험이 있는 사람은 혼나는 게 무서워서 이후에 유사 거짓말을 하지 않게 됩니다. 그런데 다 큰 성인이라면 이야기가 다릅니다. 나이 마흔 넘은 사람이 엄마한테 혼이 날까 두려워 거짓말을 하지 않는다는 말은 매우 어색합니다. 우리가 보편적인 도덕 발달 단계의 존재에 대해서 알고 있다면, 이를 근거로 지금 나의 도덕성이 어느 수준인가를 확인할 수 있고 생애 전반에서 도덕성을 업그레이드하기 위한 행동 지침을 자기 나름대로 세울 수가 있습니다.

도덕적으로 살아가기 위해서는 무엇이 도덕인지 알아야 하며, 살면서 맞닥뜨리는 개별 사태들에서 어떤 선택이 바람직한지 판단할 수 있어야 합니다. 아무래도 도덕적 추론 능력이 탁월한 사람은 그렇지 못한 사람보다 도덕적 선택을 할 가능성이 큽니다. 이점에 착안하여 인간의 도덕성 발달을 이론으로 체계화한 사람이 있습니다. 바로, 미국의 발달심리학자 콜버그(Lawrence Kohlberg, 1927~1987)입니다. 콜버그는 "덕을 아는 사람은 덕을 행한다."는 소크라테스의 관점을 지지했습니다. 그가 도덕성을 인지적 측면에서 강조한 이유는 인간의 도덕적 판단이 강한 정서적 요소를 수반할 수 있다고 믿었기 때문입니다. 도덕에 대해 올바른 판단력을 지닌 사람이 정의를 열망하고 불의를 참지 못할 거라는 기대가 너무 순진한 생각 아닌가 하는 의문이 들 수 있습니다. 그러나 덕을 하나의 지식으로 간주한 소크라테스의 사유를 상기한다면 그렇게 터무니

없는 말만은 아닐 것입니다. 콜버그에게 있어서 덕은 하나하나의 개별 내용이 아니라 이상적인 형식입니다.

> *첫째, 덕은 궁극적으로 하나이며 다수가 아니다. 그것은 언제나 환경이나 문화와 관계없이 똑같은 이상적 형식을 갖는다.*
> *둘째, 이상적 형식의 이름은 정의이다.*
> *셋째, 선은 하나이며 선의 지식이 곧 덕이다. 선을 아는 자는 선을 택한다.*
> *넷째, 덕이기도 한 선의 지식은 선의 이상적 형식에 관한 철학적 지식 내지 직관이지, 올바른 의견이나 인습적 신념의 수용이 아니다.*[1]

콜버그는 한 사회가 강조하는 사회문화적 규범, 행위 양식을 내면화하는 것을 도덕으로 간주하는 입장을 비판합니다. 시대가 변해도 변하지 않는 덕의 본질을 믿었습니다. 문화권에 따라 인사하는 법이 다르다고 해서 그 인사가 지닌 본질적 의미까지 서로 다르지는 않다는 사실을 생각해 보면 이해가 쉬울 겁니다. 우리가 도덕적이라고 평가하는 구체적인 행위들에는 공통으로 내재하고 있는 보편적 원리가 있다는 논리입니다. 콜버그와 같은 입장이라면 일상에서 웃어른을 만났을 때 반자동으로 인사하는 행위에 대해 '도덕적'이라는 말을 쓰기 어렵죠. 반복

---

1 L. Kohlberg, 김민남, 김봉소, 진미숙 역, 『도덕발달의 철학』, 서울: 교육과학사, 2004, 69쪽.

이나 습관이 아니라, 나의 행위 배후에 있는 행위의 의도와 원리에 초점을 맞춰야 합니다.

보편적 원리 차원에서 도덕적 가치를 찾으려 한 콜버그의 시도는 칸트의 사상에 토대하고 있음을 짐작할 수 있습니다. 칸트는 보편적 도덕법칙을 통과한 행위만이 '도덕적'이라는 딱지를 붙일 수 있다고 했죠. 이때의 법칙은 내용이라기보다는 형식에 가깝습니다. 자선단체에 기부금을 낸 행위 자체가 내용이라면 기부금을 내게 된 경위나 의도는 형식에 해당합니다. 콜버그는 도덕성과 관련하여 행위 내용보다는 형식에 주목한 심리학자입니다.

피아제의 도덕성 발달

사실, 콜버그보다 먼저 칸트의 형식주의 윤리학에 영향을 받아 인간의 도덕성을 발달론의 시각에서 이야기한 학자는 피아제(Jean Piaget, 1896~1980)입니다. 피아제는 우리에게 아동의 인지 발달에 대한 이론으로 잘 알려져 있습니다. 그에 따르면, 사람마다 발달 속도의 차이는 있으나 감각운동기, 전조작기, 구체적 조작기, 형식적 조작기를 차례로 거치며 성장한다고 보았습니다. 대체로 우리는 초등학교 고학년에 들어설 즈음에 추상적 사고가 가능한 형식적 조작기에 이릅니다. 어떤 가설을 세우거나 추상적인 개념을 조작하는 일을 유아에게 기대하기란 어렵죠.

피아제는 인지 발달의 연장선에서 도덕성의 발달을 설명합니다. 인간의 도덕성은 뚜렷한 질적 차이를 보이는 단계들로 구분할 수 있으며, 전(前)도덕성, 타율적 도덕성, 자율적 도덕성 단계 순으로 점진적으로 발전한다는 것입니다. 그가 제시한 도덕성 발달 단계는 도덕적인 이슈에 대해 전혀 고려하지 않는 전(前)도덕성의 단계에서 출발합니다. 이제 막 걸음마를 떼고 말도 제대로 못 하는 아이에게 도덕적 규범을 준수하기를 기대하는 것은 어리석습니다. 4세 이전의 아이들은 규칙에 대한 이해에는 전혀 관심이 없고, 흥미에 연연하며 놀이 자체를 즐깁니다. 놀이할 때 아이들끼리 일관된 기준을 적용하지 않다 보니 종종 다툼으로 번지는 경우가 발생합니다. 그 과정에서 아이는 자기 주변의 어른이나 형, 누나가 규칙에 따라 놀이하는 행동을 경험하면서 규칙의 중요성을 깨닫게 되고 그것을 모방하게 되죠. 다만, 이때의 규칙 이행은 옳고 그름에 대한 이해나 절차에 대한 합의와는 거리가 멉니다. 단순히 모방의 성격이 짙습니다. 어린아이들이 어른이 하는 말을 그대로 따라 하는 경우가 그렇습니다. 옳고 그름을 구별할 수 있어서가 아니라, 그냥 따라 합니다.

이와 관련하여 반두라(Albert Bandura, 1925~2021)는 사회학습이론의 창시자로서 모델링의 중요성을 강조했습니다. 아동은 주변에서 볼 수 있는 행동이나 자신과 상호작용하는 사회적 모델을 모방함으로써 학습하기 마련입니다. 그에 따르면 모델링이 매우 단순하고 본능적인 것처럼 보이지만 실제로는 인간에게 소속감을 생성하게 만듭니다. 집단의 일부로 자신을 이해함으로써 안정감을 느끼기 위한 나름의 전략인 셈입니다. 아이들 앞에서 욕을 하면 안 되는 이유가 이 때문입니다. 아이들은 판단하기 전에 그대로 보고 배웁니다. 그래서 반두라와 같은 사회학습이론을 주창하는 사람들은 도덕성 발달을 위해 동일시, 보상, 벌 등을 적절히 활용하라고 주문합니다. 기성세대의 가치나 문화적 규범에 대한 내면화를 도덕성의 발달로 이해하는 시각에서는 지극히 자연스러운 일입니다.

이윽고 생각하는 힘이 자라면서 차츰차츰 도덕적 개념에 눈을 뜹니다. 피아제에 의하면 약 6세에 즈음하여 아이들은 '타율적 도덕성'의 단계에 진입합니다. 이 시기의 아이들은 규칙에 대한 강한 존중 의식을 갖습니다. 규칙의 타당성에 대해 따지는 게 아니라 단순히 규칙은 규칙이니까 지켜야 한다고 생각합니다. 즉, 도덕을 상대적 가치가 아니라 절대적으로 복종해야 하는 하나의 사실로서 받아들입니다. 이를 이른바 '도덕적 실재론'이라고 부릅니다. 지나치게 도덕적 실재론에 매몰된 사람은 전후 상황이나 맥락을 고려하지 못하고 융통성 있게 판단하기 어렵습니다. 어떤 잘못을 했을 때 단지 그 결과의 크기, 그 결과가 초래한 피해 규모를 보고 잘못의 크기를 판단합니다.

피아제가 실제로 도덕적 책임감과 관련하여 수행한 흥미로운 연구 사례가 있습니다. 그는 컵을 깨뜨린 두 개의 상황을 각각 제시한 뒤, 아이들의 반응을 살폈습니다. 한 아이는 찬장 속 과자를 몰래 꺼내 먹으려다가 1개의 컵이 바닥에 떨어지면서 깨뜨렸고, 다른 아이는 문을 열다가 문 뒤편에 컵이 있는지 모르고 10개를 깨뜨렸습니다. 통상적으로 6~10세에 해당하는 타율적 도덕성의 단계의 아이들은 도덕적 옳고 그름의 근거를 행자의 의도보다는 행위 결과에서 찾습니다. 그러므로 물질적인 손상을 입힌 두 사례에서 컵을 1개보다는 10개나 깨뜨린 결과가 크게 다가오는 겁니다. 죄의식도 그에 비례합니다.

한편, 타율적 도덕성 단계의 아이들은 내재적 정의를 믿습니다. 내재적 정의란 도덕 규칙이 자연의 힘 안에 이미 깃들어 있어서 주변 사람들이 내 잘못을 알아차리지 못할지라도 하늘이 벌을 내릴 거라고 믿는 것을 의미합니다. 나쁜 일 자체에 벌이 내재한다고 믿는 것입니다. 여러분은 어떻습니까? 천벌을 믿습니까? 아무도 지켜보는 사람이 없을 때 우리의 마음가짐도 느슨해지기 쉽죠? '천벌이 정말로 있으면 어떨까?'라는 생각도 해봅니다.

어렸을 때 읽은 전래동화를 떠올려 봅시다. 권선징악을 주제로 착하게 산 사람은 하나같이 행복한 결말을 맞이하게 되고, 그렇지 않은 사람은 벌을 받게 됩니다. 부모의 재산을 혼자 독차지하고 동생을 버린 놀부에게 벌을 내리는 존재는 제비가 물어다 준 박에서 나온 도깨비들이었습니다. 일부로 제비 다리를 부러뜨리면서까지 욕심을 부린 놀부를 벌한 존재는 하늘이었습니다. 흔히 우리가 '금도끼 은도끼'로 알고 있는, 이솝 우화에 수록된 '나무꾼과 헤르메스' 이야기도 똑같습니다. 욕심쟁이 나무꾼은 금도끼, 은도끼를 갖고 싶어서 거짓말을 했다가 벌을 받게 되잖아요. 역시나 여기서도 벌을 내리는 주체는 연못에 사는 신령이었습니다.

사실, 욕심을 부렸다고 해서 다른 사람에게서 반드시 벌을 받는 것은 아닙니다. 나의 잘못이 반드시 탄로가 나는 것도 아니고요. 세상에는 아직 드러나지 않은 사기 행각들도 꽤 있을 겁니다. 그러나 현실에서는 잘못을 벌할 도깨비나 산신령이 존재하지 않습니다. 동화는 아이들에게 욕심부리지 말고 정직하게 살아가도록 돕기 위해 쓰인 가상의 이야기일 뿐입니다. 이런 이야기를 통해서 아직 순진하고 순수한 아이들은 자신이 좋든 싫든 하늘만큼은 두 눈 뜨고 나의 잘못을 모두 지켜보고 있다는 비합리적 믿음을 더욱 공고히 내면화하게 됩니다.

세상이 동화의 결말처럼만 돌아간다면야 아주 무모하지 않고서야 비도덕적으로 살아가기 쉽지 않을 것입니다. 천벌에 대한 아동의 인식이 한편으로는 우리가 상실하면 안 되는 도덕적 죄책감의 발로일 수 있습니다. 물론 그것이 단순히 자기중심성이라는 유년기 경향이 아니라 어른들의 강제와 처벌로부터 길들어진 습관이라면 경계해야 합니다. 우리는 이 단계를 넘어서야 합니다. 피아제 역시 아동에 대한 불필요한 외적 통제에 대해 제한할 것을 강조했습니다. 왜냐하면 도덕에서 외적 강제는 결국 순응성, 저항, 계산적 사고 등을 조장할 뿐 자율적 도덕성의 단계에서 필요한 반성적 사고의 발달을 저해하기 때문입니다.

타율에서 자율로

『중용』 1장에는 신독(愼獨)에 대한 구절이 등장합니다. 군자라면 홀로 있음을 삼가야 한다는 뜻입니다. 아무래도 우리는 다른 사람이 지켜보지 않을 때 도덕적으로 더 해이해지기 마련입니다. 다른 사람을 의식한다는 말이죠. 공자가 비판했던 위인지학(爲人之學)과도 다를 바 없습니다. 하늘이 벌을 주지 않는다는 게 자명하다면 타인에게 거짓말을 해도 괜찮은 겁니까? 분명 아닙니다. 거짓말은 내가 벌을 받는 것과 무관하게 사람 사이의 신뢰를 무너뜨립니다. 상대방에 대해 존중하는 마음이 있다면 절대로 거짓말을 할 수 없죠.

아이는 규칙이나 어른의 권위, 자신들이 만든 규칙에 대해서 일방적인 존중을 보이는 시기인 타율적 도덕성의 단계를 벗어나야 합니다. 어른도 마찬가지입니다. 직장 상사로서 권위에 의존해서 내리는 명령에 무조건 복종해야 하는 것은 아닙니다. 정의롭지 못한 명령을 따를 필요는 없죠. 그렇지 않을 때 일어날 수 있는 최악의 예가 예루살렘의 아이히만입니다. 2차 세계대전의 전범에 대한 재판에서 유대인 학살의 주범이었던 아돌프 아이히만은 결과적으로 유대인 학살에 중요한 역할을 했습니다. 그러나 그는 단지 공무원으로서 자신이 맡은 일을 충실히 이행했을 뿐이라고 항변합니다. 당시 기자로서 재판 과정을 지켜보았던 한나 아렌트(Hannah Arendt, 1906~1975)는 자기가 하는 일이 무엇인지 제대로 깨닫지 못한 사유의 부재에서 원인을 찾았습니다. 어쩌면 우리 다수가 일상에서 완벽하게 선한 삶은 아닐지라도 악을 멀리하면서 살아간다고 생각할지 모릅니다. 그러나 아렌트는 그런 평범한 삶 속에서 사유가 부재한다면 언제든지 악이 출현할 수 있다고 본 것이죠. 피아제가 말한 타율적 도덕성에 머물러 있는 사람에게는 특히 위험합니다. 상관의 명령을 절대적이라고 여기며 별생각 없이 따를 수 있기 때문입니다.

우리가 타율적 도덕성을 지나 궁극적으로 지향해야 하는 바는 자율적 도덕성의 단계입니다. 도덕적인 결정을 내리기 위해 논리적 사고를 사용할 수 있어야 하며, 다양한 관점을 이해해야 합니다. 자율적 도덕성의 단계에 진입한 사람은 그동안 당연하게만 여겨왔던 규칙에 대해서 의문을 가지기 시작합니다. 얼마든지 구성원들 간의 합의를 통해서 규칙을 수정하거나 새로 만들 수 있다고 생각합니다. 규칙의 상대성을 깨닫게 된 이상 필요에 따라 규칙을 변경할 수도 있고, 때로는 특별한 상황에 봉착해서 규칙을 위반하는 것이 용인될 수도 있다고 생각하게 됩니다. 사고가 유연해지는 단계라고 볼 수 있습니다. 만약 좋은 뜻으로 한 행동인데도 불구하고 뜻밖에 좋지 않은 결과가 발생하면 그에 대해서는 정상참작을 해야 한다는 생각에 이르게 됩니다. 과속했다고 해서 모두 똑같은 교통법규 위반은 아니겠죠. 재미 삼아 속도 경쟁을 위해 과속을 한 경우와 응급 환자가 발생하여 어쩔 수 없이 과속하는 경우는 분명 다르게 접근해야 할 겁니다.

피아제에 따르면, 궁극의 도덕성 발달은 자기중심적 사고로부터 탈피하는 방향과 일맥상통합니다. 가역적(可逆的) 사고가 불가능한 아이는 상대방의 입장이 되어 보는 일도 불가능합니다. 도덕을 타인과의 바람직한 관계 맺음의 맥락에서 이해한다면, 이런 아이에게서 상호 존중이나 공정에 대한 가치 지향이 자발적으로 일어나기는 어렵습니다. 그의 실험 연구 결과, 사람들은 대체로 초등학생 시기에 가역적 사고가 가능해집니다. 특히 아이들은 초등학교에 입학해서 인지 발달과 더불어 자기중심성이 점차 감소하고, 규칙을 대하는 태도가 바뀌면서 타인의 관점을 헤아리고 상호 호혜성에 근거하여 협력하며 사는 삶을 배우게 됩니다. 존중과 상호 협력의 정신이 부족한 학생은 교실에서 적응하지 못하는 경우가 많습니다. 어른이 되어서도 마찬가지입니다. 아이야 아직 어려서 그렇다지만 어른이 되어서도 타인의 입장을 고려하지 못한다면 어디서든 환영받기는 어려울 겁니다. 그래서 어렸을 때부터 다른 사람들과 소통하고 협력하는 경험이 중요합니다.

조금 더 나은 도덕 사용법

도덕적으로 타율적인 삶보다 자율적인 삶이 우리가 지향해야 길이라는 사실은 누구나 알고 있습니다. 아동의 행동을 관찰하여 도덕성이 일정한 위계성에 따라 발달한다는 것을 이론화한 것은 분명 피아제의 업적입니다. 단계 사이에 도덕적 추론 능력의 질적 차이가 나타나며, 특수한 상황이 아니고서는 낮은 단계로의 퇴행이 있을 수 없다는 그의 주장은 여전히 교육학 분야에서 중요하게 다루어지고 있지만, 동시에 발달 단계의 나이 구분 문제 등 여러 지점에서 비판도 받습니다. 특히 그가 제시한 단계는 다소 투박한 편입니다. 타율도 타율 나름입니다. '타율적' 도덕성이라고 할 때 타율의 의미는 내가 선택한 행위의 동기가 외부에 있다는 것을 의미하는데, 이때 외부에 있을 수 있는 원인자도 수없이 많을 수 있기 때문입니다. 엄마의 잔소리가 영향을 미쳤을 수도 있고, 친구들의 시선이 영향을 미쳤을 수도 있죠. 이와 관련하여 피아제의 이론을 보완하여 그보다 더 체계적으로 도덕성 발달 이론을 전개한 학자가 바로 콜버그입니다.

콜버그는 도덕을 왜, 무슨 이유로 사용하느냐에 따라 인간의 도덕성 수준을 더 세분화하였습니다. 적절한 비유인지는 모르겠지만, 컴퓨터 키보드를 구매했다고 생각해 보세요. 기본적으로 한글을 입력할 수 있도록 자음, 모음, 숫자 키를 갖추고 있습니다. 그 외에도 키보드 상단에는 별도의 기능 키들이 'F1'

부터 시작해서 'F12'까지 배열되어 있습니다. 평소에 컴퓨터를 사용할 때 'F'키를 사용할 때가 있나요? 알고 있으면 때에 따라서 문서 작업을 훨씬 수월하게 진행할 수 있을 텐데, 잘 모르기도 하고, 보통은 사용하지 않는 편입니다. 여타의 전자제품들도 마찬가지입니다. 동종의 제품 중에서 고급 기능을 탑재하고 있을수록 가격은 올라갑니다. 그런데 비싼 제품을 구매했으면서 전원 버튼 정도만 사용한다면 어떨까요? 아깝다는 생각이 들 겁니다. 고급 기능은 그 구매자에게는 있으나 마나 한 기능일 뿐입니다. 도덕의 쓸모도 마찬가지입니다. 우리는 도덕의 고급 기능을 다룰 수 있어야 합니다. 그러기 위해서는 높은 수준의 도덕 사용법을 알아야 합니다.

콜버그는 인간 발달론의 시각에서 인간의 도덕성 발달 단계를 구체적으로 설명했습니다. 그는 타율에서 자율로 발달을 이야기한 피아제의 논의를 확장하여 생을 마감할 때까지 도덕 발달과 그것의 교육적 적용에 전념했던 학자입니다. 그가 도덕성 발달 단계를 연구하고, 그것을 검증하여 세상에 내놓을 때까지 약 20년이 넘도록 종단연구를 시행한 점은 어느 누구도 쉽게 범접할 수 없는 지점입니다. 시카고 대학을 졸업하고 그곳에서 오랜 기간 살아오면서 지역 내 소년들을 대상으로 자신이 이론화한 도덕성 발달 단계를 검증했습니다. 특히, 콜버그의 제자였던 블래트(M. Blatt)는 초등학교 6학년에서 중학교 1학년 학생을 대상으로 정기적으로 가설적 딜레마 실험을 진행했습니다. 학생들이 현재 속한 도덕성 단계에 한 단계 더 상승할 수 있도록 가설적 딜레마 상황을 적절하게 제시한 것입니다. 비록 4개월밖에 안 되는 짧은 기간이었지만, 그의 발달 이론에 근거할 때 참가자의 약 절반 이상이 도덕성의 발달을 보였습니다.

도덕성 발달의 3수준 6단계[2]

콜버그에 따르면, 인간의 도덕적 사고와 추론 방식이 성숙해 가는 과정을 3수준 6단계로 체계화할 수 있습니다. 여섯 개의 도덕성 단계는 서로 논리적으로 유기적인 관계를 맺고 있으며, 각각의 단계마다의 핵심적 개념, 즉 도덕적 사고 구조의 획득은 그다음 단계로 나아가기 위한 선결 조건입니다. 그가 그토록 평생을 도덕성 발달 단계의 개발에 몰두했던 점은 보편적이며 불변하는 발달 단계를 제시하고 싶었기 때문입니다. 그가 개발한 도덕성 발달의 여섯 단계는 개인마다 도덕적 문제를 이해하고 판단할 때 사용하는 인지 틀입니다. 도덕적 성숙을 바란다면 우리는 한 단계 더 높은 인지 틀을 사용할 수 있어야 합니다. 이제 그가 제시한 3수준 6단계의 도덕성에 대해서 간략히 살펴보겠습니다.

---

2 L. Kohlberg, 김민남, 김봉소, 진미숙 역, 『도덕발달의 철학』, 서울: 교육과학사, 2004, 56-59쪽.

※ 콜버그의 도덕성 발달 단계에 대한 설명은 아래 두 책을 함께 참고하여 기술

남궁달화, 『콜버그의 도덕교육론』, 서울: 철학과현실사, 1995, 29-41쪽. 서강식, 『피아제와 콜버그의 도덕교육이론』, 고양: 인간사랑, 2007, 100-107쪽.

수준은 크게 인습 이전의 도덕성, 인습적 도덕성, 인습 이후의 도덕성으로 나뉩니다. 인습 이전 수준에 있는 아동은 그 문화권 안에서 작동하는 사회 규범이나 선과 악, 정의와 부정으로 통용되는 도덕적 가치들에 순응합니다. 또한 행위의 물리적 결과에 의존하거나 물리적 힘을 행사하는 사람들이 강조하는 규칙에 맹목적으로 따릅니다. 다음으로 인습 수준에서는 단순히 표면적으로 드러난 결과와 상관없이 가족, 집단, 국가의 규칙과 기대에 부응하는 게 가치 있는 일이라고 여깁니다. 사실상 이러한 태도는 사적인 기대나 사회질서에 동조 차원이며, 질서에 대한 지지와 정당화에도 관심이 없지 않습니다. 마지막으로 인습 이후 수준은 집단이나 사람이나 집단 등의 권위와 별도로 타당성과 적용력을 지닌 자율적 도덕원리를 규정하려는 노력이 나타납니다. 이들 3개의 수준은 각각 2개의 단계씩 포함하고 있습니다.

먼저, 1단계는 '처벌과 복종'의 정향입니다. 이 단계의 아동은 행위의 물리적 결과로써 그 행위의 옳고 그름을 결정합니다. 그래서 행위 결과의 인간적 의미나 가치에 대해서는 전혀 고려하지 못하고, 처벌 회피와 힘에 대한 맹목적 존경으로 인하여 행위 합니다. 쉽게 벌 받기 싫어서 규칙을 따르는 경우가 이에 해당합니다. 어린 시절 혼나지 않으려고, 단지 잔소리가 듣기 싫어서 부모님 말씀을 따른 적이 있다면, 바로 그때가 1단계라고 이해할 수 있습니다. 아직 자아중심적인 관점이 강한 상태라 부모님의 심정을 고려해서가 아니라, 단지 자신의 안위를 걱정하며 부모님 지시를 따르는 거죠. 일반적으로 5세에서 8세 사이의 아동이 여기에 해당합니다.

만약 주위에서 아빠, 엄마한테 혼날까 무서워서 늘 눈치 보며 사는 다 큰 어른이 있다면, 외형만 어른이지 실제로는 애 취급받기 쉽습니다. '마마보이'가 그렇습니다. 여러 이유가 있겠지만, 주체적으로 행동하지 못하고 엄마에게 의존하는 남자는 어릴 때 부모의 양육 방식에 문제가 있는 경우가 많습니다. 심리학자 비덜프(S. Biddulph, 1953~)에 따르면, 어릴 때 아버지와 친밀한 관계가 없는 남성일수록 커서 마마보이가 될 가능성이 큽니다. 그만큼 개인의 도덕성 발달에 있어서 주변 환경의 역할이 중요하다는 것을 알 수 있습니다. 특히 아직 자아 정체성이 확립되기 전의 시기에는 부모가 자녀와 어떤 관계를 맺느냐가 도덕성을 포함하여 성격 형성에 대단히 중요합니다.

다음으로 2단계는 '도구적 상대주의' 정향입니다. 여기에 해당하는 아동에게 있어서 옳은 행위란 그 사람의 욕구와, 드물긴 하지만 다른 사람의 욕구를 도구적으로 만족시켜 주는 일입니다. 그리고 구체적인 교환에 의해 상호 공정한 거래를 하는 차원에서 옳음을 정의합니다. 또한, 자신의 이익이나 욕구에 반하는 행동이라면 옳지 않은 것으로 간주합니다. 즉, 나에게 이득이 되지 않은 행위를 선택해야 할 필요성을 느끼지 못합니다. 공정성, 상호성, 동등한 교환에 대한 이해가 보이지만,

그것 역시 나의 이익에 기반을 둔, 도구적 관계입니다.

사실, 나의 이익과 관련성이 낮은 일이라고 해서 무조건 관심을 끄는 태도는 매우 이기적입니다. 이 단계의 사람은 친구도 나에게 이익이 되면 계속 친구로 남고, 반대로 손해가 된다고 느끼면 언제든 헤어질 수 있다고 생각합니다. 성인 중에도 분명 이런 사람들이 있습니다. 자기에게 득이 되는 친구만 사귀는 사람 말입니다. 옛 속담에 "어려울 때 친구가 진짜 친구다"라는 말이 있습니다. 내가 잘 나갈 때는 껌딱지처럼 내 옆에 붙어있다가, 내가 사업에 실패하거나 곤궁에 처했을 때는 행방조차 묘연한 친구를 상상해 보세요. 친구는커녕 모르는 사람만도 못한 사이나 다름없습니다. 이렇게 친구도 자기 이익에 따라 취사선택하는 사람한테는 주변 사람 자체가 자기의 이익을 위한 수단에 불과합니다. 자꾸만 인정이 메마른 사회가 되어가는 거 같아서 안타깝습니다. '관포지교(管鮑之交)'라는 말이 있습니다. 갈수록 관중과 포숙아의 친구 사이처럼 변하지 않는 우정이 간절해지는 시대입니다.

3단계는 '사람들 사이의 상호 동조 혹은 착한 아이' 정향입니다. 주변 사람들을 나의 이익을 위한 도구 차원에서 바라보는 관점을 지나서 다른 사람에 대해 관심을 보이고, '착하다.'라는 말을 듣는 것에 의미를 두게 됩니다. 주요 특징으로 역지사지의 관점을 취하는 것이 가능해져서 산술적으로는 자신이 더 손해를 볼지라도 교환적 의미의 평등을 넘어 관계나 타인의 기대를 고려할 수 있습니다. 이런 사람에게 자신이 한 행동에 대해서 칭찬과 보상은 가장 확실한 도덕적 촉매제입니다. 진정성 있는 칭찬을 들어서 기분 나쁜 사람이 있을까요? 칭찬을 들은 경우, 그 칭찬받은 행동을 계속해서 실천함으로써 적어도 그 칭찬을 해준 사람과의 관계는 더욱 친밀하게 유지될 수 있습니다.

3단계에 속한 사람에게 착한 행동이란 다른 사람의 기대에 부응하는 것이고, 또한 그렇게 함으로써 다른 사람을 즐겁게 할 수 있다는 사실이 강력한 동기로 작동합니다. 한편으로 여기에는 다른 사람을 기쁘게 해줌으로써 자신이 인정받고자 하는 욕구가 반영되어 있습니다. 좋게 생각하면, 주변과의 관계를 예상하면서 자신의 관점을 선택하는 것으로 볼 수 있습니다. 그러나 어디까지나 내 주변의 인간관계 맥락에 국한됩니다. 그래서 도덕적 추론의 수준이 아직 내 선택이 사회 전체에 미치는 영향을 고려하여 시비를 가리는 데까지 도달하지 못합니다.

4단계는 '사회 유지' 정향입니다. 이 단계에 속하는 사람들은 사회적 관점과 개인 간의 협약 또는 동기를 구별할 수 있습니다. 그리고 사회에서 정한 개인의 의무를 다하려고 노력합니다. 단순히 대인 관계 측면에서 상호 합의하는 방식과는 구별되는 사회적 조망을 시도합니다. 그 이유는 자기가 동의한 현실적 의무를 수행하는 것이 바람직하다고 생각하기 때문이죠.

그렇게 사회적 의무를 다함으로써 자아존중감을 내면화하게 되고, 양심을 보존할 수 있다고 여깁니다. 그래서 4단계의 사람들은 법을 대단히 중요하게 생각하며 아주 극단적인 상황을 제외하고는 반드시 법이 준수되어야 한다고 여깁니다. 그러나 우리는 지나치게 법에 매몰되어서는 안 됩니다.

법은 보편적인 도덕률에 비춰볼 때 여전히 불완전한 약속입니다. 시대가 변함에 따라 있던 법이 사라지는 것도 이 때문입니다. 예를 들어, 2015년에 간통죄는 폐지되었고, 2023년에는 3년의 유예기간을 설정하면서 '개 식용 금지특별법'이 공포되었습니다. 그런가 하면 국가보안법은 폐지 논쟁이 여전히 한창이며 2019년에 만 18세로 낮춘 선거권이 언제 또 어떻게 바뀔지 모를 일입니다. 그런데 만약 우리가 법을 고정불변하는 절대 원칙처럼 여긴다면 법의 제·개정, 폐지는 불가능할 것입니다. 그래서 우리는 법보다 더 상위 수준에서 도덕적 추론을 할 수 있어야 합니다. 5단계가 바로 이를 뒷받침합니다.

5단계는 '사회계약'의 정향입니다. 이 단계에서 옳은 행위란 개인의 기본적 권리와 가치, 사회 구성원들 사이의 합법적 계약을 통해 규정됩니다. 5단계에 속한 사람들은 사회 구성원들이 다양한 가치를 추구하고 있으며 집단에 따라 가치와 규칙도 상대적임을 이해합니다. 다만, 가치 간의 충돌을 막고 모든 사람의 권리와 복지를 보호하기 위해서 사회계약의 필요성을 긍정합니다. 그래서 법도 사회계약의 일부지만, 보편적 권리와 복지를 저해하는 법은 얼마든지 수정될 수 있다고 생각합니다. 특히, 이 단계의 사람들은 사회계약 과정에서 합의에 이르기 위한 절차적 규칙을 강조합니다. 사람 사이의 자유로운 계약이 계약을 준수해야 할 의무를 강제하는 요소가 되기 때문입니다. 절차적 공정성이 담보된 계약이라면 구성원들은 한층 더 쉽게 그에 복종하고자 하는 의무감을 지니게 될 것입니다.

'법은 도덕의 최소한이다'라는 말이 있습니다. 우리는 어떤 사안과 관련하여 법적 관점과 도덕적 관점이 충분히 다를 수 있음을 인지해야 합니다. 그럴 때 비로소 법의 오류 가능성을 인정하고, 객관적 공정성과 합당한 절차를 거쳐서 새로운 사회적 합의를 도출할 수 있기 때문입니다. 이것은 다양한 가치가 공존하는 현대사회를 살아가는 시민들에게 절실하게 요청되는 역량이기도 합니다. 사회적 정의나 유용성 측면을 고려하여 합리적으로 숙고하는 시민의 모습이 5단계에 가깝습니다. 그러나 여전히 한계가 있는데요. 개인은 사회계약의 원리로 '최대 다수의 최대 이익'이라는 합리적 계산을 도모하지만, 어디까지가 개인의 가치와 권리를 사회에 대한 애착이나 계약에 우선하여 고려합니다. 개인의 합리적 이익 추구가 일차적이며, 사회계약은 그 과정에서 필연적으로 따라오는 부산물인 셈이죠. 실제로 사회계약론을 주장한 홉스, 로크, 루소의 사상은 많은 차이점을 지녔으면서도 자유주의 시각에서 개인의 권리를 확장하려 했다는 점에서는 공통적입니다.

마지막으로 6단계는 '보편윤리적 원리'의 정향입니다. 말 그대로 이 단계에 속한 사람은 인류가 따라야 할 도덕은 보편적 도덕원리가 안내하는 바라고 여깁니다. 법이나 사회계약도 보편적 도덕원리에 입각할 때 타당성이 확보됩니다. 인간 존엄성에 대한 존중의 원리가 여기에 해당합니다. 이것은 마치 칸트가 이야기했던 '목적의 나라'와도 같습니다. 칸트는 나에게 주어질 어떤 이익을 기대하면서 하는 행동은 도덕적 행동과는 거리가 있다고 했습니다. 그것은 조건에 따라 도덕이 달라지는 가언명령을 따른 셈입니다. 콜버그가 정의 구현에 앞장선 도덕교사의 본보기로 비폭력 저항을 주창한 마하트마 간디(Mahatma, Gandhi, 1869~1948)와 마틴 루터 킹(Martin Luther King, 1929~1968) 목사를 든 것도 같은 맥락입니다.

> *그렇지만 마틴 루터 킹의 시민불복종 행위는 그가 도덕원리로 삼은 정의감으로부터 직접 흘러나오는 것이며, 그러기에 그것은 선전이나 항의가 아니라 도덕적 지도력이다.*[3]

인간은 그 자체가 목적이며, 또 마땅히 그렇게 대우받아야 한다고 생각하는 사람은 다른 사람들과 갈등을 조정하기 위한 대화의 장에 참여할 때 적어도 자신의 이익만을 생각하지는 않겠

3 L. Kohlberg, 김민남, 김봉소, 진미숙 역, 『도덕발달의 철학』, 서울: 교육과학사, 2004, 78쪽.

죠. 그런데 매사 다른 사람을 그 자체 목적으로 대우한다는 게 쉬운 일일까요? 생물학적 본성과 생의 의지가 관성처럼 작용하는 인간에게 있어서 6단계라는 정상 정복은 요원해 보입니다. 실제로 6단계는 경험적으로 충분히 입증되지 못했습니다. 우리가 쉽게 도달할 수는 없지만 도덕적 판단을 내릴 때 혹시나 내가 타인을 수단으로 대우하고 있지는 않는지 스스로 점검하라는 가르침으로 받아들인다면 일상에서 도덕적 삶을 실천할 때 의도치 않게 오해를 살 일도 줄 것입니다.

하인즈 딜레마

흔히 우리가 어떤 문제에 도덕적 선택에 관한 대화를 나누다 보면 상대가 어떤 이유에서 자신의 선택이 옳다고 확신하는지 알 수 있습니다. 면책을 위해서인지, 어떤 대가를 바라서 한 행동인지 말입니다. 우리는 한창 이슈인 도덕적 딜레마를 제시한 뒤에 사람들이 어떤 선택을 하며, 더 중요하게는 왜 그런 선택을 하게 됐는지를 직접 물어봄으로써 그 사람이 어느 단계에 머무르고 있는지 확인할 수 있습니다. 이 작업이 선행되어야 그 사람에게 한 단계 더 성숙할 수 있도록 인지 갈등을 일으키는 질문을 제공하거나 적절한 처방을 내릴 수 있겠죠. 콜버그는 도덕적 문제 사태가 분명하게 드러나면서도 어렵지 않은 딜레마 상황에서 피험자들이 어떤 추론 과정을 거치는지, 그 반응을 분석했습니다. 그중에서 가장 잘 알려진 딜레마가 하인즈가 아내를 위해서 약을 훔쳐야 하는가와 관련된 이야기입니다.

유럽에서 어떤 부인이 치명적인 병으로 거의 죽어가고 있다. 그 병은 일종의 암이다. 의사들이 보아 그녀를 구할 수 있는 약이 한 가지 있다. 그 약은 그 도시에 살고 있는 어느 제약사가 최근에 발견한 라듐 형태의 약이다. 약의 생산가는 아주 높았다. 그래서 제약사는 약을 만드는 데 든 총비용의 열 배 정도를 약값으로 매겨 놓았다. 그 약을 생산하는 데 200불 정도 들었는데도 약값은 2,000불이었다. 부인의 남편인 하인즈는 돈을 빌리기 위해 아는 사람을 다 찾아다녔지만, 약값의 절반밖에 되지 않는, 겨우 1,000불을 구하는 데 그쳤다. 제약사에게 자기 아내가 죽어가고 있다는 것을 말하고 약값을 좀 싸게 해서 팔든지 아니면 나머지 돈을 외상으로 해주기를 간청했다. 그러나 제약사는 이렇게 말한다. "안 됩니다. 나는 약을 만든 사람이고 그 약을 팔아 돈을 좀 벌 참입니다." 하인즈는 절망한 나머지 아내의 목숨을 구하기 위해 약방을 털었다.[4]

막다른 골목에 처한 하인즈. 아내를 살릴 방법은 오직 약방을 터는 것입니다. 만약 여러분이 하인즈라면 어떻게 하겠습니까? 당시 콜버그가 미국에서 중년의 성인 남성들을 대상으로

---

4 L. Kohlberg, 김민남, 김봉소, 진미숙 역, 『도덕발달의 철학』, 서울: 교육과학사, 2004, 51쪽.

설문조사를 실시한 결과 대부분이 약을 훔치겠다고 답했다고 합니다. 그런데 우리가 주목할 점은 응답자 가운데 약 75%가 약을 훔치는 행위를 나쁜 짓이라고 대답했다는 사실입니다. 그렇다면, 만약 약을 훔치지 않는다면 그것은 옳은 일인가요? 그 이유는 무엇인가요? 질문은 얼마든지 심화시킬 수 있습니다. 약을 훔쳐야 한다는 논리도 아내일 때만 해당하는지, 혹은 내가 별로 사랑하지 않는 아내일 때도 해당하는지 등 생각해 볼 상황은 무척 많습니다. 도덕적 추론의 폭과 깊이에 따라 옳은 게 무엇인지에 대한 선택도 달라지기 마련입니다.

어떤 이유로 약을 훔쳤을 때 가장 정의에 부합한다고 말할 수 있을까요? 하인즈 딜레마에서는 약을 훔쳐야 한다는 논리와 훔치지 말아야 한다고 논리가 모두 가능합니다. 중요한 점은 약을 훔치는 일이 정당한가에 대한 입장 표명이 아니라, 왜 그렇게 생각하는지에 대한 이유입니다. 추론은 피험자의 머릿속에서 진행된 도덕적 사고의 형식, 즉 구조에 해당합니다. 콜버그가 제시한 단계들은 도덕적 추론 측면에서 질적인 차이를 보입니다. 그에 따르면, 이 단계들은 불변적인 계열을 이루고 있습니다. 단계들은 하나의 구조화된 사고 체계로서 항상 낮은 단계에서 높은 단계로 발달하는 특징을 갖고 있으며, 나이가 들면서 점진적으로 발달합니다. 물론, 콜버그는 실증연구를 통해 도덕 판단과 가치 결정에 있어서 대체로 모든 문화권에서 똑같은 범주와 국면을 발견했지만, 개인이 처한 환경과 문화에 따

라 발달 속도에 있어서 만큼은 차이가 날 수 있다고 말합니다.[5]

한 단계 높은 도덕성으로 도약

우리가 도덕에 대해서 보편적이라고 말할 수 있으려면 언제나 어떤 상황에서든지 모든 이에게 지지받을 수 있어야 합니다. 콜버그가 주목한 것은 도덕원리입니다. 그래서 그는 정의에 대한 관념을 토대로 문화적 보편성을 지닌 도덕성 발달 단계를 제안했던 겁니다. 결과의 유용성을 따지는 공리주의도 콜버그가 보기에는 정의의 핵심 원리가 아닐 뿐이지 모든 도덕성의 뿌리에는 어떤 하나의 근본적 원칙 또는 법칙이 있어야 함을 주장한 면에서는 마찬가집니다. 여러 개의 대안이 있을 때 그것들 사이에서 가치 서열이 있을 것이고, 최고를 선택하는 게 공리주의의 핵심 원칙이니까요. 도덕적으로 성숙한 사람은 여러 가지 덕들 사이에서 갈등하는 것이 아니라, 정의의 원리라는 오직 하나의 덕을 지닙니다. 정의에 부합하는 성숙한 원리란 일개의 규칙도 아니고 특정 가치도 아니며, 오히려 구체적 장면에서 도덕적으로 적합한 모든 요소들을 통합하고 지각하기 위한 안내자입니다.[6]

전술했듯이, 콜버그에게 있어서 도덕의 본질은 내용으로서

---

5 L. Kohlberg, 김민남, 김봉소, 진미숙 역, 『도덕발달의 철학』, 서울: 교육과학사, 2004, 163, 186쪽.

6 L. Kohlberg, 김민남, 김봉소, 진미숙 역, 『도덕발달의 철학』, 서울: 교육과학사, 2004, 228쪽.

의 개별 덕목이 아니라 이상적인 형식에 가깝습니다. 콜버그가 보기에 공동체가 지지하는 덕목을 내면화하는 과정은 교화에 가깝습니다. 사회 안에서 안정적으로 발을 딛고 살아가려면 그 사회가 가치 있게 여기는 미풍양속을 거부하기가 쉽지 않지요. 그래서 우리는 태어난 이후 줄곧 사회에 작동하고는 있는 규범들에 자신을 길들이게 됩니다. 사회화라고도 불리는데요. 콜버그는 사회화와 도덕은 엄연히 구분되어야 한다고 봅니다. 이른바 사회마다 축적해 온 '덕 보따리(a bag of the virtues)'는 모두 똑같지 않을 겁니다. 더욱이 콜버그는 '가치 상대주의'를 거부합니다. 상대주의를 옹호하면, 부족의 안녕을 위하여 바다에 사람을 제물로 바치는 행위도 정당화될 수 있게 됩니다. 윤리도 과학과 마찬가지로 객관적 진리가 있는 영역입니다. 『도덕 발달의 철학』 서문에서 그는 매우 단호한 어조로 말합니다.

> *나는 과학이건 윤리학이건 도덕적 방법이나 표준에 대한 가정을 확신하지 않고는 진보할 수 없다고 주장한다. 사실 상대주의자들 역시 적어도 하나의 원리, 즉 모든 이가 가지는 것이 바람직한 관용의 원리를 주장하고 있다.*[7]

우리는 도덕적 숙고를 토대로 무엇이 과연 보편적 옳음인지

---

7 L. Kohlberg, 김민남, 김봉소, 진미숙 역, 『도덕발달의 철학』, 서울: 교육과학사, 2004, 32쪽.

결정해야 합니다. 가장 좋은 대안은 가장 좋은 근거에 기반합니다. 한 단계 더 높은 도덕성을 겸비하기 위해서 우리는 기존에 내가 갖고 있는 인지구조, 즉 도덕적 추론의 틀을 흔들 수 있어야 합니다. 이것은 가만히 책상에 앉아서 혼자 생각하는 시간만 많다고 해서 되는 게 아닙니다. 인지적 불균형은 기존의 인지구조 속에서 일어난 추론 유형보다 한 단계 더 합당한 추론 유형에 노출될 때 일어납니다. 나보다 도덕성 발달 수준이 높은 사람과의 만남은 그런 노출로 이끌 수 있습니다. 그리고 그 노출은 정의의 관점에서 내 생각에 허점이 있음을 발견하고, 새로운 인지구조를 형성할 수 있는 계기가 됩니다.

그래서 도덕 발달을 촉진하기 위해서는 도덕적 갈등을 자극하는 환경을 조성해야 합니다. 이것은 전혀 새로운 게 아닙니다. 열린 대화와 민주적 토론이 가능한 환경이면 충분합니다. 허용적인 분위기에서 타당성 높은 선택을 전제로 상호 논쟁하면서 역할채택을 자극받을 때 각 개인의 도덕성은 한 단계 상승할 가능성이 커집니다. 콜버그는 도덕성 발달 단계의 상향 이동을 그의 제자 이름을 따서 '블래트 효과(Blatt effect)'라고 불렀습니다. 여러분은 평소에 도덕적 성장을 위한 외부 자극을 얼마나 받고 있습니까? 반대로 나는 타인의 도덕성 발달에 긍정적인 자극을 주고 있나요? 한 번쯤은 생각해 볼 문제입니다. 특히 부모라면 자녀에게, 교사라면 학생들에게 도덕 발달의 자극제가 되어야 합니다.

포스트 콜버그

개인의 도덕성을 발달론적 시각에서 연구한 콜버그는 특히 교육 분야에 지대한 영향을 끼쳤습니다. 개인의 도덕성 발달을 위해서 학교라는 환경은 어떠해야 하며, 성인은 아동을 대할 때 어떻게 접근해야 하는지에 관하여 시사하는 바가 큽니다. 그러나, 도덕 발달론이 사회와 학교에 긍정적인 반향을 일으켰음에도 불구하고 여러 가지 한계점을 내재하고 있어 비판도 받았습니다. 대표적으로 다양한 문화가 존재하는 만큼, 사회마다 다른 가치관과 도덕적 전통을 존중해 주어야 하는데 문화를 초월한 보편적 불변의 계열을 주장하는 콜버그의 이론은 그렇지 못하다는 것입니다. 콜버그가 도덕의 보편을 주장하지만, 관계를 중시하는 동양의 문화에 적용될 때 분명 한계가 있습니다. 실제로 그의 실험 관찰은 주로 미국의 소년을 대상으로 했습니다. 20년 이상 관찰한 84명의 남아에 대한 자료를 기반으로 탄생한 결과물을 여성에게까지 일반화할 수는 없습니다. 다음 장의 주제이기도 한데, 길리건과 같은 학자는 심지어 콜버그가 제안한 도덕 발달 단계가 정서 측면을 배제했고, 도덕적 선택에 있어서 주로 여성들에게서 나타나는 배려와 관계 지향성을 지나치게 낮은 단계로 보고 있다는 점에서 지극히 남성주의적이라고 일갈합니다.

여러 비판이 있지만 결국에는 그 이론을 오늘을 살아가는 우리가 어떻게 사용하느냐가 중요합니다. 지금 우리가 도덕의 쓸모에 대해서 고민하는 것처럼, 콜버그의 생각이 나한테 어떤 쓸모가 있는지를 고민하면 답이 나옵니다. 설사 추론 능력으로 개인의 도덕성을 온전히 환원할 수 있다는 데에 동의하지 않더라도, 도덕적 갈등 상황에서 내가 선택한 대안이 얼마나 보편성을 획득할 수 있는지에 대해서 콜버그의 이론에 비추어 스스로 점검해볼 수 있습니다. 내 선택의 배후에 있는 의도가 타율적인지 자율적인지, 혹은 순전히 나의 이익 때문인지 타인과의 관계 유지 때문인지를 제대로 인식한다면 향후 내가 나아가야 할 성장의 길도 자연스럽게 열릴 것입니다.

7장

정의 말고 다른 도덕은 없을까?
- 길리건과 배려

"도덕적 성숙은 개인의 권리와 책임을 균형 있게 고려하는 것이다."

왼손잡이의 비애

우리나라 성인의 약 10% 정도가 왼손잡이입니다. 20명이 일하는 작업장에 2명 정도라는 말인데, 이는 결코 적은 수가 아닙니다. 지금이야 10% 정도로 통계가 잡히지 제2차 세계대전 이전에는 왼손잡이를 오른손잡이로 바꾸려는 문화가 강했기 때문에 왼손을 주로 사용하는 사람의 비율이 이보다 낮았다고 합니다. 90년대 대학 강의실에 배치되었던 일체형 책걸상은 오른손잡이들에게 편하도록 제작되었던 것 같습니다. 책상이 네모 형태가 아니라 오른쪽 팔꿈치를 기댈 수 있도록 책상의 우측 부분이 길게 돌출되어 있었습니다. 오른손잡이야 훨씬 편했겠지만, 왼손잡이에게는 오른팔이 갇혀 있는 느낌을 받기 때문에 오히려 거추장스럽기만 했습니다. 대학가에서 90%의 오른손잡이 학생을 위해 특화된 책걸상은 사라졌지만, 여전히 오른손잡이들에게 맞춰진 물건이 꽤 많습니다. 글을 쓸 때만 하더라도 전 세계의 책 문화를 고려할 때 왼손으로 왼쪽에서 오른쪽으로 글을 써야 하는 것은 감수해야 하는 상황입니다.

주로 사용하는 손이 왼손이냐 오른손이냐 하는 생물학적·환경적 특성은 선택의 결과가 아닙니다. 우연의 산물이죠. 오른손잡이가 많은 지구상에 태어났으니까 왼손잡이는 이를 숙명으로 받아들이고 오른손잡이 사회에 자신을 맞춰야 할까요? 사실 오랫동안 한국 사회는 '왼손잡이 없는 사회'를 살았습니다. 모든 게 오른손잡이를 기준으로 만들어졌던 시절 왼손잡이는 오른손잡이 물건에 자신을 길들일 수밖에 없었습니다. 단지, 오른손을 잘 쓰는 사람과 오른손 사용에 미숙한 사람이 있었을 뿐입니다. 그 옛날 할아버지, 할머니들은 손주가 왼손을 사용할 때 이를 다그치면서 오른손을 사용하는 데 익숙하도록 훈육했습니다. 그렇게 손주는 태어날 때부터 지닌 왼손잡이 기질이 차츰 사라지고 오른손잡이로 거듭납니다. 그야말로 모든 아이가 '오른손 사용법'을 배웠던 것입니다.

물론 왼손잡이가 환영받는 영역도 있습니다. 야구에서 좌투수는 우투수에 비해 적어서 상대 타자들이 상대하기 더 까다롭습니다. 오른손 투수를 주로 상대하다가 왼손 투수를 만나게 되면 공이 날아오는 궤적도 다소 낯설어서 적응하는 데 어려움이 있습니다. 메이저리거 류현진 선수는 좌투수지만, 다른 모든 건 오른손잡이라고 밝혔습니다. 야구를 처음 시작할 때 아버지께서 왼손잡이용 글러브를 주셨고, 자연스럽게 왼손으로 투구를 배웠다는 겁니다. 그러나 이것은 드문 예입니다. 아직도 우리 사회에 자녀가 주로 사용하는 손을 바꾸는 부모가 있다면 아마도 왼손잡이를 오른손잡이로 길들이는 부모의 비율이 압도적으로 높을 겁니다. 스포츠라는 게임 안에서와 달리 사회 전반이 오른손잡이 중심으로 돌아가고 있기 때문입니다.

차이를 존중하지 않은 사회 분위기에서 어쩌면, 우리 시대 할아버지, 할머니들이 왼손잡이 손주를 오른손잡이로 길들인 것은 합리적 선택일지 모릅니다. 다행스럽게도, 우리 사회에 보편적 인권의 개념이 자리 잡으면서 왼손잡이가 왼손잡이로 살아가는 데 불편함이 없도록 생활 환경을 개선하는 쪽으로 가고 있습니다. 한 예로 문구점에서 왼손잡이용 가위를 쉽게 볼 수 있습니다. 학교에서는 왼손잡이 학생 수를 고려하여 공용 학용품을 구매한다고 합니다.

도덕은 어떤가요? 만약 도덕이 어느 한쪽의 '손잡이'들에게 유리하도록 설계되었다면 말입니다. 지금까지 우리 사회는 그 도덕에 내 몸이 맞지 않는다면, 애써 그 도덕에 나를 길들여야 했습니다. 뒤에서 살펴볼 에밀 뒤르켐의 '도덕 사회화'도 그런 맥락에서 이해될 수 있습니다. 그는 사회에 뿌리내린 가치 규범에 대한 내면화를 강조합니다. 그러나 그 도덕이 애초에 어느 한쪽의 체질에 맞게 기획된 도덕이라면 다른 한쪽에서는 몸에 맞지 않은 옷일 뿐입니다. 나에게 맞지 않는 옷을 입으며 살아가도록 강제 받는다면 어떨까요? 길리건(Carol Gilligan, 1936~)은 기존의 도덕관념이 지극히 한쪽 손잡이에 맞춰져 있다고 비판합니다. 그녀는 남성과 여성의 대립 구도 속에서 이를 파악합니다. 길리건은 사회 전반에서 성차를 인정하지 않고 남성 중심으로 설계된 도덕이 지배하고 있다고 지적합니다. '정의'라는 이름으로 여성은 그동안 자신의 고유성을 상실해 왔습니다. 실제로 콜버그가 제안한 3수준 6단계의 도덕성 발달 이론도 미국의 남성을 대상으로 연구된 결과물이었습니다.

'로마에 가면 로마법을 따르라.'는 말이 있습니다. 애초에 로

마에서 태어난 사람들이야 로마법에 대한 거부감이 들기 어렵습니다. 태어나면서부터 로마법에 길들어지기 때문입니다. 타국에서 온 이방인의 시선에 별로 합리적이지 않은 법일지라도 일단 로마에 왔다면 로마법을 따르라는 것은 그 사회의 세속적 전통을 따라야 한다는 측면에서 보면 그다지 거부감이 크지 않습니다. 그리고 만약 로마법이 싫다면 로마에 가지 않을 수 있는 선택은 할 수 있으니까요. 그러나 왼손잡이와 오른손잡이는 다른 문제입니다. 애초에 선택 사항이 아니니까요. 아이들은 자신의 의지와 무관하게 강제로 길들어졌던 것입니다. 우리는 다수가 소수를 잠식하는 사회가 돼서는 안 됩니다. 악이 아니라면 소수는 소수대로 본래의 자기성을 잃지 않고 살아가는 사회가 좋은 사회입니다.

남성 중심의 도덕관념

미국과 중앙아메리카의 일부 국가에는 '콜럼버스의 날'이 있습니다. 콜럼버스가 아메리카 대륙을 공식적으로 기념하는 날입니다. 줄곧 역사는 콜럼버스를 아메리카 대륙에 처음으로 발을 디딘 위대한 탐험가로 기억하고 있었습니다. 그러나 베네수엘라의 차베스 대통령은 콜럼버스의 아메리카 상륙을 부정적으로 바라보았습니다. 콜럼버스와 그의 일행이 찾아온 다음부터 150여 년에 걸쳐 자행한 문화재 약탈과 원주민이 입은 피해를 생각하면 그들은 침입자나 다름없습니다. 그래서 차베스는 대통령령으로 '콜럼버스의 날'을 '원주민 저항의 날'로 바꾸었습니다. 콜럼버스가 신대륙을 발견했다는 진술은 지극히 열강의 입장입니다. 원주민의 눈에는 그들이 문명의 꽃을 피운 동력이 아니라, 늘 그래왔던 자신들의 삶을 파괴한 외부자였던 것입니다.

오랜 세월 우리는 원주민들의 목소리는 듣지 못한 채 콜럼버스와 그를 따른 불청객들에 의해서 기록된 서사를 수용한 것입니다. 원주민의 목소리는 듣지 않았고, 그들의 특수성은 무시한 채 객관 아닌 객관이 통용되었습니다. 한 사회 전반을 추동하는 지배적 사고를 마치 보편적 사실로 착각하면서 그 사고 자체를 경계하지 않는 순간 필경 다른 목소리들이 은폐될 위기에 놓입니다. 아메리카 원주민의 시각이 간과된 것처럼 말입니다. 목소리가 질식당한다는 것은 사고의 자유를 억압당하는 것을 의미합니다. 이것의 극단화가 바로 파시즘입니다. 심리적으로 다른 무엇인가를 생각하는 것을 허용하지 않는 거죠.

마찬가지로 남성의 경험을 토대로 남성이 서술한 역사에서 여성은 주체가 아니라 객체입니다. 여성성은 여성들도 모르는 사이에 해리되어 버립니다. 길리건에 따르면, 흔히 남성은 소크라테스의 격언처럼 자기 자신을 안다면 여성도 알 수 있다고 생각합니다. 남성 자신을 인간 일반으로 일반화시키는 거죠. 그런데 여성은 타인을 알아야 그들 스스로에 대해서 알 수 있다고 생각하게 됩니다. 남성 일반에 대한 앎에 근거에 자신을 이해하는 겁니다. 여성은 자신도 모르는 사이에 자신의 여성성과 단절됩니다. 결국, 남녀 할 것 없이 여성의 경험에 관해 침묵하는 데 암묵적으로 동의하는 사회가 만들어집니다.[1] 이렇게 남성들에 의해 구축된 세계관이 보편적인 것으로 취급되었고, 그 과정에서 너무도 자연스럽게 여성 본연의 목소리는 남성의 목소리 뒤로 가려졌습니다.

남성의 목소리는 남성의 목소리일 뿐 모든 인간의 경험을 대변하지 않습니다. 그래서 우리는 이것을 정당화하는 기존의 지배적 목소리에 저항할 수 있어야 합니다. 당연히 지금까지의 주류 목소리와는 다른 관계적 목소리로 말입니다. 이것은 숨죽였던 여성의 목소리입니다. 여성이 무슨 숨을 죽이며 살았냐고 반문하는 사람이 있을지 모르겠습니다. 사람이 붐비는 공공장소의 화장실을 생각해 보세요. 지역의 축제 장소에 방문할 때면 여성들이 화장실 바깥까지 길게 줄을 선 광경을 목격할 때가 있습니다. 남성과 여성 비율은 거의 비슷한데 왜 이런 일이 발생할까요? 성차를 고려한다면 분명 개선될 필요가 있습니다. 우리 사회는 단순히 공간 규모를 비교할 게 아니라 소변을 배출할 수 있는 기회의 평등을 온전히 보장하는 방향으로 나아가야 합니다.

길리건은 콜버그와 같은 학자들이 여성과 남성의 본질적 차

1 C. Gilligan, 이경미 역, 『침묵에서 말하기로』, 파주: 푸른숲, 2021, 37쪽.

이를 묻지 않고 지극히 남성 중심으로 도덕의 성격을 기술했다고 비판합니다. 그녀에 따르면, 여성들이 준거하는 도덕 발달의 틀은 남성과 확연히 다르다고 이야기합니다. 남성은 분리와 자율성을 중시하기 때문에 주로 정의, 공정성, 권리와 같은 문제를 중심으로 도덕적 판단을 내립니다. 콜버그에게 있어서 도덕적 행위자란 특수화된 자아로부터 분리되어, 초연한 입장에 서서 판단하는 사람입니다. 이것은 정의의 두 원칙을 제시한 롤즈(John Rawls, 1921~2002)의 '무지의 베일(veil of ignorance)'과도 궤를 같이 합니다. 이것은 합의 당사자들이 자신이 놓인 특수한 상황을 모르게 함으로써 어떠한 대안이 자신에게 유리하고 불리한지를 계산하지 못하게 하는 역할을 합니다. 정의로운 대안을 찾기 위해서는 내가 누구인지, 내가 누구와 어떤 관계를 맺고 살아가는지는 고려의 대상이 되어서는 안 됩니다. 이기적 존재로서의 인간은 자기 이익부터 먼저 챙길 테니까요. 이것은 부정의입니다. 그래서 정의에 도달하기 위한 최소 조건이자 형식으로서 자아를 분리해 놓고 판단해야 한다는 논리입니다.

여기서 분리란 결국 내가 누구인지 모르는 상태로 가라는 건데, 그렇게 되면 내가 알고 지내는 모든 타자와의 관계를 끊으라는 말밖에 되지 않습니다. 이런 심리적 분리가 과연 인간의 도덕성이 한층 더 높아지기 위한 필요조건인가요? 여성은 대체로 '연결'을 핵심으로 삼습니다. 여성은 도덕적 문제를 대할 때

주로 자신이 맺고 있는 다양한 인간관계 속에서 배려와 책임의 차원에서 접근한다는 겁니다. 여성이 관심과 애착 등에 근거하여 도덕적 판단을 내린다는 것은 그만큼 주변 사람들에게 민감하고 세심하게 반응한다는 의미입니다. 여성은 다른 사람이 상처받지 않도록 하는 데 더욱 신경을 씁니다.

> *남성과 여성은 독립과 친밀한 관계를 매우 다르게 경험하기 때문에 성 정체성이 형성될 때 각기 다른 진실을 강조하게 된다. 남성은 자아를 정립하고 힘을 부여하는 독립의 역할을, 여성은 공동체를 만들고 유지하는 지속적인 관계를 강조하는 것이다.*[2]

정의는 우리에게 어떻게 하면 우리가 이기적인 욕망을 극복할 수 있을지에 관한 문제입니다. 정의의 시각에서만 보면, 우리는 타인에 대한 배려보다는 보편적 원리에 관심을 가져야 합니다. 그러나 이러한 '보편적 정의'라고 불리는 것들이 남성 중심으로 굳어진 통념일 수 있습니다. 이러한 사회에서 여성들은 이기적이라는 비난을 피하기 위해서 자신이 지닌 도덕적 강점, 즉 관계성을 의식적으로든 무의식적으로든 스스로 폄훼하게 됩니다. 여성의 목소리는 시나브로 소멸할 수밖에요. 길리건은 정의를 위한 도덕적 추론의 과정에서 보이는 남성의 탈자아적

---

2 C. Gilligan, 이경미 역, 『침묵에서 말하기로』, 파주: 푸른숲, 2021, 371쪽.

사고가 여성에게는 내면의 분열과 정신적 파열을 가져오는 일종의 해리 과정이라고 지적합니다.[3]

도덕적 문제 사태에서 오직 정의의 원리에 따른 정당화 작업은 구체적인 개별 인간관계를 고려하지 않습니다. 자율성과 정의의 원칙에 따라 철저히 나의 이해관계에서 탈피하여 옳음을 선택해야 하기 때문에요. 그러나 그러한 나 자신과의 심리적 분리는 결국 우리를 추상적 자아관으로 이끕니다. 직접적으로 내가 만나고 있는 타인들의 삶에 연민을 느끼거나 관심을 갖는 행위는 보편적 정의에 부합하지 않습니다. 특수한 관계 맥락을 고려한 게 되니까요. 가족이라면 돕고 가족이 아니라면 돕지 않는 사람은 정의롭다고 말할 수 없습니다. 정의론자들이 보기에 자신과 관계 맺고 있는 타인과 자신을 분리하지 못한, 지극히 이기적인 사람일 수 있습니다.

여성들은 너무도 자연스럽게 남성들의 경험이 심리적 보편적 차원에서 기술되고 있는 역사에 참여합니다. 사실, 이것은 참여가 아니라 권력을 가진 남성 중심 문화에 길들어짐입니다. 그러나 분리로부터 이어지는 자율과 독립을 기초로 연구된 발달론에서 여성은 제외되고 독립이 곧 발달의 지향점으로 설정된 이상, 여성들의 애착, 친밀성에서 오는 정체성은 사라지는 경향이 있습니다. 여성이 원래의 자기 목소리를 포기함으로써

---

3 C. Gilligan, 이경미 역, 『침묵에서 말하기로』, 파주: 푸른숲, 2021, 23쪽.

점점 남성의 목소리가 지배하는 사회질서에 흡수되어 버리는 방식의 도덕을 진정한 도덕이라고 말할 수 있을까요? 물론, 우리가 어떤 주장을 펼 때는 당신의 현실이 어땠는가를 들여다볼 필요가 있습니다. 미국만 하더라도 흑인 노예 문제가 수면 위로 드러난 것은 19세기 초였으며, 남북전쟁의 고통을 겪으면서 링컨 대통령이 노예 해방을 선언한 지도 불과 200년이 지나지 않았습니다. 이러한 차별의 역사를 극복하기 위한 윤리적 기반은 천부인권 사상이었습니다. 노예가 독립적 주체로서 자유를 누리는 것이 왜 정의로운가를 설명하기 위해서 보편적 원리가 필요했고, 인권이 그 근거가 되어주었습니다. 보편적 인권 보장을 위한 전 세계의 노력은 앞으로도 계속 지속되어야 마땅합니다. 하지만 그렇다고 해서 보편성을 획득하기 위한 논리로서 자아와의 분리를 당연시하고, 관계성을 중시하는 사람을 마치 도덕적으로 미성숙한 사람으로 취급하는 것은 바람직하지 않습니다.

> *목소리를 가지는 것은 인간이 되는 것이다. 무언가 할 말이 있다는 것은 한 인격체가 되는 것이다. 그러나 말하기는 다른 사람들의 말을 듣고 다른 사람들이 내 말을 듣는 것에 달려 있다. 밀도 높은 관계 중심적 행위라는 의미다.*[4]

---

4 C. Gilligan, 이경미 역, 『침묵에서 말하기로』, 파주: 푸른숲, 2021, 30쪽.

모든 구성원이 여성 본연의 목소리가 존중받는 사회가 되도록 노력해야 합니다. 남성에게 쓸모 있는 도구라고 해서 여성에게도 꼭 쓸모가 있으리란 법은 없습니다. 그 도구를 효율적으로 사용하기 위해서 여성이 그 도구에 숙달될 필요도 없고요. 오히려 여성에게 맞게 도구를 변형해야지요. 도덕도 마찬가지입니다. 우리는 애초부터 남녀 모두의 특성을 고려한 도덕을 지향해야 합니다.

다른 목소리

길리건이 쓴 주저 『침묵에서 말하기로』의 원제 'In a Different Voice(다른 목소리로)'에서 다른 목소리란 직접적으로 여성의 목소리를 의미합니다. 그녀는 기존에 제시된 인간 도덕 발달에 관한 이론에 비추어 여성을 평가할 게 아니라, 여성의 다른 목소리에 주목해야 한다고 주장합니다. 우리는 여성이 도덕적으로 성숙해 가는 양상을 있는 그대로 들여다보고, 그것을 발달 과정으로 기술해야 합니다. 목소리는 한편으로는 타고나는 것이지만, 동시에 자아와 외부 세계를 연결하는 매개체로서 문화적 산물이기도 합니다. 우리는 내 목소리가 사회적으로 만들어졌다는 것을 인정해야 합니다. 그리고 진짜 내 목소리를 찾아야 합니다. 남성은 남성대로 여성은 여성대로요.

어릴 때 친구와 놀이하던 모습을 떠올려 보세요. 여자아이들보다 남자아이들은 승패가 있는 게임을 좋아하는 편입니다. 그래서 누구나 승복할 만한 공정한 절차와 규칙을 중시합니다. 규칙 준수는 절대적이며 위반을 용납할 수 없습니다. 이와 달리 여자아이들은 규칙에 대해 다소 실용적인 입장을 견지합니다. 게임에 임하는 상대방에게 관대하고 예외를 인정하는 경향도 남자아이들에 비해 높습니다. 여자아이들은 소꿉놀이할 때도 서로의 관계가 틀어지면 관계가 회복되기 전까지 놀이를 멈춥니다. 남자아이들은 관계는 관계고 게임은 게임인데 말입니다. 남자아이들은 '옳은' 규칙을 이유 삼아 관계를 대체가 가능한 속성으로 파악하지만, 여자아이들은 관계를 유지하기 위해서 규칙을 바꿉니다. 여자아이들에게는 무엇을 하느냐도 중요하지만, 그것을 누구와 하고 있느냐에 무게를 더 두려고 합니다. 학창 시절 친구와 손잡고 화장실을 가는 아이들은 보통 여학생들이었던 같습니다.

이렇듯 여성들은 관계성 속에서 자신을 정의하고, 돌봄의 능력으로 자신을 평가합니다. 그런데 지금 사회 모든 영역에서 남성의 목소리가 저변에 깔려 있습니다. 그런 면에서 여성가족부의 탄생은 남성 중심 사회에 여성을 주체로 등장시키는 신호탄일 수 있습니다. 왜 남성부는 없는데 여성부만 있어야 하냐고 따지는 사람도 본 적 있습니다. 이미 사회 시스템 전체가 남성의 목소리로 작동하고 있는데 이게 무슨 말입니까? 여성의 목소리도 내보자고요. 또, 함께 들어보자고요. 이미 여성에게도 목소리를 낼 자유가 있다는 말도 거친 언사입니다. 그것은 형식에 불과한, 단지 허울뿐인 자유일 수 있습니다.

> *말하지 않겠다고 선택하는 이유는 사람들의 감정을 배려하는 선한 의도일 수도 있고, 자신이나 타인의 현실을 잘 알기 때문일 수도 있고, 심리적으로 자기를 방어하기 위해서일 수도 있다. 그러나 자신의 목소리를 제한함으로써 많은 여성이 남성의 목소리가 지배하는 문화를 의식적으로든 무의식적으로든 깊이 받아들이게 되며 여성들과의 단절을 토대로 하는 삶의 질서에 흡수된다.*[5]

여성은 하나의 보편적 정의만을 염두에 두면서 애써 다른 사람에 관한 관심을 꺼야 하는 것과 체질상 맞지 않습니다. 성인다움에 필요한 자율적 판단이나 합리적 의사결정능력은 상대적으로 여성성보다 남성성과 관련을 맺습니다. 여성은 의사 결정에 연루된 사람들과의 관계성이 어떤 식으로 영향을 받는지를 더 알고 싶어 합니다. 여성의 목소리는 돌봄(caring, 배려)의 형식을 지닌 '다른 목소리'로 엄연히 존재합니다. 다른 목소리는 자아와 도덕성에 대해 생각하는 새로운 방식입니다. 이에 반하여 보편적 정의에 입각한 결정은 때로는 내 주변 사람에 대한 무관심을 의미합니다. 나와 내 가족 등의 사적 이해관계를 고려하는 것은 정의가 아니기 때문입니다. 무관심을 정당화하

---

5 C. Gilligan, 이경미 역, 『침묵에서 말하기로』, 파주: 푸른숲, 2021, 18-19쪽.

는 논리는 여성의 특수성과 정면으로 배치됩니다. 여성은 자신이 맺은 다양한 관계성을 고려하려는 경향이 강하기 때문입니다. 구체적인 맥락을 따져보고, 다른 사람의 처지를 고려하면서 도덕적 판단을 내리는 거죠. 이것은 곧 타인에 대한 책임을 의미합니다. 나의 이해관계를 떠나야 성립되는 추상적 자아가 지향하는 게 정의라면, 세심하게 다른 사람을 배려하며 판단하려는 관계적 자아가 지향하는 것은 책임입니다. 책임의 도덕은 맥락에 따라 상대적인 판단을 허용합니다. 그래서 여성이 지향하는 도덕관은 개별 관계마다의 특정한 돌봄을 요구합니다.

가부장제 타파

어떤 영역에서든지 보편을 이야기할 때 경계해야 하는 게 있습니다. 보편이라는 이름으로 개별적 특수성이 배제될 수 있다는 사실입니다. 특히 권력을 지닌 사람들이 착각할 때 위험하죠. 길리건에 따르면, 성 정체성을 고려하지 못한 도덕이 여성의 특수성은 간과하게 만들었고, 여기에 가장 큰 영향을 미친 우리 사회의 고질적 병폐가 바로 가부장제입니다. 가부장제 사회는 젠더에 대하여 남성성과 여성성을 철저히 이분화하여 인식하도록 조장했고, 돌봄을 보편적 윤리가 아니라 소위 '착한 여성'들만의 윤리로 뿌리내리도록 만들었습니다. 그에 따라 도덕성의 한 요소인 공감의 정서는 여성의 발달이 아직 불완전하다는 사실을 뒷받침하는 근거로 사용되곤 했습니다. 그러나 보살

핌의 윤리는 여성적인 목소리이기 전에 인간의 목소리입니다.

길리건은 가부장제를 젠더 이분법에 기초한 문화로서, 일종의 프레임으로 간주합니다. 물론 그 프레임은 상당히 큰 모순을 안고 있습니다. 실제 관계를 맺지 않고는 자아를 성숙시킬 수 있는 남성이 없는 것처럼 자아 없이 관계 맺을 수 있는 여성도 없기 때문입니다.[6] 이런 모순된 구조 속에서 살아갈 때 인간의 사유와 감정은 분열되기 마련입니다. 그녀가 보기에 남성과 여성의 다름이 선천적이냐 후천적이냐, 혹은 어느 쪽이 우월한가와 같은 논의는 고리타분한 이분법적 사고에 지나지 않습니다.

그보다 우리는 여성의 목소리에 귀를 기울이면서 여성이 남성과는 다른 방식으로 말하는 것을 이해해야 합니다. 저항하는 여성들의 목소리에 공명해야 합니다. 구성원 모두가 보살핌이라는 고귀한 가치를 억압하는 가부장제와 맞서 싸워야 합니다. 길리건은 인간의 본성과 가부장제의 구조 사이에 본질적인 긴장이 존재한다고 보았습니다. 만약, 우리가 건강한 심리 상태에 놓여 있다면 공동체 내에서 여성이 목소리를 잃고 관계를 희생하도록 강요하는 가부장제에 저항할 수 있습니다.[7]

건강한 심리란 '깨어있는 의식'과도 같습니다. 진보적 교육

---

6 C. Gilligan, N. Snider, 이경미 역, 『가부장제 무너뜨리기』, 파주: 심플라이프, 2019, 18쪽.

7 C. Gilligan, 김문주 역, 『담대한 목소리』, 서울: 생각정원, 2018, 65쪽.

학자 프레이리(Paulo Freire, 1921 ~ 1997)는 교육의 목표로 '의식화'를 이야기했습니다. 그는 분명히 작동하고 있는 현실 사회의 억압적 기제들을 의식하고 기존의 지배 논리에 대해 문제를 제기하는 방식을 강조합니다. 우리는 각자가 몸담은 사회문화적 배경을 비판적으로 인식할 수 있어야 합니다. 유사한 맥락에서 길리건도 의식화를 이야기합니다. 그녀에 따르면, 의식화된다는 말은 단순히 무지의 상태에서 지식 습득이나 자아 개념 형성을 의미하지 않습니다. 어떤 측면에서 이것은 이미 내가 처해 있고, 알고 있는 것에 대해서 의식하지 못하는 상태로 일종의 심리적 단절 상태를 의미합니다.[8]

사실, 남존여비(男尊女卑) 가치관이 우리나라에 스며드는 데 영향을 미친 유교조차도 선악과 관련하여 인간의 성(性)에 관해 이야기했지, 남성과 여성을 구분하지는 않았습니다. 따지고 보면, 이 자체가 그릇된 방향에서지만 이미 남자와 여자의 차이를 인정하고 있는 셈입니다. 남녀불평등은 역사적으로 수렵·채집을 위주로 한 원시사회 이후에 본격적으로 나타난 현상입니다. 여성은 보통 출산에 이은 양육을 도맡았습니다. 이런 식으로 사유재산제가 발달하면서 보다 효과적인 가정 내에서 남성과 여성의 역할이 주어지는 가운데 남녀의 경제적 지위가 위계화된 것입니다. 동서를 막론하고 대부분의 나라가 그렇습니

---

8 C. Gilligan, 박상은 역, 『기쁨의 탄생』, 서울: 빗살무늬, 2004, 234-235쪽

다. 여기에 가부장제가 남성과 여성의 성격과 역할 차를 재생산하는 일에 기여한 것이고요.

이런 분위기가 사회 전반에 고착된 상황에서 여성들이 자신의 목소리를 담대하게 내기 위해서는 엄청난 용기가 필요합니다. 우리나라도 유교적 관습이 사회 전반을 지배하던 때는 여성이 목소리를 내는 게 쉽지 않았습니다. 현대사회로 오면서 가족이 해체되면서 와해된 측면도 있지만, 여전히 우리 사회는 가부장제 사회입니다. 가부장제 사회를 무너뜨리는 데 있어서 무엇보다 여성들의 목소리가 중요합니다. 지금이야 명절 때 부부가 나란히 앉아 전을 부치는 모습이 자연스럽지만, 아직도 명절 때만 되면 어김없이 여성들의 고된 노동이 뉴스의 단골 메뉴로 등장합니다. 불합리한 부분들이 많이 개선되었고, 개선 의지가 엿보이지만, 아직 갈 길이 멉니다. 사실 이것은 오랫동안 문제로 인식조차 되지 않았습니다. 가부장제 사회에서 며느리가 가사 노동 분담의 불평등에 저항하기 쉽지 않았고, 남편은 여기에 암묵적으로 동의했기 때문입니다.

우리나라는 현재 전 세계에서 유례를 찾을 수 없는 초저출산 문제를 겪고 있습니다. 정부가 발표한 2024년 대한민국의 합계 출산율(한 여자가 가임기간에 낳을 것으로 기대되는 평균 출생아 수)은 0.68명입니다. 매년 역대 최저 기록을 경신하고 있죠. 한참 늦은 대응이지만, 정부 차원에서도 어떻게든 저출산 극복을 위해 막대한 예산을 투입하고 여러 가지 정책을 제시하고 있습니다. 안타까운 점은 실질적인 출산으로 이어지지 않는다는 겁니다. 현금성 지원을 더 늘리면 아이를 낳을까요? 경제가 어려운 것도 주요 요인이지만, 문화적 차원에서도 이 문제를 바라볼 수 있어야 합니다.

저출산 자체가 문제가 아니라 지금 여기를 살아가고 있는 사람들의 기본적인 자유를 보장하고 불평등을 해소하는 게 먼저입니다. 어서 빨리 여성의 섬세한 여성성을 좀먹고 있는 가부장적 사회 구조의 문화적 강제를 타파해야 합니다. 그동안 짓밟혔던 다른 목소리가 소생된다는 것은 사람 사이의 복잡한 관계망 속의 구체적인 맥락까지 고려하는 사람들이 많아졌음을 방증합니다. 콜버그가 도덕성 발달의 낮은 단계에 위치시킨 관계성을 무시하고 추상화하여 문제를 해결하는 방식은 무수히 많은 관계를 뒤틀어 버립니다. 내 행동은 오직 단 한 사람에게만 영향을 미치는 게 아닙니다. 우리는 훨씬 넓은 삶의 관계적 풍경을 볼 수 있어야 합니다.

여성의 도덕 발달 : 3수준 2과도기

길리건은 임신 중절을 고민하는 여성들을 인터뷰했습니다. 그 과정에서 돌봄의 윤리를 지향하는 여성들의 행동이 여성 자신의 일방적 희생이나 착취로 귀결되는 것은 아니라는 사실을 발견했습니다. 길리건의 연구 결과에 따르면, 여성들은 도덕적 갈등 상황에 놓였을 때 인간관계의 측면을 사려 깊게 바라보면서 이기심과 책임감이라는 어휘를 반복 사용하면서 갈등 상황을 해결하려 했다는 것입니다. 그녀는 '임신 중절 결정 연구'에서 드러난 여성들의 반응을 크게 세 수준으로 체계화하여 '배려 윤리'의 발달 과정으로 제시했습니다.

> *여성들이 이해하는 임신 중지 딜레마는 발달 과정과 더불어 진화하는 도덕적 언어의 존재를 보여준다. 이 언어의 중심은 이기심과 책임감의 대립으로, 도덕을 타인을 돌보고 타인에게 상처를 주지 않아야 할 의무로 정의한다. 여성들은 상처를 주는 것을 타인에 대한 무관심으로 보아 이기적이고 부도덕한 것으로 간주하는 한편, 누군가를 돌보는 것은 도덕적 책임을 이행하는 것으로 여긴다.*[9]

그녀가 제시한 배려 윤리의 세 수준은 차례로 '자기 생존과 이기성', '책임과 자기희생', '비폭력적 배려와 책임'입니다. 그리고 수준과 수준 사이에 과도기가 있으며 그 과도기를 잘 이행할 때 질적으로 한 단계 높은 도덕성으로 발달할 수 있다고 보았습니다. 길리건이 이야기하고 있는 세 수준의 주요 특징을 살펴보겠습니다.

첫째, 1수준은 '자기 생존과 이기성'입니다. 여기서는 자기

---

9 C. Gilligan, 이경미 역, 『침묵에서 말하기로』, 파주: 푸른숲, 2021, 199쪽.

중심성을 강하게 나타냅니다. 자신이 궁지에 몰렸다고 느끼는 여성은 자기 생존을 돌보는 일에 오롯이 집중합니다. 자기 자신만을 생각하며 임신 중절을 감행하는 경우가 이에 해당합니다. 이러한 선택이 가능한 이유는 모든 인간적 연결고리가 끊어졌다고 느끼기 때문입니다. 관계성 측면에서 보면 높은 수준의 도덕성을 지녔다고 말하기 어렵습니다. 그러나 이후 여성은 자신의 관점이 이기적이라고 비판하는 과도기에 진입합니다. 이때의 비판은 자신과 타인 간의 관계에 대한 새로운 이해가 형성되고 있음을 의미하는데 이것은 책임의 개념으로 구체화할 수 있습니다. 제1과도기 단계에서 여성은 자신이 타인과 연결되어 있음을 인식합니다. 해야 하는 것과 하고 싶은 것의 차이점을 깨닫고 타인을 향한 관심까지 고려하려는 모습이 나타납니다.

둘째, 2수준은 '책임과 자기희생'입니다. 2수준의 주된 특징으로는 책임 개념이 이전보다 정교화되어 자신에게 의존하는 사람이나 약한 사람을 보살피고자 하는 모성적 도덕성과 결합하여 자기희생으로 나타난다는 점입니다. 자신보다 열등한 존재에 대한 돌봄이 발휘되는 자기희생의 단계라고 볼 수 있죠. 여기서 문제는 여성이 선의에 대하여 오직 타인에 대한 돌봄으로 여기기 때문에 돌봄의 대상에서 정작 자기 자신을 배제하는 상황에 빠집니다. 그래서 나에 대한 돌봄과 타인에 대한 돌봄의 필요가 충돌할 때 심적 혼란을 겪게 됩니다. 이러한 불균형의 상태가 바로 제2과도기입니다. 여기서는 그동안 인습적 의미에서의 순응을 배려와 동일시하였다는 점, 자아와 타인 사이의 불평등이라는 비논리성을 전제로 했던 점을 반성합니다. 이윽고 여성적 선이라는 관념에 내재된 자기희생과 돌봄 사이의 혼란을 이겨내기 위해 관계를 재고하게 됩니다. 쉽게 말해 자기 내면과의 관계 속에서 선택과 결정을 내리려고 하죠.

셋째, 3수준은 '비폭력적 배려와 책임'입니다. 이 수준에서 여성들은 선과 관련하여 자신의 목소리를 억압해 왔던 외부 세계의 기준을 일방적으로 수용했던 이전 수준과 달리, 진실의 가치를 추구합니다. 그래서 자기부정과 자기희생을 자청하도록 강요한 인습을 부도덕한 권력의 횡포로 보고 이를 거부할 수 있게 됩니다. 길리건의 시선에서 볼 때 타인과의 관계를 위해 나 자신을 부정하는 일은 자기 성실성의 상실을 의미합니다. 타인과의 관계를 유지하기 위해 타인에게 휘둘리면서 자신을 돌보지 못하는 사람은 자신에 대한 직무 유기나 마찬가지입니다.

우리가 자신 역시 돌봄의 대상으로 여기는 것은 이기성을 넘어 자기 배려입니다. 보통 자식을 향한 엄마의 자기희생은 숭고한 사랑으로 여겨집니다. 자식을 위해서라면 간이고 쓸개고 모두 내놓을 부모 마음을 자식이 어찌 헤아릴 수 있냐는 말도 있습니다. 사실, 이런 방식의 언표 자체가 숭고한 정신에 대한 추앙이라는 의미도 있지만, 의도치 않게 무조건적 희생이 여성의 마음에 뿌리내리는 기제로 작동하기도 합니다. 그러나 엄마는 엄마 자신도 배려해야 합니다. 타인과 자아의 상호 연관성, 즉 관계의 역동성에 초점을 맞춤으로써 타인과 자신 모두에게 해를 끼치지 않으면서 고통을 최소화할 수 있는 길이야말로 도덕의 최종 종착지입니다.

배려와 책임

가끔 TV 채널을 돌리다 보면 유니세프가 후원자를 모집하는 공익광고가 나올 때가 있습니다. 영상에는 아이들이 주로 등장하는데요. 대부분 부모가 없거나 있더라도 병에 걸려 아이가 실질적인 가장의 역할을 해야 하는 경우였습니다. 부모의 보호 아래 있어야 할 아이가 자신보다 어린 동생을 위해서 일하는 아이를 볼 때 마음이 아프지 않은 사람이 있을까요? 물론, 혹자는 자선단체들이 동정심을 유발하기 위해서 전략적으로 영상을 제작한다고 비꼬는 사람도 있습니다. 그런 전략을 알아차렸을 때 동정심이 줄어들던가요? 동정심의 크기는 사람마다 다릅니다. 곤궁에 처한 사람이 누구인지, 지금 나는 어떤 상황에 있는지, 그가 나와 어떤 관계에 놓여 있는지에 따라 동정심의 크기도 달라지기 마련입니다. 그래서 감정은 보편적 도덕이 될 수 없다고 말하기도 하는데요. 그렇다고 먹지 못해서 앙상하게 뼈만 남은 아프리카 아이를 보고도 안타까운 감정이 들지 않는 사람을 도덕적이라고 말할 수 있을까요? 아마 칸트도 동의

하지 않을 것입니다.

현대 뇌 과학자들에 의해서 인간의 정서, 관계적 지능에 대한 연구가 꾸준히 진행되고 있으며, 최근에는 감정이 뇌와 어떻게 상호작용하는지도 밝혀지고 있는 상황입니다. 특히, 신경과학자 다마지오(Antonio Damasio, 1944~)는 감정이 높은 수준의 인지 작용에 있어 매우 중요한 역할을 한다고 설명합니다. 우리의 도덕적 행위를 이끄는 강력한 동기 중 하나가 바로 정서입니다. 어쩌면 쾌, 불쾌의 정서적 반응이야말로 배려를 이끄는 발원지입니다. 뼈만 남은 아이를 불쌍히 여기는 감정을 간과하다면 애초에 도덕적 대화가 시작될 수 없습니다.

길리건처럼 도덕적 삶에 있어서 여성주의적 관점을 정면에 내세운 교육학자로 나딩스(Nel Noddings, 1929~2022)가 있습니다. 그녀는 도덕이 인간의 공통된 욕구와 감정에 기초해야 한다고 말했습니다. 콜버그식 도덕적 추론에 기초한 '이성의 도덕'에 치우치다 보면 인간의 실제적인 삶 속에서 일어나는 감정이나 느낌을 무시될 수밖에 없습니다. 나딩스는 우리에게 배려를 왜 해야 하는가와 같은 정당화 작업이 아니라 배려에 필요한 행위를 지금 당장 실천하라고 주문합니다. 정의의 원리를 따르려는 '추상화된 자아'는 인간 사이를 분리하고 왜곡시킬 뿐 결코 배려를 추동하지 못합니다. 배려는 사람 사이에서 배려하고 배려받은 경험들로 구성된 '구체적인 자아'에 의존합니다. 그래서 나딩스는 인간 사이를 배려하는 자와 배려받는 자의 관계성 속에서 파악합니다. 나 자신을 기아에 허덕이는 아프리카 아이들 틈 속으로 들이밀고 그 구체적인 상황 속에서 내가 무엇을 해야 하는지 스스로 물어야 합니다.

우리는 수많은 사람과 관계를 맺고 살아갑니다. 나는 누군가의 자식이며, 친구입니다. 그러한 관계성 속에서 나 자신을 규정지을 수 있습니다. 내가 상대방과 어느 정도로 깊은 관계를 맺고 있느냐에 따라 배려의 유무, 배려의 크기가 갈리기 마련입니다. 아무래도 전혀 모르는 사람보다 친밀한 관계에 있는 사람일수록 관심이 가고 배려심이 들겠죠. 저 멀리 아프리카의 아이는 나의 삶과는 무관한가요? 나의 삶과 아프리카 아이의 삶을 연결 짓는 일은 배려의 시작입니다. 그리고 이러한 배려의 자세는 어떤 사람이든지 지녀야 할 도덕성의 핵심입니다.

우리는 이웃의 아픔에 공감해야 한다고 말합니다. 이웃은 어디까지가 이웃인가요? 안타깝게도 오늘날 우리는 가족조차 남남이 되어버린 시대를 살아가고 있습니다. 어떻게든 사람 사이의 무너진 관계를 복원해야 합니다. 타인과 연결된다는 것은 그만큼 타인의 부름에 응답할 줄 아는 책임감을 갖는 것을 말합니다. 관계적 존재로서 어떤 대상을 진심으로 걱정하고 염려하는 배려야말로 인간이 지녀야 할 보편적 도덕원리일 수 있습니다. 우리 사회가 사려 깊은 인간적 고려를 토대로 배려가 충만한 공동체가 되길 바랍니다. 어른들은 아이들에게 충분히 배려의 본보기가 되어주고, 대화는 단순 의견 교환이 아니라 상대방에 대한 배려의 실행이 되었으면 합니다. 그리고 이를 위해서 그동안 배제했던 여성의 목소리를 듣자고 강조하고 싶습니다. 지금은 추상적 이상보다 남성, 여성의 특수성을 모두 아우르는 관계 맥락적 사유가 요청되는 때입니다.

8장

왜 나쁜 짓을 하게 되었을까?
- 프로이트와 무의식

"도덕성은 본능과 문명의 충돌에서 생긴다."

불안과 무의식

외출할 때 문을 잠그고 다시 확인하는 사람이 있습니다. 한 번 정도 손잡이를 돌려보는 것은 그렇다고 쳐도 지나칠 정도로 여러 번 돌려보는 행동은 그다지 평범한 사람의 모습은 아닙니다. 사용하지 않는 전기 코드를 뽑아놓는 것은 에너지 절약을 위해서도 바람직하지만, 이미 집을 나온 지 한참이 지났는데 혹시 모를 화재를 걱정하며 다시 집안에 들어갔다 나오는 사람을 어떻게 바라봐야 할까요? 불이 날 수 있다는 불안 때문에 수시로 확인해야 하는 사람, 가스 밸브를 재차 확인하는 사람은 일종의 강박을 겪는다고 보아야 합니다. 일반적인 시선에서 보면, 상당히 비합리적이거나 불필요한 행동인데도 불구하고 한 번 강박에 시달리면 이러한 행동을 멈추거나 제어하기 어렵습니다. 이러한 신경질적(nervös) 행동의 근원에는 합리적으로 예견되는 상황에 대한 반사 작용으로서 느껴지는 불안과는 다른 성격의 불안이 자리하고 있습니다.

그런데 위와 같은 불안은 심각한 정신 질환을 앓고 있는 환자들만의 전유물이 아닙니다. 많은 사람이 성격적 특징으로 모든 가능성 중에서 가장 불길한 사태를 예상하고, 그 불길함을 기대하고 싶어 하는 충동을 지니고 있습니다. 하지만 그들 대부분은 그러한 성격만을 제외하면 정상인으로 보입니다.[1] 불안

---

1 S. Freud, 임홍빈, 홍혜경 역, 『정신분석 강의』, 파주: 열린책들, 2020, 563쪽.

으로부터 오는 반복적 행위는 지극히 우리 주변 사람들의 이야기입니다. 어쩌면 내 이야기일 수도 있고요. 다만, 환자에 비해 그러한 불안의 세기가 일상을 지배할 정도로 세지 않을 뿐입니다. 따지고 보면, 우리는 모두 정도의 차이만 있을 뿐 병을 앓고 있는 환자일 수 있습니다. 아직 병명이 없는 병이요. 단지 모른 채로 살아가는 거죠. 그런데 그것이 심각해지고, 많은 사람에게서 나타나면 병으로 인식되기 시작합니다. 깔끔함을 추구하는 것은 좋은 일이지만, 그게 심각하면 결벽증이 됩니다.

추적해 보면, 나의 모든 고통에는 원인이 있는 법입니다.

> *광장 공포증(agoraphobie) 환자는, 예를 들어 거리에서의 불안 발작과 함께 그 고통의 역사를 시작합니다. 그가 다시 거리로 나설 때마다 이 공포증은 매번 반복됩니다. 그렇게 해서 광장 공포증이라는 증상을 형성하는데, 그것은 또 자아의 기능을 규제하는 일종의 억제로 기술할 수 있으며 그럼으로써 불안 발작이 일어나지 않도록 조심하게 하는 역할을 담당한다고 볼 수 있습니다. ...(중략)... 사람들이 두려워하는 것, 그것은 바로 자신의 리비도입니다. 이것은 실재적 불안을 느끼게 되는 상황과는 두 가지 점에서 차이가 나는데, 그 위험이란 외부적인 것이 아니고 내부적이라는 것과 그것이 의식적으로 인식되지 않는다는 사실입니다.*[2]

---

2 S. Freud, 임홍빈, 홍혜경 역, 『새로운 정신분석 강의』, 파주: 열린책들, 2020, 121-122쪽.

정신분석학의 대가 프로이트(Sigmund Freud, 1856~1939)는 인간의 불안 경험이 인격(personality)을 형성하는 데 중요한 기제가 된다고 설명합니다. 그에 따르면, 아이들은 성장 초기에 맞닥뜨리는 불안에 어떻게 적응하고 대응하느냐에 따라 인성의 발달 양상이 달라집니다. 그리고 불안은 외부 환경과의 갈등에서 오는 일상적인 경험이 아니라 자아의 내부적 충돌에서 비롯됩니다. 즉, 프로이트는 불안을 신체적 또는 심리적 위험에 대한 반응이 아니라, 주로 내부적인 충돌과 무의식적 욕망 사이의 갈등 구도로 파악합니다. 조금 더 구체적으로, 이드나 초자아가 자아에게 부과하는 억압과 그것에 대한 자아의 대응이 그 사람의 인격을 결정합니다. 이런 관점에서 프로이트는 인간의 비합리적 행동에 관하여 무의식의 개념을 꺼내지 않고는 이해하기 어렵다고 말합니다.

우리는 누군가의 도덕적 잘못에 대해 질책할 때 잘못이 미친 피해의 규모도 고려하지만, 상대가 왜 그런 행동을 하게 되었는지도 따져 봅니다. 타율보다 자율에 의한 도덕적 행동에 책임을 강하게 묻는 것도 이 때문입니다. 옳지 못한 행동을 했을 때 타인의 강압에 못 이겨 어쩔 수 없이 그랬다면 정상 참작을 합니다. 그만큼 어떤 행위에 대한 도덕적 책임의 크기를 평가할 때 개인의 자유의지 동반 여부는 핵심 평가 요소가 됩니다. 마찬가지로 같은 잘못을 저질렀어도 의식이 있을 때와 없을 때 한 행위에 대한 비난의 강도는 달라지기 마련입니다. 사람들은 자의식이 없는 상태로 한 실수나 잘못에 대해서는 관대한 편입니다. 술에 취해 필름이 끊긴 사람이 다른 사람에게 피해를 주었을 때가 그렇습니다. 음주 운전자들에게 절대 관대해서는 안 되겠지만, 일반적으로 범죄자들이 자신의 형량을 낮추기 위해서 하는 변명 중 하나가 술에 너무 취해서 자신도 모르게 잘못을 저질렀다는 말입니다. 정상 참작을 바라는 마음에 자신이 의식 없는 상태였다는 핑계를 대는 겁니다.

프로이트는 도덕성을 무의식의 차원에서 설명합니다. 심리학자들이 가진 기존의 통념에 비추어 볼 때 정신이란 그 자체로 의식을 의미했습니다. 무의식이라는 개념 자체가 모순인 셈이었죠. 대표적인 예로, 콜버그와 같은 발달심리학자는 지극히 도덕성을 인지주의 측면에서 기술했습니다. 지금도 여전히 인간의 정신세계에 대한 분석은 현재진행형이지만, 심리학은 인간 행동의 메커니즘을 과학적으로 분석하는 데 초점을 맞추고 있습니다. 반면에, 프로이트를 시작으로 이어지고 있는 정신분석학은 인간의 인격, 다시 말해서 인간의 성격 분석에 대해 주로 다룹니다. 아무튼, 프로이트는 의식의 이면에서 의식으로 드러나지 않는 무의식이 인간의 행동에 결정적인 영향을 미친다고 주장했습니다.

프로이트의 표현을 빌리면, 의식은 바다 위 표면에 드러난 빙산의 일각일 뿐입니다. 오히려 인간의 사고와 행동을 관장하는 힘은 물속에 잠겨있는 거대한 부분에 있습니다. 프로이트는 이를 전의식과 무의식의 개념으로 설명합니다. 바닷속 깊은 곳 빙산의 최하층부에는 인간 정신이 스스로 자각할 수 없는 무의식이 억압된 채로 크게 자리하고 있으며, 무의식과 의식 사이에는 전의식이 위치합니다. 전의식은 기억, 저장된 지식으로서 무의식과 의식 사이의 완충지대 역할을 합니다.[3] 무의식이 아무런 필터 없이 모두 의식으로 뿜어져 나오면 인간은 제대로 살아갈 수 없을 겁니다. 어린 시절 경험했던 아픈 기억, 무서웠던 기억 중에는 평생 잊힌 듯 무의식의 세계에 갇힌 상태로 존재하는 것들도 있습니다. 아무리 생각해 내려 해도 생각할 수 없는 기억인 셈이죠.

도덕적 삶이란 타인과의 관계성 속에서 의미가 있고, 타인의 잘못에 대한 도덕적 평가를 내려야 할 때 최대한 객관적인 시각이 요구된다는 점을 인정한다면, 무의식에 대한 이해는 곧 타인의 행동에 대한 이해의 지평을 넓힐 수 있다는 점에서 의의가 있습니다. 대수롭지 않게 여겼던 친구의 반복된 행동이 짓눌렸던 내적 욕구 불만에서 기인하고 있음을 이해하고 있다면, 또 친구가 느끼는 불안의 원인이 외부 세계가 아니라 내부에 존재한다는 것을 아는 사람이라면 관용의 덕을 발휘할 가능성이 크겠죠. 어릴 때 부모의 학대 속에서 자란 아이의 내면이 어떤 모습을 하고 있을지 아는 사람이라면 그 아이를 대하는 접

---

3 S. Freud, 윤희기, 박찬부 역, 『정신분석학의 근본 개념』, 파주: 열린책들, 2020, 355쪽.

근 방식부터가 달라지기 마련입니다.

정신적 에너지와 본능

프로이트는 히스테리 환자들을 치료하는 과정에서 정신적 고통에 대한 근본적인 치료법을 연구했습니다. 프로이트는 당시에 히스테리 치료에 유행했던 최면 기법을 배워서 실제 환자 치료에 적용했지만, 결코 최면 기법에 만족할 수 없었습니다. 효과가 일시적이었고, 환자에게 근본적인 치유가 되었다고 느껴지지 않았기 때문입니다. 그래서 프로이트는 인간의 마음을 분석하는 일에 착수했고, 특히, 무의식에 접근할 수 있는 통로로서 자신의 꿈을 분석했습니다. 그 일차적 결과물이 바로 위대한 저작 『꿈의 해석』입니다. 그는 여기서 꿈속에 등장하는 상징과 은유가 개인의 무의식적인 욕구와 연결되어 있다고 보았으며, 이를 해석함으로써 개인의 내면세계를 제대로 이해할 수 있다고 주장했습니다. 결국은 프로이트가 꿈을 분석한 이유도 무의식의 심리적 요소를 발견하고 그것이 인간 행동에 어떻게 영향을 미치는지 확인하기 위함이었습니다.

오랜 연구 끝에 프로이트는 인간의 정신 활동이 에너지의 흐름과 같이 작용한다고 결론지었습니다. 정신을 이루고 있는 요소들이 에너지를 소비하고 생성하는 과정에서 정신적 충돌이 발생하고, 그 충돌로 인하여 개인의 내면세계에 긴장이 초래되기 마련입니다. 프로이트에게 있어서 인간 정신의 출발은 본능입니다. 기본적으로 본능은 욕구 충족을 위해 작동합니다. 인간은 본능을 충족시키기 위해 행동하고, 만족스러움을 느낄 때까지 욕구 충족을 위한 본능은 계속해서 꿈틀거립니다.

> *본능의 목표는 어떤 경우든지 만족이다. 그리고 이 만족은 본능의 근원에 있는 자극의 상태를 제거함으로써만 달성할 수 있다. 각각의 본능이 지니고 있는 궁극적인 목표가 불변의 것이긴 하지만, 그 목표로 가는 길은 여러 갈래일 수가 있다.*[4]

만약 배고픔이라는 자연적 욕구가 해소되면 더 이상 무엇인가를 먹고 싶은 본능은 사라지고 그에 관련된 에너지도 방출되지 않겠죠. 그러나 그 반대로 욕구가 채워지지 않은 채로 장시간 지속된다면 욕구는 계속 커지고, 그만큼 인간의 내부는 더욱 강한 충동에 휩싸이게 됩니다. 본능이야말로 인간의 불만족과 내적 충돌의 주요 원인입니다. 본능적 욕구가 현실적인 제약에 가로막힐 때 개인은 불안과 불편함을 경험하게 됩니다. 식욕, 수면욕, 성욕 등과 같이 생존과 번식을 위해 필수적인 욕구들은 원초적인 본능입니다.

프로이트는 본능이 의식적인 영역이 아니라 무의식적인 영역에 속한다고 주장했습니다. 그러므로 본능은 의식의 통제 아

---

4 S. Freud, 윤희기, 박찬부 역, 『정신분석학의 근본 개념』, 파주: 열린책들, 2020, 106쪽.

래 가둘 수 없는 측면이 있습니다. 그렇다고 일상에서 제어하기 어려운 욕구를 비도덕적인 방법으로 충족시키려 하거나 충동적으로 행동한다면 정상적으로 사회생활을 할 수 없습니다. 때와 장소를 가리지 않고 욕구를 충족시키려 한다면 미친 사람 소리 듣기 딱 좋죠.

인간의 정신은 내부에서 본능적인 욕구가 일어났을 때 그 욕구를 어떻게 처리할지 갈등을 겪습니다. 한쪽에는 '본능에 충실하라'며 속삭이고, 다른 한쪽에서는 '그렇게 하지 말라.'고 경고합니다. 드라마에서 주인공이 도덕적 선택의 갈림길에 있을 때 내면의 천사와 악마가 동시에 말을 건네는 장면과 유사합니다. 천사의 목소리도, 악마의 목소리도 모두 주인공이 지닌 인격의 일부분입니다.

인격의 구조

프로이트에 따르면, 인간의 인격은 이드(id), 자아(ego), 초자아(superego)로 구성되어 있습니다. 이 세 부분은 서로 분리되어 있지 않고, 전체가 하나처럼 유기적으로 활동합니다. 우선, 이 중에서 이드는 본능이 자리 잡은 곳입니다. 본능이 인격의 작용을 위해 사용되는 에너지의 근원이라는 점에서 이드는 정신적 에너지의 최초 저장소이자 인격 형성의 주춧돌과 같은 역할을 합니다. 정신적 에너지는 이드 속에 저장되어 있다가 마치 인격의 엔진처럼 욕구 충족을 위해 에너지를 방출합니다. 이 에너지는 배고프면 먹고, 졸리면 자는 것처럼 생명 유지를 위해 가장 필수적이고 원시적인 삶의 원리를 따르는 데 쓰입니다.

이드는 '쾌락 원칙(pleasure principle)'을 따릅니다. 본능적인 바람과 충동에 대한 즉각적인 만족을 추구하죠. 쾌락 원칙은 정신 기관을 어떤 자극으로부터 완전히 해방시키기 위해서 그 속에 있는 자극의 양을 일정 수준 이하로 떨어뜨리거나 낮은 수준으로 유지하는 기능에 봉사해서 작동하는 일종의 경향입니다.[5] 쾌락 원칙을 기반으로 이드가 바라는 것은 모든 욕구의 충족이며, 이를 통해 긴장이 없는 만족감의 상태에 머무르는 것입니다. 이를 위해서 이드는 주변 환경의 제약 조건 등에 상관없이 소망 충족의 원리를 따릅니다. 프로이트에 의하면, 인간은 이드가 식욕이나 성욕과 같은 욕구를 충족시키려고 시도할 때 불안을 느낄 수 있습니다. 아기가 배고플 때 젖을 물리기 전까지 계속 우는 행동이 그 예입니다.

욕구 불만의 경험은 이드의 발달을 지속적으로 자극합니다. 그래서 만약 아기가 배고픔의 긴장을 느낄 틈도 없이 때에 맞춰 기계처럼 젖을 제공한다면 아이는 욕구 불만을 경험하지 못할 테고, 그렇게 되면, 아이에게 이드의 발달을 기대할 수 없습니다. 쉽게 말해 허기와 만족을 반복 경험함으로써 일정한 심

---

5 S. Freud, 윤희기, 박찬부 역, 『정신분석학의 근본 개념』, 파주: 열린책들, 2020, 345쪽.

상이 이드 안에 각인됩니다. 그렇게 형성된 이드가 평생 개인의 본능적 욕구를 만족시키기 위한 엔진으로 작동하는 겁니다. 여기에는 도덕이 들어설 여지가 없습니다. 오로지 쾌락 원칙을 따를 뿐이니까요. 이드는 즉각적인 만족을 추구하며, 매우 충동적이며, 자기만족만을 위합니다. 그런데 우리 몸에서 어떤 욕구가 발생했다고 해서 언제나 즉각적으로 해소할 수 있는 것은 아닙니다. 배고프다고 해서 매우 중요한 회의가 진행되는 상황에서 부스럭거리며 과자를 먹을 수는 없죠. 어른이 허기를 채우기 위해서 아기처럼 떼를 써서도 안 되고요.

마트에서 한 아이가 장난감을 사달라고 엉엉 우는 장면을 상상해 보세요. 목청이 떠나갈 듯 고래고래 소리까지 지르면서요. 아마도 대개의 부모는 적절한 훈육을 통해서 이런 상황 자체를 만들지 않을 겁니다. 아이가 울면서 떼를 쓸 때마다 장난감을 사주면 어떤 일이 벌어질까요? 당장에 창피한 상황을 모면할 수는 있지만, 아이는 젖먹이 시절 배고프면 우는 것과 다를 게 없는 상태에 머물게 됩니다. 여전히 소망하는 바를 성취하기 위해서 이드만이 작동하는 셈이죠. 삶에서 우리는 본능에 따라 욕망하는 것을 언제든지 즉각적으로 충족시킬 수는 없는 법입니다. 그러기 위해서는 사회적 규범이나 현실적인 제약을 무시해야 하며, 만약 그렇게 하면 사회적 비난을 감수해야 할 겁니다. 기분 나쁘다고 주먹부터 나가는 사람은 타인과 제대로 관계를 맺을 수 없습니다.

그래서 인간에게는 이드 말고도 자아가 필요합니다. 각 개인 속에는 정신 과정을 일관성 있게 조직화하는 자아가 존재합니다. 자아는 현실성의 주체이며, 현실을 탐구하고 어떻게 욕구를 충족시킬지 결정합니다. 프로이트에 따르면, 자아는 이드와 달리 '현실 원칙(reality principle)'의 지배를 받습니다. 쾌락 원칙을 제어함으로써 이드가 배출한 충동적인 욕구도 적절히 만족시키도록 이끌고 동시에 현실적인 제약을 고려하도록 주문합니다. 이를 통해서 자아는 자칫 절명될 위험에 처하게 되는 이드를 보호하는 구실까지 합니다. 한 마디로, 자아는 이드와 초자아 사이에서 서로 대립하는 요구를 조정하는 중재자입니다. 자아는 초자아의 맹목적이고 비합리적인 요구를 외부 세계의 바람과 끊임없이 조율하려고 노력합니다.[6]

성숙한 자아라면 현실 조건이 녹록지 않다고 생각될 때 합리적으로 욕구 충족을 지연시키거나 다른 것으로 대처하여 적응합니다. 그러나 자아가 이드를 제대로 통제하지 못하고 오히려 이드에 의존하는 경우 불안이 따를 수 있고, 불안한 자아는 자신을 방어하기 위한 수단으로 억압과 같은 방어기제를 사용하게 됩니다. 주의할 점은 자아는 욕구를 지연시킬 뿐이지 제거하지는 못합니다. 우리가 어떤 행동을 잠시 유보한다고 해서 긴장이 완화되는 것은 아닙니다. 배가 고파서 가방 속 과자 봉

6 S. Freud, 임홍빈, 홍혜경 역, 『새로운 정신분석 강의』, 파주: 열린책들, 2020, 109쪽.

지를 뜯고 싶지만, 현실 원칙에 따라 일시적으로 쾌락 원칙의 작용을 늦추는 것입니다. 회의가 끝나고 나면 다시 자아는 이드와 화해하고 허기를 달래도록 인도합니다.

> *현실 원칙은 궁극적으로 쾌락을 성취하겠다는 의도를 포기하지는 않는다. 그러나 그것은 쾌락에 이르는 장구한 간접적인 여정에 대한 한 단계로서 만족의 지연, 만족을 얻을 수 있는 많은 가능성의 포기, 불쾌를 잠정적으로 참아 내는 일을 요구하고 실행한다. …(중략)… 그리고 쾌락 원칙은 이러한 본능에서 출발해, 혹은 자아 그 자체 속에서, 유기체 전체에 손상을 입히면서까지 현실 원칙을 극복하는 데 성공하는 경우가 허다하다.*[7]

처음 세상 밖으로 나온 아기는 이드만 존재하지만, 서서히 자아가 들어서면서 지각, 기억, 사고 능력이 나타납니다. 즉, 이드가 무의식 속에서 활동하는 것과 달리 자아는 대체로 의식 속에서 활동합니다. 하지만 자아는 스스로 충분한 힘을 갖고 있지 못하기 때문에 홀로 드러날 수 없습니다. 이드 조직의 일부로서 자아의 모든 힘은 언제나 이드로부터 나옵니다. 프로이트는 이드를 말, 자아를 말에 올라탄 기수에 비유했는데요. 이때의 말은 전혀 길들어지지 않은 야생마이며, 기수는 힘이 넘쳐

---

7 S. Freud, 윤희기, 박찬부 역, 『정신분석학의 근본 개념』, 파주: 열린책들, 2020, 275쪽.

제 맘대로 날뛰는 말을 제대로 제어해야 합니다. 차이점이라면 실제 기수는 순수하게 자기 자신의 힘으로 말을 통제해야 하지만 자아는 이드로부터 빌려온 힘을 사용합니다.[8] 기수는 이 말이 완벽하게 길들어질 기미가 없으므로 죽을 때까지 옥신각신 다투며 살아가야 합니다. 이를 정리하면, 자아가 발달한다는 것은 내 안의 야생마를 제어할 수 있는 역량이 증진되었다는 것을 의미합니다. 도덕적 행동 또는 비도덕적 행동에 대한 책임은 인간의 행동을 규제하는 자아에게 있습니다.

마지막으로 초자아입니다. 초자아는 인격의 세 요소 중 가장 마지막에 발달합니다. 초자아는 무의식 속에서 양심을 구성하고 도덕적 측면을 담당합니다. 즉, 옳고 그름의 문제를 지향하고 사회적 태도와 가치를 구현하는 도덕률로서 일종의 감시자인 셈이죠. 그래서 초자아는 이상적인 표준을 설정함으로써 쾌락 원리나 현실 원리보다는 이상(理想)을 지향하도록 자아를 설득합니다. 다시 말해서, 초자아는 모든 것을 자신에게 위임한 무력한 자아에게 가장 엄격한 도덕적 잣대를 들이대고 도덕성의 가장 높은 가치를 대변합니다.[9] 현실적인 도덕 문제에 직면했을 때 자아에게 허용되는 것과 금지되는 것을 일러주고, 도덕적 명령의 형식으로 에너지를 분출합니다.

---

8 S. Freud, 윤희기, 박찬부 역, 『정신분석학의 근본 개념』, 파주: 열린책들, 2020, 369쪽.

9 S. Freud, 임홍빈, 홍혜경 역, 『새로운 정신분석 강의』, 파주: 열린책들, 2020, 89쪽.

이러한 초자아는 도덕에 대한 개념, 선과 악에 대해 인식하는 과정에서 형성됩니다. 일반적으로 아이가 처음 도덕적 인식에 입문하는 통로는 부모입니다. 유아기부터 쭈욱 자신이 한 행동과 관련하여 칭찬받거나 벌 받은 경험이 초자아 형성에 막대한 영향을 끼칩니다. 평소 부모가 강조하는 도덕적 표준이 아이의 '동일시(identification)'에 따라 인격의 한 부분으로 내면화됨으로써 초자아가 형성됩니다. 그런 면에서 초자아는 부모의 목소리에 가깝습니다.

어린아이 때를 떠올려 보세요. 내가 했던 행동의 잘잘못에 따라 부모님께 칭찬받거나 벌 받을 때가 있었을 겁니다. 잘했을 때는 보상으로 원하던 간식이나 장난감을 선물 받을 수 있지만 잘못했을 때는 가벼운 꾸중으로 넘어가거나 호되게 혼이 나기도 합니다. 요새 매를 대는 부모야 별로 없지만, 심각한 표정과 큰 목소리로 혼내기도 하고, 그동안 주던 사랑과 관심을 철회하는 행동 표현을 함으로써 혼을 내기도 합니다. 그런 경험 과정에서 어떤 아이든지 내적 긴장의 감소 혹은 증가를 느끼게 되고, 자연스럽게 꾸중을 듣지 않고 칭찬을 받고 싶어 하는 내적 기제를 마음속에 형성합니다.

억압 속에 태어난 도덕적 인간: 동일시와 내면화

우리는 태어나는 순간부터 죽을 때까지 원하든 원치 않든지 간에 어떤 집단 내에 소속됩니다. 그 집단에는 지켜야 할 규율이 있기 마련입니다. 한편으로는 그 규율이 개인의 욕망 추구에 대해서 도덕적 차원의 간섭을 합니다. 개인이 솟아오른 본능을 충족하려 할 때 억제하도록 만들죠. 보통 우리는 생각만으로 벌을 받지는 않습니다. 나쁜 생각을 했어도 입 밖으로 내뱉지 않는 이상 타인이 알 길이 없죠. 그런데 프로이트의 이론에 따르면 자아는 꼭 행동으로 표출되지 않더라도 벌을 받을 수 있습니다. 나를 불쾌하게 만든 동료의 머리를 한 대 쥐어박고 싶다는 생각이 들었다면 이미 초자아는 그것을 알고 자아에게 비난을 가합니다. 보통 양심의 가책을 느낀다고 할 때, 프로이트식으로 표현하자면, 초자아가 자아에게 죄의식을 불어넣는 것이죠. 그 자체가 자아 입장에서는 벌입니다.

자아는 이드와 초자아를 사이에 두고 현실 원칙에 따라 인격의 세 요소를 통합하여 외부 세계에 반응합니다. 유기체로서 욕구를 충족하며 살고자 하는 현실성과 유리되지 않으면서도 도덕적으로 살아가기 위해서는 자아가 이드나 초자아보다 상대적으로 더 많은 에너지를 가지고 있어야 합니다. 그리고 인간은 정신 에너지의 분배를 잘해야 합니다. 에너지가 이드에 너무 편중된 사람은 충동적으로 행동하게 되고, 초자아에 너무 편중된 사람은 지나치게 도덕적 이상주의를 추구합니다. 자아가 이 둘 사이의 긴장 관계 속에서 적절한 지점을 찾을 수 있을 만큼의 에너지를 저장하고 있어야 합니다. 만약 그렇지 않으면, 자아는 원하는 대로 행동하라는 이드의 강요를 뿌리칠 수도 없으며, 현실을 왜곡해서 이상화된 상태로 보게 만드는 초자아의 의도에 쉽게 넘어갈 수 있기 때문입니다.

프로이트는 도덕성을 억압, 그리고 동일시와 내면화(internalization)라는 메커니즘을 통해 초자아가 형성되는 과정으로 설명합니다. 그리고 이와 관련하여 프로이트는 그리스 신화의 오이디푸스 이야기에 착안하여 '오이디푸스 콤플렉스(Oedipus complex)'라는 개념을 창안했습니다. 오이디푸스 이야기를 요약하여 소개하면 다음과 같습니다.

오이디푸스는 테베의 왕 라이오스의 아들로 태어났지만, 장성해서 아버지인 라이오스를 죽이고 어머니 이오카스테와 결혼하게 될 거라는 신탁으로 인하여 세상에 나오자마자 산속에 버려졌습니다. 그러나 이후 목동에게 발견되어 살아남았고 이웃 나라의 왕자로 성장하여 결국 신탁의 예언대로 아버지를 죽이고 테베의 왕위에 올라 어머니와 결혼하게 됩니다. 오랜 시간이 흘러 진실을 알게 된 이오카스테는 스스로 목숨을 끊었고, 오이디푸스는 자신의 두 눈을 찔러 실명한 뒤 자신의 딸 안티고네와 속죄를 위한 방랑길에 오릅니다.

프로이트에 따르면, 남자아이의 경우 어머니에 대한 애정으로 인해 아버지를 적대자로 인식하면서 제거하고 싶은 충동까지 일어나지만, 현실적으로 자신보다 훨씬 센 아버지를 이길 수 없어 좌절하고 동시에 거세에 대한 불안과 공포감을 느낍니다. 이 과정에서 남자아이의 내면에는 아버지에 대한 적대감이 억압되고, 나아가 어머니에 대한 애정까지 억압됩니다. 그 대신 보상으로 아버지의 훌륭한 점을 받아들여서 차라리 아버지와 같은 존재가 되고자 합니다. 이기지 못할 바에는 아버지 같은 사람이 되어서 어머니에 대한 애정의 부활을 꿈꾸는 것이 나은 선택일 수 있습니다. 이것을 '동일시'라고 합니다. 그리고 이러한 동일시 과정에서 아버지가 제시하는 금지와 허용의 체계를 수용하여 자신의 행위를 규율하는 준거로 삼게 되는데, 이것을 '내면화'라고 합니다.

> *초자아는 아버지의 성격을 띤다. 오이디푸스 콤플렉스가 강렬하면 할수록, 그리고 그것이 권위나 종교적 가르침, 학교 교육이나 독서 행위 등의 영향을 받아 억압에 빨리 굴복하면 할수록, 그 후에 나타나는 초자아의 자아에 대한 지배력은 양심이나 무의식적 죄의식의 형태로 더욱 엄격하게 될 것이다.*[10]

초자아는 크게 양심과 자아 이상으로 구성됩니다. 양심은 부모와의 동일시를 통해 부모가 지닌 도덕적 금기를 표상합니다. 다시 말해서 하지 말아야 할 행동, 사회가 금지하는 행동에 대한 규준이 내면화되어 비도덕적 충동과 행동을 스스로 억제하는 역할을 합니다. 자아 이상도 부모와의 동일시를 통해 내면

---

10 S. Freud, 임홍빈, 홍혜경 역, 『새로운 정신분석 강의』, 파주: 열린책들, 2020, 380쪽.

화된다는 점에서 양심과 유사하지만, 부모가 지닌 긍정의 도덕적 규준, 즉 해야 하는 행동을 표상하게 만든다는 점에서 차이가 있습니다. 자아 이상은 적극적으로 선행을 촉진하는 내면의 격려자와 같습니다. 같은 맥락에서 프로이트는 자아 이상을 오이디푸스 콤플렉스의 후계자로 비유했습니다. 자아 이상을 세움으로써 자아는 오이디푸스 콤플렉스를 극복하는 동시에, 자신을 이드에 대한 종속 관계 속에 위치시킵니다.[11]

심리적·성적 발달 단계

프로이트는 인간의 발달을 인간의 심리 정서, 성적 욕구의 발달과 관련지어서 설명했습니다. 그런데 여기서 말하는 성적 욕구는 단순히 성기와 관련된 것만을 의미하는 게 아닙니다. 신체 부위와 관련하여 추구되는 쾌락 일반과 연관됩니다. 프로이트의 용어로는 리비도(libido)라고 부릅니다. 인격을 구성하는 세 요소를 움직이는 실질적인 에너지원이기도 하고요. 그는 성적 욕구 충족의 특성에 따라 발달 단계를 다섯 단계로 구분했습니다.

첫째 단계는 구강기(생후 2세까지)입니다. 이 시기에는 온갖 욕구가 입과 혀에 집중됩니다. 아기들이 손에 잡히는 무엇이든 입에 넣으려고 하는 이유는 이 때문입니다. 이 모든 게 입으로

11 S. Freud, 임홍빈, 홍혜경 역, 『새로운 정신분석 강의』, 파주: 열린책들, 2020, 382쪽.

세상을 탐구하고 만족을 얻으려는 행위의 일환입니다. 실제로 이제 막 태어난 아기는 주로 모유를 통해 세계와의 첫 번째 육체적 및 정서적 접촉을 경험합니다. 그래서 어머니의 모유를 통해 이루어지는 수유 활동이 대단히 중요합니다. 수유 과정에서 느끼는 만족과 배고픔은 아기에게 감정적인 경험으로서 이후의 성격 형성에 기초가 됩니다. 만약, 이 시기에 먹는 일과 관련하여 불안과 고통이 반복되면 외적 세계에 대해 부정적 이미지를 형성할 수 있습니다.

둘째 단계는 욕구가 배설기관을 중심으로 집중되는 항문기(2세 이후)입니다. 이 시기 아이들은 부모에 의해서 본격적으로 용변을 제대로 보는 훈련에 돌입하는데, 이것은 자아 제어와 자기 통제에 대한 발달과 관련이 있습니다. 부모가 아기에게 가하는 배설 활동에 대한 통제는 최초로 외적 규범에 대한 순응을 배우는 계기로서 의미가 있습니다. 아이는 배설 활동을 통제받는 과정에서 권력과 통제의 개념을 경험합니다. 물론, 이때 아이는 부모의 관심이나 칭찬을 통해 적절한 배설 행동에 대해 독려받을 수 있고, 이후 아이의 자기 행동에 대한 조절 역량에도 영향을 미칠 수 있습니다.

셋째 단계는 욕구의 관심이 성기에 집중되는 남근기(4세 이후)입니다. 이 시기의 아이들은 유독 자신의 성기에 관심을 보입니다. 앞에서 언급한 오이디푸스 콤플렉스의 극복 과정이 이 시기에 해당합니다. 그만큼 인간의 도덕률이라 할 수 있는 초자아의 형성에 있어서 어릴 때가 가장 중요하다는 것을 알 수 있습니다. 부모로부터 동일시 과정에 실패한 아이는 자아 개념과 도덕성 발달 측면에서도 어려움을 겪을 가능성이 크겠죠.

넷째 단계는 잠복기(6~12세)입니다. 이 시기에는 성적 관심이 잠재되고, 그 대신에 부모 이외의 다른 사람들과 만나면서 사회적 규범과 질서를 따르고자 하는 의식이 한층 더 발달합니다. 연령대에서 알 수 있듯이 이 시기의 아이는 학교에 다니면서 나름의 사회생활을 경험합니다. 성적 욕구를 잠재적으로 억제하고 아이 입장에서는 사회라고 할 수 있는 학교생활에 더 집중함으로써 사회화 및 성격 형성에 필요한 기반을 닦습니다. 이성 간의 애정보다 동성 간의 우정에 더욱 강하게 집착하는 것도 주된 특징입니다. 성인의 가치관과 역할 모델을 수용하려는 경향이 강하므로 주변에 모범이 될 만한 어른이 있다면 좋겠지요.

마지막으로 다섯째 단계는 흔히 우리가 사춘기라고도 부르는 성기기(12세 이후)입니다. 이 시기에는 잠복해 있던 성적 욕구와 다양한 본능적 충동들이 다시 살아남으로써 오히려 이러한 욕구를 건강하게 표현하고 충족시키는 방법을 배워나갑니다. 나아가 자신의 성적 정체성을 형성하고, 주변으로부터 성적으로 어떻게 인식되고 싶은지에 대해 관심을 가집니다. 이타적 성향과 자아의식도 발전하며 사회적 접촉의 폭이 넓어지면서 사회성 측면에서 이전보다 훨씬 성숙해집니다.

프로이트의 이론은 인간 행동이 단순히 도덕성 또는 이기심에 기반하지 않고, 정신적인 내적 충동과 외적 조건들에 영향을 받는다는 것을 보여줍니다. 그의 연구 결과를 토대로 우리는 다른 사람들의 행동을 이해하고 분석하는 데 도움을 받을 수 있습니다. 그의 이론에 따르면, 인간의 도덕적 갈등은 내적 충돌에서 비롯됩니다. 그러므로 이러한 갈등을 해결하기 위해서는 자아와 초자아 간의 균형과 상호작용을 고려해야 합니다. 이와 같은 인간 내면의 복잡한 심리적 요인들에 대한 이해가 전제되지 않는다면 자신뿐만 아니라 타인의 행동에 대한 이해에 있어서 결함이 따를 수밖에 없습니다. 이것은 우리가 다른 사람들의 도덕적 발달을 이해할 때 그들의 경험과 성장의 과정을 고려해야 함을 시사합니다.

프로이트의 쓸모

뭔가가 마음에 안들었는지 자신이 그리던 그림을 마구 망가뜨리고 신경질을 내거나, 친구와 놀다가 말도 없이 갑자기 놀이를 그만두고 화를 내기까지 하는 친구를 우리는 어떻게 이해할 수 있을까요? 어른 세계라고 별다르지 않습니다. 이런 사람은 어디서도 환영받기 어렵습니다. 그런데 이들은 초자아가 형성되는 시기에 억압 기제가 잘못 작동되어 심리적인 기제가 비정상적으로 발달했을 수도 있습니다. 도덕이 사람 사이의 상호관계성을 토대로 작동한다는 면에서 사람에 대한 이해는 도덕적인 삶을 위해서 꼭 필요합니다.

프로이트의 정신분석학 이론도 타인의 인격과 행동에 대한 이해의 맥락에서 도움이 될 수 있습니다. 도덕의 쓸모 측면에서 생각해 봅시다. '수박 겉핥기' 식으로라도 프로이트의 정신분석학적 관점을 알고 있다면 일상에서 이상할 정도로 남들과 어울리지 못하고 도덕적으로 다소 부족해 보이는 사람을 대할 때 마음가짐이 달라질 수 있지 않을까요? 태어나자마자 부모를 잃었거나, 비정상적인 부모 밑에서 제대로 된 보호를 받지 못한 사람은 자라는 동안 부모로부터 동일시의 경험이 부재할 테고, 도덕을 관장하는 초자아에 정신적 에너지가 결핍될 수 있습니다. 이렇듯 우리는 이드, 자아, 초자아, 그리고 즉각적인 욕구와 억제된 욕구 등의 요소를 고려하여 자신과 다른 사람들의 행동을 보다 정확하게 이해할 수 있습니다.

예를 들어, 학생들을 가르치는 교사라면 문제 학생의 행동을 보고 나쁜 학생이라 탓만 할 게 아니라, 프로이트가 설명한 방어기제를 떠올리면서 한 번쯤은 그 학생이 왜 그렇게 행동할 수밖에 없었는가를 생각해 봐야 합니다. 일반인도 마찬가지입니다. 일상에서 합리적으로 납득이 가지 않는 행동을 하는 사람들은 우리 주변에 늘 존재합니다. 만약, 어떤 사람의 겉으로 드러난 문제 행동이 불안에 기인하고 있고, 그 도덕적 불안이 이드나 초자아가 자아에게 부과하는 강한 압력으로 인해 발생했을 때, 프로이트의 '투사(projection)'라는 렌즈를 통과시킬 수 있는 사람은 자아가 그 압력을 견디기 힘들어서 외부의 객관적 불안으로 변모시켜서 초래된 행동이라고 추측할 수 있습니다. 그 외에도 '퇴행(regression)', '승화(sublimation)', '주지화(intelletualization)', '합리화(retionalization)'의 렌즈를 장착한 사람이라면 타인의 비도덕적 행동에 대해서 조금 더 넓은 시야를 갖고 해석할 수 있겠죠. 사려 깊지 못한 판단과 말실수로 인해 타인에게 2차 가해를 입히는 일은 막을 수 있을 겁니다.

사실, 다른 학자들의 논의도 마찬가지겠지만 프로이트의 주장이 모두 객관적 사실은 아닙니다. 정신분석에 대한 지대한 공헌에도 불구하고 그의 이론은 여러 지점에서 분명 한계가 존재합니다. 인간의 모든 불안과 리비도의 관계를 지나칠 정도로 성욕과 식욕 등의 욕구 충족에 대한 내적 충돌과 외부 현실적 제약에 의한 갈등을 중심으로 설명하고 있다는 점도 비판의 대상입니다. 그리고 그것이 대부분 어린 시절의 경험으로 인해 결정된다는 면에서 아동기 이후의 도덕적 성장 가능성을 과소평가한 것처럼 보이기도 합니다.

더욱이, 프로이트는 초자아 혹은 양심의 형성을 남아의 거세 불안과 연관 지었습니다. 거세 불안이 핵심이라면 여자아이는 뭐가 됩니까? 도덕성 발달 추진 동력이 없는 걸까요? 그래서 여성주의 심리학자 길리건은 오이디푸스 콤플렉스의 유산을 상속받지 못한 여아의 경우, 남아와 도덕 발달 수준이 다르다고 주장한 프로이트를 비판합니다. 실제로, 프로이트는 여자아이를 염두에 두고 엘렉트라 콤플렉스를 제시했지만, 여아는 근본적으로 거세의 위협을 느끼지 못하기 때문에 여아의 초자아는 결코 남아의 초자아만큼 강인하지 않다고 여겼습니다. 남아에 비해서 정의감이 약하고, 애착이 잘못된 판단으로 이끈다는 프로이트의 생각은 남성 중심의 사유라는 한계 속에 있습니다.

우리는 취사선택해야 합니다. 도덕적 삶을 위해서, 타인 이해에 필요한 부분만 잘 추출하여 요긴하게 써먹는 거죠. 개인의 내적 심리 상태를 이해한다면 우리가 타인의 행위에 대해서 보다 정교한 도덕적 판단을 내릴 수 있습니다. 특히, 프로이트의 이론은 우리가 도덕성의 본질을 죄책감이나 자긍심처럼 개인 내면에 구축된 도덕적 정서 측면을 고려하는 데 도움이 됩니다. 우리는 프로이트의 정신분석학을 낡은 이론으로 치부할 게 아니라, 인간 이해를 위해서 유용하게 사용할 수 있어야 합니다.

9장

불필요한 도덕은 버려도 되지 않을까?
- 뒤르켐과 사회적 사실

"사회는 우리를 형성하고,
우리는 사회를 형성한다."

보거나 만질 수 없는 실체

물리학에서 물질의 구조와 성질이 다른 상태로 바뀔 때의 온도와 압력을 임계점이라고 부릅니다. 어지간한 온도 변화나 압력 증감에는 끄떡이지 않던 물질도 일정 수준을 초과하면 버티지 못하고 변하게 됩니다. 물이 수증기로 변하는 예가 대표적입니다. 인간 사회에 임계점을 대입해 보면, 그전까지는 우리에게 별문제로 다가오지 않던 것들이 어느 시점부터는 심각한 고민거리가 되고, 그중에 어떤 문제는 사회 구성원들과 함께 협의해 가며 해결해야 할 골칫거리로 부상하기도 합니다.

코로나19 대유행 당시 정부에서는 급속히 위축된 시장 경제에 충격을 완화하기 위해 돈을 풀었습니다. 그러나 정부의 뜻과 달리 증가한 유동성은 부동산 시장으로 몰렸습니다. 코인 열풍까지 불면서 신용 대출까지 받아서 코인을 사들이는 사람도 있었습니다. 무모할 정도로 많은 빚을 진 투기, 이른바 '영끌족'이 횡행했고, 투기에 성공한 사람도 있으나, 많은 사람이 힘들게 모았던 재산을 탕진하고 삶을 포기한 사람도 나왔습니다. 정부의 긴축재정과 함께 부동산 거품은 꺼졌고 영끌족은 빚 탕감을 위해 투잡을 뛰어야 하는 상황까지 내몰렸습니다. 자신에게 최악의 상황이 올 거라고 예상하지 못하고 남들 하는 대로 따라 하다가 궁지에 몰린 사람도 있습니다. 정부는 이들을 구제하기 위해 개인회생 면책 후 신용등급 회복을 돕기도 합니다.

빚투가 마치 전염병처럼 시민 다수를 휩쓸고 간 상처는 상당히 컸습니다. 이런 상황을 지켜보는 뭇사람은 "왜 지가 돈 빌려 투기해서 망한 걸 가지고 국가가 돕는 거야?"라고 화를 내기도 합니다. 순전히 개인이 선택해서 초래한 잘못을 왜 국민의 세금으로 돕느냐는 거죠. 이럴 줄 알았으면 자신도 '빚투'를 했을 거라고 투덜대기도 합니다.

그러나 사실, 개인에게 잘못이 있는 것도 맞지만 온전히 그 사람의 잘못으로 볼 수 없는 지점도 있습니다. 적어도 사회학자 뒤르켐(Emile Durkheim, 1858~1917)을 만나면 위 사태를 다른 관점에서 바라보는 눈이 생깁니다. 대출까지 받아 가면서 투기에 인생을 '몰빵'한 사람을 어떻게 바라봐야 할까요? 코인으로 막대한 부를 챙겼다는 소문을 접하고 뒤늦게 뛰어든 사람들은 부러움도 부러움이지만 노동의 가치와는 거리가 먼 일확천금을 꿈꿨을 겁니다. 사회 분위기 전반에 한탕주의가 만연하면서 무모할 정도로 빚투가 만연했던 것입니다.

만약, 사회 전체에서 극소수의 사람만이 빚투를 단행했다면 언론에 보도되지 않았을 수도 있습니다. 개인의 무모한 선택으로만 치부될 확률이 높았겠죠. 그러나 하나둘씩 빚투에 뛰어드는 사람이 늘어나면서 어느 지점부터는 일반 다수가 그 심각성을 인식하게 되고, 그때부터 개인의 문제를 넘어 '투기 광풍'이라는 하나의 사회문제로 자리 잡게 되었습니다. 이렇게 어떤 문제가 일정 범위를 넘어서면 개인의 문제가 아닌 게 됩니다. 사회는 개인의 총합 그 이상이므로 아무리 많은 개인의 심리를 분석하고 이해했다고 해서 사회를 규명하는 데는 한계가 있습니다. 이와 관련하여 뒤르켐은 『사회학적 방법의 규칙들』 제2판 서문에서 개인과 사회를 세포와 유기체에 비유하여 설명합니다. 살아 있는 세포는 무기질 입자 외에 아무것도 아니지만, 그 세포들이 모여 이룬 생명체는 하나의 총체적 생명을 담지하고 있습니다. 생명 현상은 생명체 안에서 설명이 가능한 것이지, 세포들만으로 결코 이해할 수 없습니다.

일찍이 뒤르켐은 이러한 사실을 간파하고 우리에게 개인의 내면을 분석할 게 아니라, 사회에서 일어나고 있는 현상 그 자체를 보라고 주문했습니다. 의식은 우리에게 개인 심리학적 사실에 대해 혼동되고 일시적이고 주관적인 인상을 주지만, 심리적 사실에 대한 명확하고도 분명한, 설명이 가능한 개념을 제공하지는 못합니다.[1] 그가 사회학을 의식 철학이나 심리학이 아닌 과학의 차원에서 정초하려 했던 이유도 이 때문입니다. 뒤르켐은 우리 눈에 보이지는 않지만, 분명히 각 개인은 이질성을 지닌 독립적 주체들이지만 이들을 한데 묶어 유사한 특정 행위로 움직이게 하는 외적 기제들이 있다고 본 것이죠.

일례로 어떤 영화를 볼지 고민하는 것은 순전히 개인의 문제지만, 한국의 부모들이 생계비를 줄이면서까지 자식을 위해 사교육비를 지출하는 일은 대수롭지 않은 일로 치부할 일이 아닙

---

1 E. Durkheim, 민혜숙 역, 『사회학적 방법의 규칙들』, 고양: 이른비, 2022, 37쪽.

니다. 지나쳐도 너무 지나치죠. 우리 사회에서 교육이 계층 이동을 위한 도구의 색을 짙게 띤 지 오래입니다. 집에서 자기 부주의로 화상을 입고 성형수술을 하는 것과 지나친 외모지상주의에 빠진 사회에서 좁게는 타인의 시선, 넓게는 취직 등을 이유로 성형수술을 하는 것은 엄연히 차이가 있습니다. 우리나라는 시장 중에서도 사교육 시장, 병원 중에서도 성형외과가 돈을 버는 데 으뜸입니다. 사람들이 그만큼 몰리니까요. 다시 말하지만, 입시학원과 성형외과 문을 두드리는 일은 개인의 선택으로만 볼 수 없습니다.

'영끌족'이라고 해서 모두 똑같은 배경과 인격을 지닌 것은 아닙니다. 더욱이 인간 개개인은 어떤 누구로도 대체될 수 없는 고유의 개인적 의식을 지니고 있습니다. 그럼에도 불구하고 고유성의 주체들은 외부로부터 일정한 행위 양식, 사고 체계, 감정에 의하여 집단으로 어떤 압력과 구속을 받게 됩니다. 뒤르켐은 이를 '사회적 사실(social fact)'라고 불렀습니다.

> *사회적 사실이란 고정되었건 아니건 개인에게 외적 강제력을 행사할 수 있는 모든 행위양식을 말한다. 또는 개개인의 표현과 상관없이 그 자체만의 고유한 존재를 가지고 있으면서도 주어진 사회에서 보편적인 것이 바로 사회적 사실이다.*[2]

---

2 E. Durkheim, 민혜숙 역, 『사회학적 방법의 규칙들』, 고양: 이른비, 2022, 76쪽.

뒤르켐은 사회적 사실을 실제로 보거나 만질 수 없을 뿐 하나의 사물처럼 바라봄으로써 객관적이며 과학적인 방법으로 분석할 수 있다고 보았습니다. 어떤 계열의 사실들을 사물처럼 다룬다는 것은 그것들을 어떤 현실의 이러저러한 범주 안으로 배열하는 태도와는 거리가 멉니다. 사물처럼 간주하라는 뒤르켐의 권고는 사회적 사실을 편견이나 선입견을 갖고 해석하는 사회과학자들에 대한 비판의 목소리이기도 합니다. 그리고 우리는 애초에 사회적 사실들에 대해 전혀 모른다는 자세로 접근하여 직접 관찰하고 분석해야지 백날 고민하고 사색한다고 해서 대상에 가까이 다가갈 수는 없습니다.[3] 사회적 사실은 물질적 사물과 같지 않지만 마치 그런 사물을 대할 때와 유사한 탐구를 요구하는 엄연한 실재입니다.

도덕의 기원

뒤르켐은 도덕도 하나의 사회적 사실로서 이해합니다. 도덕은 자유의지를 가진 개인들이 모여 만든 게 아니라, 사회적으로 구성된 집단의 관습과 가치에 대한 일련의 행위 규칙입니다. 오랜 세월에 걸쳐 형성된 도덕은 사회 안에서 구성원에게 특정한 행위를 강제하는 역할을 합니다. 사회 자체가 강제성을 부과한다고 봐도 무방합니다. 언어만 보더라도 그렇습니다. 한국

---

3 E. Durkheim, 민혜숙 역, 『사회학적 방법의 규칙들』, 고양: 이른비, 2022, 118쪽

어를 사용하는 사람들은 한국어 사용 예절이라는 게 있죠. 어린 사람이 어른을 상대할 때, 혹은 공적인 자리에서 말할 때 반말을 사용하면 예의가 없는 사람으로 보일 겁니다. 한국에서 태어나서 주욱 자란 사람이 이와 같은 행동을 한다면 더욱 이상한 사람으로 보이겠죠. 그런데 만약 어떤 사람이 나이에 따라 말을 높이는 것에 반대하면서 어떤 사람을 만나든지 반말을 사용한다면 어떨까요? 아마도 언어 예절을 모르는 사람으로 낙인찍히고 타인과 정상적인 관계를 맺기 어려울 것입니다. 높임말을 사용하는 언어문화는 개인이 바꿀 수 없습니다.

한국 사회에서 작동하고 있는 언어 예절은 한국인을 한국인으로 규정짓습니다. 우리는 그것들을 없앨 수도 없고, 다른 것으로 변형시킬 수도 없습니다. 비단, 언어만이 아닙니다. 사회에 작동하고 있는 관행들이 우리를 그 사회의 구성원으로 동참시키고, 한편으로는 지배합니다. 사회적 관행들은 인간의 외부에 존재하면서 우리의 행동을 구속합니다. 정상적으로 사회생활을 영위하려면 사회가 그 구성원들에게 행사하는 물리적이고 정신적인 지배에 따를 수밖에 없습니다. 즉, 사회는 문명의 모든 이기의 저장소로서 개인의 성격과 행동을 결정짓는 중요한 요인입니다.

모든 사회적 사실들은 개인의 심리적 사실과는 전혀 다른 기반을 갖고 있습니다. 집합의식은 개인적인 의식과는 본질적으로 전혀 다른 종류의 표상입니다. 즉, 집합적 행동 방식이나 사고방식들은 그 자체로 고유한 실체를 가진 도덕적 사실입니다. 뒤르켐에 따르면 도덕은 특정 사회의 필요에 따라 역사적으로 형성되어 온 일련의 행위 규범입니다. 도덕규범은 내가 태어나기 전부터 이미 존재해 왔으며, 공동체의 구성원으로서 제대로 기능하기 위해서는 공동체가 강제하는 규범에 자신을 적응시키고 조화시키지 않으면 안 됩니다. 이것이 바로 사회화입니다. 도덕의 차원에서는 '도덕 사회화(moral socialization)'로 말할 수 있고요.

자유로운 삶을 지향하는 사람은 사회 규범 준수와 사회의 구속을 당연시하는 뒤르켐의 시각이 상당히 거슬릴 수 있습니다, 한 걸음 더 나아가 그것이 우리 삶을 불편하게 만드는 낡은 관습이라면, 쓸모는커녕 우리 삶을 좀먹고 있는 악습에 불과하다면 과감하게 타파하고 새로운 도덕을 정립해야 하는 게 맞지 않느냐고 반문할 수 있습니다. 물론 뒤르켐도 사회적 관행에 대한 수정을 부정하지 않습니다. 다만, 그는 그것을 개인의 힘으로 바꿀 수 없다고 주장하는 것입니다. 우리는 태어남과 동시에 특정 사회 속에 얽매이게 됩니다. 그리고 그 사회에서 자아와 정체성을 형성해 갑니다. 그 정체성의 형성을 거부한다는 것은 곧 그 사회의 구성원임을 포기하는 것과 같죠. 사회에 통용되는 도덕은 오랜 시간 동안 축적된 역사적 산물이며, 세대를 거듭하면서 알게 모르게 변형을 겪으면서 지금의 모습을 띠고 있는 것입니다. 마치 풍화 작용처럼 한 사회에서 하나의 규율이 오랜 시간에 걸쳐 다져지고 굳어져서 온전히 자리 잡을 때 도덕이 되는 것입니다.

어떤 사람은 지금이야 이미 완고하게 굳어진 사회에서 태어난다지만 태초에 인간은 사회가 없지 않았냐고 반문할지 모릅니다. 그러나 뒤르켐은 원시사회에서도 나름의 도덕규범이 있다고 말합니다. 구체적으로, 그는 원시 신앙이 사회적 통합과 안정성을 유지하는 역할을 담당했다고 주장했습니다. 뒤르켐은 인류가 특정 동식물을 집단의 상징으로 여기면서 신성시한 토테미즘을 종교의 한 형태로 간주했습니다. 곰을 신성시하면서 일련의 집단 의례를 치르는 행동은 종교적 현상과 다르지 않습니다. 토템을 통해 그 집단의 사람들은 하나로 응집될 수 있습니다.

한편으로 종교가 무서운 게, 아무리 생각이 다른 사람들이더라도 신이 내린 계율에 대한 절대적 복종에는 이의를 달기 쉽지 않다는 겁니다. 그래서 종교이기도 하죠. 유일신에 대한 숭배는 성별, 나이, 지역에 상관없이 이들을 하나로 결속시켜 주는 수단이 된 셈입니다. 사실, 뒤르켐은 무신론자답게 초월적 존재로서의 신에 대해서는 믿음의 차원에서 언급되어야 하는 부분이며, 이런 성격의 종교 연구는 종교학이나 철학에서 담당해야 하는 부분으로 여겼습니다. 그래서 뒤르켐은 사회학의 렌즈를 통해서 종교로 인해 사회 안에서 벌어지는 현상들을 들여다보았고, 실제로 종교가 사회에 어떤 역할을 하는지 있는 그대로 분석했습니다.

> *종교와 도덕은 문명의 역사에서 대단히 긴밀하게 연결되어 있어서, 분리가 반드시 필요하다 하더라도 결코 간단할 수 없는 작업이다. 우리가 도덕성에서 모든 종교적 내용을 제거하는 것에 만족한다면 도덕성은 손상될 것이다. 왜냐하면 종교는 그 나름의 상징적인 언어로 참된 것을 표현하기 때문이다. 이러한 진리는 사람들이 상징을 제거하면서 그와 함께 상실해서는 안 되는 것이다. 우리는 이 진리를 탈종교적 사고 차원에서 비춰 진리를 다시 밝혀야 한다.*[4]

다만, 현대사회로 올수록 원시 신앙이 의례를 통해 수행하던 역할은 점점 축소되었습니다. 뒤르켐은 도덕성의 탈종교화에 대하여 전체 역사 발전의 맥락에서 이해합니다. 사실, 신앙과 종교 생활의 의례들도 개인이 태어나기 전부터 이미 전해져 오고 있었고, 신도가 되는 사람은 자신이 계율을 만드는 게 아니라, 이미 완전하게 만들어진 신앙과 종교 의례에 참여하는 것뿐입니다. 내가 있기 전부터 살아 움직이고 있었죠. 적어도 국교 이외의 종교적 자유가 보장되지 않는 나라에서는 국교가 곧 그 사람들의 의식을 지배하는 형태를 띠게 됩니다. 그렇게 외

4 E. Durkheim, 박찬영 역, 『교육과 사회학』, 서울: 지식을만드는지식, 2022, 27-28쪽.

부에 존재하는 종교는 거부할 수 없게 태어나는 순간부터 우리에게 강제하고 명령합니다. 물론 계율을 충실히 따르는 신자가 된 상태라면 강제성을 강하게 느끼지는 못할 겁니다. 현대사회는 종교도 여전히 사회를 지탱하는 한 축이지만, 특정 종교적 교리에 매몰되지 않으면서 다양한 신도들을 묶어줄 도덕이 필요한 것도 사실입니다.

아노미 현상

사회가 급속하게 해체된 상황을 떠올려 봅시다. 어떤 일이 벌어질 수 있을까요? 개인을 구속하는 어떠한 행위 규범도 존재하지 않는 사회에서는 자유를 만끽하며 모든 사람이 행복하게 살아갈 수 있을까요? 자유를 획득했다고 좋아하는 것은 너무 순진하고 낭만적입니다. 그런 자유는 그 사회에 살고 있는 다른 구성원들도 함께 누립니다. 이것은 방종으로 이어지고 서로가 서로에게 피해를 주면서 말 그대로 무법천지가 될 게 자명합니다. 독일과 같은 선진국에서도 코로나19 대유행 당시 상점을 약탈하고 경찰을 공격까지 하는 등 폭동이 일어난 것은 무엇을 의미합니까?

개인들은 서로의 자유가 충돌하는 상황을 맞게 되고, 행위 체계가 없는 소위 무정부 상태에서는 그야말로 혼돈입니다. 아주 유사한 예는 아니지만, 우리나라가 갑작스럽게 광복을 맞이한 이후 1948년 정부 수립 때까지 정치적으로 엄청난 혼란을 겪었던 역사를 생각해 보세요. 미군정 초기, 언론들은 일제 강점기 탄압에서 벗어나 일제히 많은 간행물을 자유로이 출간했고, 이렇다 할 제도가 없는 상황에서 언론은 테러와 기자 구속을 포함하여 좌우익을 나뉘어 심각하게 대립했습니다. 이념 대립이 극한으로 치닫는 상황에서 민족의식, 역사의식과 같은 가치 외에는 당시의 해방 공간에 남아있는 사람들을 묶어줄 별다른 수단이 없었습니다.

공식적인 정부 형태가 아니더라도 구성원들에게 공통의 집합의식을 심어줄 수 있는 사회의 존재는 이들을 공통으로 지향하는 가치를 중심으로 결속력을 갖게 해주기 때문에 최악을 피할 수 있습니다. 각자 생각이 다르고, 선호하는 사상이 다를지라도, 결국은 일제 강점의 아픈 역사를 '우리'의 역사로 인식하는 사람 사이에는 상호 공통 지반을 갖고 있다고 봐야 합니다. 그런데 만약 우리가 발 딛고 살아가는 사회의 공통 지반이 무너진다면, 개인들 사이의 결속력이 깨지고, 가치를 상실한 개인은 극단적인 이기주의 치닫게 될 것입니다.

뒤르켐은 사회적 혼란으로 인해 규범이 사라지고 가치관이 붕괴되면서 나타나는 사회적, 개인적 불안정 상태를 아노미(anomie)라고 불렀습니다. 원래 아노미의 어원은 그리스어 'anomia'입니다. 이는 '법에 대한 무시'를 뜻합니다. 앞에서 상상했던 사회가 해체되었을 때의 모습은 곧 무법 상태나 마찬가지입니다. 전술했듯이, 나를 억압하던 법이 사라졌다고 해서 마냥 좋아할 일은 아닙니다. 그것은 공통의 도덕적 기반이 사라졌기 때문에 혼돈을 의미하기도 합니다. 개인들이 아노미 상태에 빠지면 삶의 가치와 목적의식을 잃고, 심한 무력감과 자포자기에 빠지며 심하면 자살까지 하게 되는 현상이 발생할 수 있습니다.

사실, 뒤르켐이 살았던 19세기 후반에서 20세기 초반은 유럽을 중심으로 산업혁명이 발생하고, 사회와 경제적인 구조가 크게 변화하는 격변의 풍랑 속에 있었습니다. 산업화에 따라 농사를 지으며 살던 사람들이 대거 도시로 이동했고, 도시화 현상이 가속화되었습니다. 도시화는 사회적인 연결과 구조를 재편했고, 사회적으로 다양한 인간관계를 형성시켰습니다. 심지어 사회적 계층 구조까지 변화시켰습니다. 우후죽순 공장이 들어서면서 부르주아와 노동 계급이 형성되었고, 특히 노동자들의 경제적 궁핍과 불안정은 사회적 불만과 갈등을 증폭시켰습니다. 급기야 급속한 도시화 속에서 개인은 자신의 사회적 환경이나 다른 사람들과의 관계를 제대로 맺지 못해 고립감과 외로움을 느끼는 사람들도 늘어났습니다.

에리히 프롬(Erich Fromm, 1900~1980)이 지적한 인간 소외도 결코 이와 무관하지 않습니다. 인간이 사회적으로 연결되지 못할 때 연이어 참다운 자기 자신도 잃어버릴 위기에 처합니다. 프롬은 인간이 자신의 존재 가치에 대한 회의 속에서 자신의 뚜렷한 자아관을 확립하지 못한 채 인간 자신이 만든 기계나 조직의 부품으로 변모해 가는 현상을 인간 소외로 표현했던 것입니다. 같은 맥락에서 뒤르켐은 부속품으로의 전락을 방지하기 위해서라도 인간을 서로 결속시켜 줄 장치가 필요하다고 보았으며 그것을 사회 규범, 다시 말해서 도덕적 규범이라고 말한 것입니다.

개인뿐만 아니라 사회의 안정을 위해서도 사회 구성원들 간에 공유되는 가치와 규범이 필요합니다. 왜냐하면 그것이 상호의존성을 토대로 사회 구성원 간의 결속을 다지기 때문입니다. 정리하면 뒤르켐에게 있어서 사회가 곧 도덕의 표준이며, 인간 삶에 의미를 부여하는 원천인 셈입니다. 그러한 사회 기준에 대한 부정은 자기 자신의 정체성을 부정하는 것과 같고요.

> *도덕성은 체험의 세계에는 존재하지 않는 것에서 유래하거나 또는 사회로부터 나온다. 도덕성은 의식(意識)으로만 존재할 수 있다. 따라서 도덕성이 개인적 의식이 아니라면 집단적 의식일 수밖에 없다. 만일 그렇다면 집단의 의식은 평균적인 의식과 혼동해서는 안 되며, 언제나 그것을 초월하는 것이라야 한다.*[5]

자살 원인

아노미 현상은 자기 주변에 애착 관계에 있는 사람이 있을 때

5 E. Durkheim, 황보종우 역, 『자살론』, 파주: 청아출판사, 2019, 419-420쪽.

덜 겪게 됩니다. 뒤르켐은 이에 대해 미혼인 사람보다는 결혼한 사람, 자식이 없는 사람보다는 있는 사람들이 사회적 연대가 더 강하고 자살률이 낮다는 통계 수치를 활용하여 연대와 자살률의 상관관계를 밝혔습니다. 뒤르켐은 자살의 원인을 한 개인의 내면 심리만으로 환원될 수 없다고 생각했습니다. 그에 따르면, 자살의 직접적인 원인으로 여겨지는 개인적 경험은 자살자의 정신적 성향에서 유래한 것이지만 따지고 보면 이 정신적 성향 역시도 사회의 정신 상태를 반영한 것입니다.[6]

종종 우리는 뉴스에서 유명인이 어떤 잘못을 저지른 뒤에 힘들어하다가 자살했다는 소식을 접합니다. 그럴 때면 고인이 된 유명인은 자살한 게 아니라 사회적으로 타살된 거라고 애통해하는 목소리가 들립니다. 개념상 최종 선택 측면에서 보면 자율적 행위 주체가 결정한 자살이 맞지만, 개인을 극단적 선택으로 내몬 근본 원인을 분석해 들어가면 언론의 과도한 취재 경쟁과 가십거리를 즐기는 대중이 자리하고 있습니다. 그 과정에서 연예인의 개인정보는 침해되고, 존엄성이 난도질당하기까지 합니다. 당사자는 감당할 수 없을 만큼의 고통에 직면하여 안타까운 죽음으로 내몰린 겁니다. 사회가 인격 살인을 저지른 것이죠. 이러한 관점이야말로 일찍이 뒤르켐이 우리에게 준 선물입니다.

---

6 E. Durkheim, 황보종우 역, 『자살론』, 파주: 청아출판사, 2019, 393쪽.

사람들이 자살하는 이유를 개인의 탓으로만 돌릴 수 있을까요? 뒤르켐은 자살 문제를 온전히 개인의 문제로 취급할 수 없다고 주장하며, 사회적 현상의 차원에서 자살 문제를 들여다보았습니다. 그리고 개인들이 결합하는 방식, 즉 사회 조직의 성격에 따라서 자살의 유형을 크게 이기적 자살, 이타적 자살, 아노미적 자살, 숙명적 자살로 구분하여 설명했습니다. 하나씩 차례로 살펴보겠습니다.

첫째, 이기적 자살은 개인의 사회적 결속이 매우 약화되거나 결여되어 인간이 존재의 근거를 삶에서 찾지 못했을 때 발생합니다. 오로지 자기 자신에 집중하면서 집단에 소속되지 못한 개인들은 점점 더 자기 자신에 대해 고립감을 느끼면서 자살을 선택할 수 있습니다. 어느 집단 안에서도 구성원들과 관계를 맺지 못한 개인에게 사회는 별 존재 의미가 없기 마련이죠.

둘째, 이타적 자살은 이기적 자살의 정황과 정반대로 이해하면 쉽습니다. 즉, 개인이 사회적 집단이나 규범에 지나치게 의존하거나 결합되어 있다고 느낄 때 발생할 수 있는 자살 유형입니다. 보통 도덕의 영역에서 개인의 행동이 '이타적'이라고 말하면 좋은 것으로 여겨지는 편인데, '이타적 자살'은 다릅니다. 뒤르켐이 말한 것처럼, 객관적인 사회 현상으로 바라보자는 말입니다. 왜 개인이 집단의 이익을 위해서 기꺼이 자신을 희생할까요? 그것은 사회적 응집력 때문입니다. 사회적 통합이 강하면 강할수록 집단의 힘이 개인을 압도하게 되고, 개인은 집단과 자신을 분리하지 않고 하나처럼 여기면서 집단을 위해서 얼마든지 자신의 생명을 내놓을 수 있는 것입니다. 테러범들이 대표적인 예입니다. 테러 행위는 보편적 윤리 차원에서 보면 당연히 비난받아야 할 일이지만, 적어도 특정 집단을 위해 자신을 희생한 것만은 분명한 사실입니다.

셋째, 아노미적 자살입니다. 이것은 말 그대로 사회가 아노미 상태에 빠졌을 때 일어나는 자살입니다. 집단 내에서 인간의 행동이 충분히 규제되지 못했을 때 개인은 사회적인 규범이 불안정한 상태에 놓이게 되고 목표나 가치를 찾지 못해 자살할 수 있습니다. 경제적 위기나 사회적 변동으로 인해 가치를 상실하는 경우가 여기에 해당합니다. 사회가 인간에게 강한 구속력을 행사하는 것도 맞지만, 반대로 인간은 일정 부분 사회의 속박 속에 있을 때 안정감을 느낄 수 있습니다. 가족이 없는 사람과 가족이 있는 사람을 생각해 보면 쉽습니다. 가족이 없는 사람은 누구 하나 얽매일 곳이 없어 자유롭지만, 동시에 외롭습니다. 기댈 곳이 없죠. 그러나 가족이 있는 사람은 가족이라는 집단에 소속되어 그렇지 않은 사람보다 삶 전반에서 편안함을 느낄 수 있지만, 이것은 동시에 가족에 대한 얽매임이기도 합니다. 이렇듯 자유와 안정은 늘 우리 삶에서 긴장 관계 속에 놓여 있습니다. 주인과 노예 사이에서 누가 더 자유롭고, 누가 더 편안한 잠을 잘 수 있는지를 생각해 보면 쉽게 알 수 있습니다.

최인훈의 소설 『광장』에서 주인공 이명준의 죽음이 여기에 가깝습니다. 저자는 개인이 집단 내에 제대로 발 디디지 못할 때 어떻게 되는지를 주인공 이명준을 통해서 상징적으로 보여주고 있습니다. 제목의 광장은 집단적 삶을 상징하고, 반대로 밀실은 개인의 실존적 삶을 상징합니다. 이명준은 광장은 있지만 타락한 밀실 위주로 돌아가는 남한 사회에 염증을 느끼고 월북합니다. 그러나 거꾸로 북한에서 밀실은 없고 타락한 광장만이 존재하는 현실을 경험하게 됩니다. 남북 사이의 이데올로기가 극한으로 치닫는 상황에서 이를 견디지 못한 이명준은 제3국을 택하지만, 자본주의와 공산주의 말고는 제3의 이데올로기가 작동하는 사회가 없던 만큼 어디 한군데 정박하지 못하고 바다 한가운데 표류하게 됩니다. 광장과 밀실 중 어느 한 곳을 선택해야만 하는 이명준은 이데올로기라는 암초에 부딪혀 결국 바다에 투신합니다. 이것은 인간이 사회에 정착하지 못했을 때 맞이할 수 있는 최악의 비극적인 결말이 아닐까 싶습니다.

마지막으로, 숙명적 자살입니다. 이것은 사회적 규제가 너무 과도하게 작용하여 개인의 욕망을 억압할 때 발생할 수 있는 자살 유형입니다. 감옥에서 평생을 살아야 하는 사람이라면 자유를 박탈당한 상황에서 죽음을 선택할 수도 있고, 심각한 제약에 시달리는 노예가 아무리 노력해도 자기 처지가 바뀔 수 없다고 느끼는 상태에서 죽을 수도 있습니다. '입시지옥'에 시달리는 한국의 청소년들도 항시 이러한 위험에 노출되어 있습니다. 한국 사회에서 벌어지고 있는 야만적인 경쟁과 학벌주의는 청소년들을 과도하게 입시 공부에 얽매이게 하고 정말이지 조금의 숨 쉴 틈도 없는 학생이 안타까운 죽음을 맞이하기도 합니다. 이렇듯 자유에 대한 희망보다는 절망만이 남은 개인은 자기 삶에 대한 통제력을 완전히 잃어버린 상태에서 극단적인 선택을 감행하게 됩니다. 물론, 사회는 각종 제도를 개선함으로써 숙명적 자살의 위기에 놓인 개인을 구출할 수 있습니다.

여기서 중요한 것은 아노미적 자살과 이기적 자살입니다. 두 유형 모두 개인에게 있어 사회가 불충분한 존재인 까닭에 발생합니다. 그러나 사회가 부재한 영역은 조금 차이가 납니다. 이기적 자살은 진정한 집단 활동의 결핍으로 인해서 개인이 목적과 의미를 상실한 경우라면, 아노미적 자살은 개인의 열망에 미치는 사회의 영향이 결핍되어 개인을 제동 없이 방치함으로써 발생합니다. 뒤르켐은 이기적 자살이 주로 지적인 직업을 가진 사람들에게서 일어나고, 아노미적 자살은 상공업에 종사하는 사람들에서 일어난다고 분석하고 있습니다.[7]

분업과 연대

개인은 홀로 자립해 살아가는 것 같지만 무수히 연결된 사람들과의 관계를 맺고 살아갑니다. 뒤르켐은 사회가 아노미를 극복하고 결속력을 다지는 데 있어서 분업이 중요한 역할을 하고 있

---

7 E. Durkheim, 황보종우 역, 『자살론』, 파주: 청아출판사, 2019, 334-335쪽.

다고 봅니다. 그는 분업이 단순히 경제적 효율성 차원에서 우리에게 이득이 되는 게 아니라 사회의 질서를 확립하고 구성원들 사이에 연대 의식을 창출할 수 있다고 이야기합니다. 사회 연대는 그 자체로서는 정확히 관찰하거나 측정할 수 없는 순수한 도덕적 현상입니다.[8] 뒤르켐은 그의 저서 『사회분업론』에서 기계적 연대(mechanical solidarity)와 유기적 연대(organic solidarity)라는 연대의 두 가지 유형을 제시하면서 사회적 발전과 변화의 양상을 설명했습니다.

기계적 연대는 개인적인 개별성이 거의 존중받지 못하는 옛날의 원시적인 전통사회를 떠올리면 됩니다. 이런 사회는 공동체의 구성원 모두가 동일한 가치 체계에 순응하면서 살아갑니다. 보통 혈연관계로 뭉쳐 있고, 집단귀속성이 강해 집단주의가 강하게 나타납니다. 원시적인 사회에서는 사람들이 비슷한 역할과 가치를 공유하고 있습니다. 가족, 종교, 문화적인 요소들이 기계적 연대를 형성하는 핵심 요소들입니다.

> *분업의 가장 주목할 만한 효과는 분업이 가져다준 생산성이 아니라 각 기능 간에 연대감을 만들어 준다는 데에 있다. 분업의 역할은 단순히 기존 사회를 개선하는 것이 아니라 분업 없이는 사회가 존재할 수 없는 어떤 것을 제공해 주는 것이다. ...(중략)...*

---

8 E. Durkheim, 민문홍 역, 『사회분업론』, 파주: 아카넷, 2015, 106쪽.

분업 덕분에 개인들은 자신들의 노력을 결합시킬 수 있다. 그들은 서로 연대의식을 갖는데, 이러한 연대의식은 서비스가 교환되는 단기간이 아니라 그 시간을 훨씬 넘어서까지 확장된 형태로 작동한다.[9]

뒤르켐에 따르면, 전통사회가 분절사회였다면, 현대사회는 분업사회입니다. 사회 발전은 고도로 발전한 분업 체계와 무관하지 않습니다. 그런데 전통사회에서는 개인이 집합적 인격에 흡수될 때 연대가 가능하지만, 오늘날은 각자가 서로의 다양성을 인정하면서 자신만의 고유 활동 영역을 존중받을 때 연대가 가능합니다. 이러한 분업에서 기인한 연대 형태가 바로 유기적 연대입니다. 분업의 고도화됨에 따라 개인 간 상호 의존성이 강화되지만, 한편으로 전문화된 분업 시스템으로 인하여 필연적으로 사람들은 다양성에 기초하여 개인화가 진행됩니다. 이때 긍정적인 방향에서 사회적 결속이 더욱 확고해지면 다행인데, 한편으로 이전에 떠받들었던 전통적인 가치 규범이 무너지면서 사회가 아노미 상태에 빠질 수 있습니다. 그렇게 되면 개인들 간에 상충하는 이해관계를 완충시켜 줄 결속력은 무뎌지기 마련입니다. 그래서 아노미는 사회적 연대의 약화를 의미하기도 합니다.

---

9 E. Durkheim, 민문홍 역, 『사회분업론』, 파주: 아카넷, 2015, 102쪽.

이미 우리는 다른 사람과 결속하지 않고는 살아갈 수 없을 만큼 진화된 사회에서 살고 있습니다. 한 끼 밥을 먹기 위해서 농사를 짓거나 조리 기구를 만들지 않습니다. 신발 하나도 직접 만들어 신을 수 없죠. 우리는 철저하게 분업화된 사회 체계 속에 살아갑니다. 상품경제와 교환은 인간의 삶을 효율적으로 바꿔놓았습니다. 그런데 분업이 너무 고도화된 나머지 사람들이 구성원 사이의 결속 감각을 잃어버리곤 합니다. 우리가 빵 하나를 사 먹기까지의 과정을 떠올려 보세요. 단돈 몇천 원만 있으면 누구나 쉽게 주변에 있는 빵집에서 빵을 사 먹을 수 있습니다. 하지만 구매자에게는 단지 그것만 남는 것 같습니다. 돈과 빵을 교환하는 행위 말고는 여타의 관계들을 떠올리기 쉽지 않지요.

실제로 내가 하나의 빵을 사 먹기까지는 다양한 직종에서 일하는 사람들의 노고가 담겨 있습니다. 밀 농사, 추수, 운반, 비료 개발, 수로 연결, 조리 기구 제작, 전기 생산까지 이루 말할 수 없습니다. 상상력을 조금만 더 발휘해 보면, 운반에 필요한 자동차는 또 어떤가요? 모든 게 연결된 사회입니다. 화폐의 교환적 가치 외에는 철저하게 잊고 살 뿐이죠. 뒤르켐은 분업이 가져온 폐해를 지적했지만, 그렇다고 해서 이를 거부하지는 않았습니다. 우리가 원시사회로 돌아갈 수는 없으니까요. 그러나 뒤르켐은 이와 같은 방식으로 행사되는 사람 사이의 물권(real right)을 경계해야 한다고 말합니다.

우리가 재배하고, 제작하여 얻는 상품들이 인간의 삶 속에 들어와 있는 것은 맞지만, 그것이 인격의 연결로 이어지지는 않는다는 것입니다. 시장이 사람 사이의 인격적 통합에는 전혀 도움을 주지 못하고 단지, 상품 거래에 매몰된 장소로 전락할 때 아노미를 초래하는 것입니다. 사람 사이의 인격적 상호작용이 전제되지 않은 교환은 우리 사회의 통합을 저해하고 부정적인 연대(negative solidarity)로 고착시킬 뿐입니다. 이것이 극단적으로 치달으면, 얼마든지 다른 사람과의 관계 속에서 살아감에도 불구하고 그것을 인지하지 못하고 혼자서 자기 능력으로만 세상을 살아가고 있다고 여기게 됩니다. 세상에 이런 사람들이 많아진다면 상호의존의 감각은 유실되어 버리고 다들 제 잘난 맛에 살겠죠.

사람 사이의 결속력은 각 개인의 의지가 하나의 공통 목표를 지향할 때 긍정적일 수 있습니다. 안타깝게도 타인에 대한 의존과 연대에 대한 감각조차 상실한 채 살아가는 사람들이 있으니 나와 아무런 관계가 없다고 생각되는 타인에게 연대적 의무가 생길 리 만무하죠. 연대는 그 자체로 사회성을 의미합니다. 우리 사회가 자체 통제력을 상실하면, 즉 아노미 상태에 빠지면 행복은커녕 안정감조차 느낄 수 없습니다.

사회 구성원 간에 사회적 연대가 강할수록 소외감을 느낄 일이 줄어들 겁니다. 경제적으로 어려운 처지에 놓인 가족이더라도 구성원 간의 결속이 끈끈하다면, 이 가족 안에서 자살자가 나올 가능성은 확률적으로 낮다는 사실이 이미 여러 통계에서 확인됩니다. 결국, 사회는 구성원들을 강한 결속력으로 묶어줄 '사실'이 필요합니다. 그것이 바로 도덕입니다.

뒤르켐은 도덕이 개인의 내적 심리나 개인의 선택에 의해 형성되는 것이 아니라, 사회적 환경과 집단의 가치 체계에 의해 형성된다고 주장했습니다. 따라서 도덕은 사회적으로 공유되고 수용된 규범과 가치로 이해됩니다. 사회 구성원들이 공유하는 공통의 믿음과 가치, 규범은 사회 구성원 간에 상호 연결되어 있음을 느끼게 하고 그럼으로써 개인의 행동을 적절히 규제하고, 사회적 통합을 촉진합니다.

규율 정신, 사회 집단에의 애착, 자율성

뒤르켐은 개인과 집단의 조화를 고민했던 사회학자입니다. 어떻게 하면 인간들이 각자의 삶 속에서 개인적인 욕망을 실현해 가면서도 공동체 내에서 이들을 질서 정연한 상태로 만들 수 있지를 고민했습니다. 여기에는 일정 부분 권위가 필요했고, 뒤르켐은 원시사회에서그 자리를 신앙이 차지하고 있었다면 오늘날은 사회 규범, 곧 도덕이 그 역할을 담당한다는 사실을 역설하고자 했습니다. 칸트처럼 내면의 도덕이 아니라, 사회에 작동하고 있는 사회적 사실로서의 도덕 자체가 개인의 도덕적 존경의 대상이 되도록 하려면 어떻게 해야 할까요? 뒤르켐은 도덕성의 3요소로 규율 정신(spirit of discipline),

사회 집단에의 애착(attachment to social group), 자율성(autonomy)을 꼽았습니다.

첫째, 규율 정신이란 도덕규범을 의무로 받아들이고 그것의 권위를 존중하며 따르려는 경향성을 의미합니다. 또한 이것은 개인이 사회적으로 정해진 규율을 따르며, 공동체나 집단의 이익을 위해 행동하는 것을 의미하기도 합니다. 도덕적 의무를 다하기 위해서 일차적으로 우리는 자신의 이기적 충동을 억제해야 합니다. 일종의 자기 규제로서의 도덕적 훈련이 필요합니다. 이러한 자기 규제는 개인의 자유에 대한 구속이 아니라 진정한 자유를 위해서 전제되어야 하는 기본적 요소입니다. 더욱이 도덕적 규율을 따르려는 태도는 민주시민이 지녀야 할 태도이기도 합니다.

둘째, 사회 집단에 대한 애착은 개인이 자신이 속한 사회 집단에 대해 갖는 정서적인 결합을 의미합니다. 이러한 결합을 강하게 느끼는 사람은 개인적 이익보다 집단의 이익을 고려한 행동으로 나아갈 가능성이 큽니다. 물론 사회가 개인의 선택을 일방적으로 강요해서는 안 되겠죠. 다만, 개인이 자신의 사회 집단에 대한 강한 애착을 느낄수록 그 집단의 가치나 이익을 중요하게 생각하게 되고, 그 집단의 이익을 위해 자발적으로 행동할 수 있게 된다는 겁니다. 그만큼 집단의 가치와 목표의 공유 여부와 상호 의존성은 개인의 도덕적 삶에 매우 큰 영향을 줍니다. 나아가 집단 내부의 일치된 행동과 공동체 의식을 강화하는 데도 기여할 것입니다.

셋째, 자율성은 도덕에 대한 합리적 이해를 바탕으로 형성되는 도덕적 인격의 특성입니다. 유의할 점은 뒤르켐이 외적 규범을 강조했다고 해서 개인의 도덕적 선택을 외부적인 강제나 규율로 곧바로 연결시키지 않았다는 사실입니다. 뒤르켐은 도덕적 행위에 있어서 이성의 바탕 위에서 행위의 이유와 타당성을 분명하게 이해하는 과정이 함께 동반되어야 한다고 봅니다. 그래야만 도덕이 단순히 외적 구속에 머무르는 것이 아니라, 자발적인 준수로 나아갈 수 있기 때문입니다. 그래서 뒤르켐의 자율성 개념은 자유와 책임을 함께 포함하고 있습니다. 즉, 개인이 도덕적 선택이 자유로운 의지에 기반할 때만 그 결과에 대한 책임도 물을 수 있습니다.

끝으로, 뒤르켐은 개인이 도덕을 내면화하기 위해서 권위를 강조했습니다. 권위는 사회적인 규범이나 가치들을 정당화하고 유지하는 데 중요한 역할을 합니다. 실제로 개인이 사회적인 규범과 가치들을 받아들이고 따르도록 이끄는 데 다양한 권위들이 존재합니다. 종교 지도자나 선생님이 가진 권위가 대표적인 예입니다. 이들이 가진 권위는 사회 구성원들에게 규범을 따르도록 유도합니다. 혹자는 권위를 말하면 꼰대라고 비아냥거리기도 합니다. 그러나 뒤르켐이 말하는 권위의 본질은 도덕 자체에 있습니다. 즉, 도덕 자체가 지닌 권위 말입니다. 만약, 종교 지도자나 선생님이 도덕을 담지하고 있지 않다면 권위를 갖기 어렵죠.

나에게 별로 쓸모없어진 도덕은 과감하게 버릴 수 있지 않냐며 반문하는 사람이 있을 수 있습니다. 이것은 도덕의 진보를 위해서도 필요한 회의(懷疑)입니다. 개인 혼자의 힘으로는 결코 버릴 수 없지만 사회적 합의가 가능하다면 도덕을 지우는 일도 충분히 상상해 볼 수 있습니다. 다만, 지금 나를 구속하고 있는 도덕규범에 대해 한없이 회의적인 사람이라면, 한편으로 내가 나의 안전을 지켜주는 도덕의 권위를 일방적으로 무시하고 있지는 않은지도 동시에 점검해야 합니다. 도덕적으로 선한 심성을 갖춘 사람만이 권위의 진실에 다가갈 수 있다고 봅니다.

3부

지금의 나는 도덕적 인간인가?

10장

우리는 어떤 사회를 선택할 수 있을까?
- 샌델과 연대

"우리는 도덕적인 선택을 할 때마다
우리가 원하는 사회적 종류를
만들어 나가는 것이다."

자유주의의 한계

우리는 누구나 자유로운 삶을 꿈꿉니다. 무엇에도 얽매이지 않고 하고 싶은 대로 살고 싶어 하죠. 자유(自由)를 한자어 그대로 풀이하면 '스스로 말미암다'입니다. 즉, 다른 무엇에도 걸림이 없는 상태를 의미합니다. 여윳돈이 없어서 갖고 싶은 물건을 살 수 없는 경우처럼 여러 현실적 제약으로 인해 욕망하는 바를 곧바로 성취할 수 없기도 하지만, 기본적으로 우리는 사회가 정해놓은 약속의 틀 안에서 위법이 아니라면 얼마든지 능력과 기호에 따라 자유로운 선택이 가능합니다. 자유 중에서도 개인의 역량에 상관없이 사상이나 감정 표현의 자유만큼은 언제 어디서든 누릴 수 있고, 누려야 할 인간의 기본적 권리입니다. 우리나라는 왕이 지배하던 사회는 말할 것도 없고, 국가 차원에서 개인의 사상을 검증해서 대대적으로 탄압하던 시기가 불과 100년이 되지 않았습니다. 아픈 역사를 가진 만큼, 표현의 자유를 침해할 소지가 크다며 국가보안법 폐지에 대한 논쟁도 여전히 진행 중입니다. 민주화 이전으로 돌아가는 것은 상상조차 하기 싫을 정도로 끔찍합니다. 실제로 미얀마의 경우 2021년 군부가 쿠데타를 일으켰고, 이에 항의하며 다수 시민이 시내로 나와 시위에 참여했습니다. 미얀마 군부가 유혈 진압을 하는 상황이 남의 이야기만은 아닙니다. 어렵사리 쟁취한 자유인 만큼, 오늘날 우리나라 사람들은 태생적으로 자유에 더욱 민감한 것 같습니다. 도덕적으로 잘못이 없는 사람이라면 국가가 어떤 간섭도 하지 말아야 한다는 것이 설득력 있게 느껴지니까요.

이렇듯, 사회보다는 개인의 자유를 우선으로 하며, 개인이 자유를 최대한 발휘할 수 있게 하자는 이념이 자유주의입니다. 자유주의는 보편적 인권 존중과 민주주의의 발전에 토대가 되었습니다. 근대화 과정에서 개인의 자유를 최대한 존중하면서 사회 권력이나 부당한 압력으로부터 인간의 자유를 확보하고자 했던 모습은 역사의 진보를 증명할 수 있는 좋은 예입니다. 우리나라가 4·19 혁명, 부마 항쟁, 6월 항쟁 등 민주화 운동을 통해 권위주의 정권에 맞서 싸운 것도 국민의 자유와 기본권을 보장받기 위해서였습니다. 많은 희생이 있었지만 결국은 시민의 힘으로 강압적인 독재 정권을 퇴위시키고 민주화를 이뤄냈습니다.

한편, 우리나라의 민주화는 근대화 과정에서 나타난 한 축이었을 뿐입니다. 우리나라는 정치적 자유와 별도로 자본주의에 토대한 산업화가 매우 짧은 시간 안에 급속도로 전개되었습니다. 그것도 남북 분단으로 인한 이데올로기적 대치라는 긴장 상태에서 이루어졌습니다. 국가 주도의 강력한 계획경제와 정치적 권위주의가 수레의 두 바퀴처럼 맞물려 고속으로 내달렸던 것입니다. 특히, 1960년대 초부터 정부 주도로 이룩한 초고속 경제 성장은 개발도상국들이 밴치마킹할 정도로 세계에서 유례를 찾아보기 힘듭니다. 대한민국 국민이라면 자부심을 느끼기에 충분합니다.

그러나, 만족할 줄 모르는 인간의 욕망은 자유주의의 극단을 불러왔습니다. 자유를 추구하는 행위 자체가 나쁜 건 아니지만, 자유주의가 공동체에 대한 고려 없이 세를 떨친다면 부작용이 뒤따를 수밖에 없습니다. 천민자본주의와 결합된 자유주의는 특히 무섭습니다. 압축적 경제 성장은 정경유착, 황금만능주의, 소득 불균형 등의 사회문제를 낳았습니다. 지금 우리 사회는 그 최악의 상황을 경험하고 있다고 해도 과언이 아닙니다. 인간 관계는 경쟁 일변도로 치닫고, 약육강식과 승자독식의 문화가 사회를 지배하고 있으니까요.

부당한 권력으로부터 개인의 존엄성을 지켜내고 정치적 자유를 확보한 일이야 자랑할 만하지만, 사회 안에서 자유를 외치는 정도가 너무 지나쳐 어떠한 통제조차도 거부하는 사람들이 있습니다. 흔히, 자유지상주의(libertarianism)라고 일컫는데요. 이 이념은 국가의 개입이 최소화되어야 한다는 논리를 폅니다. 고전 경제학의 아버지라 불리는 애덤 스미스(Adam Smith, 1723~1790)의 '야경국가'를 떠올리면 쉬울 거 같습니다. 정부는 국민의 안전과 치안 유지 등을 위해 힘쓰는 경찰 정도의 역할만 하면 된다고 보는 거죠. 애덤 스미스가 이런 주장을 한 까닭은 정부가 최소한의 역할만 수행하면서 개인에게 각자의 이익을 추구하도록 내버려 두면 '보이지 않는 손'이 작용하여 자연적으로 사회 전체에 이익을 가져다준다고 생각했기 때문입니다. 같은 논리로, 미국의 정치철학자 로버트 노직(Robert Nozick, 1938~2002)도 개인의 자유는 국가가 공공선이라는 명목으로 침해해서는 안 된다고 주장했습니다. 경쟁의 공정성에 문제가 없다면, 어떤 이유에서든 경쟁의 결과를 수정하려는 시도는 정의롭지 못한 것으로 간주합니다. 그런데 과연 그럴까요?

자유주의를 적극적으로 옹호한 공리주의 철학자 존 스튜어트 밀(John Stuart Mill, 1806~1873)조차 자유주의의 한계와 정부 개입의 필요성을 강조했습니다. 그는 『자유론』에서 개인의 자유가 다른 개인의 자유와 충돌할 때 정부 개입이 필요하다고 주장했습니다. 개인의 자유는 존중되어야 하지만, 공공의 이익을 위해서라면 최소한의 개입이 필요하다고 본 것이죠. 그러나 그가 필요에 따라 국가 개입을 옹호했을지라도 여전히 자유를 우선시하고 있다는 것은 부인할 수 없는 사실입니다. 그래서 그는 자유주의 사상가입니다.

공동체의 복원

우리나라는 2,000년대 초반에 이미 1인당 국민소득이 3만 달러를 넘어섰고, 수출과 GDP는 모두 세계 10위권 안에 진입한 지 오래입니다. 하지만 경제 선진국이라는 말이 무색할 정도로 각종 부작용 때문에 골머리를 앓고 있습니다. 사회 전체적으로 보면, 분명 과거보다 월등히 나아진 정치적 자유와 물질적 풍요를 누리고 있음에도 불구하고 국민 개개인의 삶이 실질적으로 더 행복해졌는지는 의문입니다. 세계에서 자살률 1위라는 오명에서 여전히 벗어나지 못하고 있으며, 갈등 지수와 상대 빈곤율도 OECD 국가 중에서 최상위권에 포진하고 있습니다. 중산층은 무너진 지 오래입니다. 자유지상주의가 사회 전반을 장악하면서 부와 소득 불균형은 더욱 극심해졌습니다.

좀처럼 나아질 기미가 보이지 않는 경제적 빈곤층의 일부는 개천에서 나는 용이 날 수 있다는 믿음으로 자신의 상황을 비관하지 않고 꿋꿋하게 참고 인내합니다. 이때 그나마 현실적으로 가능성 있는 수단이 교육입니다. 출세를 위해 너나 할 것 없이 학력 경쟁에 뛰어듭니다. 없는 사람만이 아닙니다. 가진 자는 가진 자대로 부의 현상 유지 또는 그 이상을 욕망하며 똑같이 경쟁에 참여합니다. 이런 식으로 학력이 강력한 상징 자본으로 작동하고 있는 한국 사회에서는 사교육 시장이 기형적으로 발달하는 결과를 낳았습니다. 어려서부터 학생들은 사회에서 인정하는 고학력을 획득하기 위해 분투하고, 전공도 전공이지만 SKY 대학을 졸업하기 위해 애씁니다. 이는 사회적 명성을 얻으려는 욕망과 무관하지 않습니다. 학벌주의와 무한 경쟁이 사회를 지배하는 상황에서 대다수가 사회의 개선보다는 시대 조류에 편승하려 하고, 그런 가운데 사회와 교육은 계속해서 병들어 가고 있습니다.

더 안타까운 점은 사회가 망가뜨린 교육이 다시 순환하여 사회를 더더욱 짙은 암흑 속으로 밀어 넣는다는 사실입니다. 사회 구성원 간에 상호 협력하는 분위기는 퇴색되었고 서로를 경쟁 관계로 바라보는 경향이 뚜렷해졌습니다. 미래 사회의 불확실성이 높아짐에 따라 서로 더 협력해도 모자랄 판에 공적 정의나 인간적 도리보다 자신의 이익에 몰두하면서, 타인에 대한 배려의 감각이나 공동체 의식으로부터 멀어졌습니다. 개인주의가 물질 만능주의와 혼재되면서 부의 축적과 소비를 행복의 절대 가치처럼 여기며 물질적 향락에 매몰되어 이웃의 목소리를 듣지 못하는 것은 심각한 문제입니다.

실제로 자유주의는 개인주의와 밀접한 연관을 맺고 있습니다. 자유를 추구하는 주체는 어디까지나 개인이며 언제나 개인은 사회보다 우선합니다. 인간을 목적으로 대우하라는 칸트를 상기하지 않더라도 고작해야 내가 다른 무엇의 수단이 되는 삶을 산다는 말에 동의할 사람은 없을 겁니다. 내가 이 땅에 태어난 이유가 있을까요? 우리는 태어나고 싶어서 태어난 것도 아니고, 어찌하다 보니, 우연히 엄마, 아빠의 유전자를 반씩 지닌 고유한 생명체로 우연히 세상에 나왔을 뿐입니다. 숨 쉬는 이상 나의 행복을 위해 노력하는 거죠. 다른 누군가, 혹은 공동체를 위한 도구가 아닙니다.

개인이 타인에게 피해를 주거나 공동체에 해악이 되는 일을 하지 않는 한 절대로 개인의 자유를 침해하지 말아야 합니다. 국가가 부당한 권력을 이용한 개인의 기본권을 침해하는 일은 명백히 정의롭지 못합니다. 그런데 한편으로 개인의 자유와 권리에 대한 외침이 극단적으로 흐를 경우, 사람 사이의 상호 돌봄이나 배려의 정서는 메마르고, 그야말로 삭막한 사회가 만들어질 것입니다. 우리 사회 역시 개인의 자유를 중시하면서 공동체적 삶이나 연대와는 거리가 점점 멀어진 게 사실입니다.

공동체가 불안정한데 개인이 온전히 자유를 누릴 수 있을까요? 공동체의 해체는 개인의 행복에도 불안한 요소입니다. 일본에 나라를 빼앗겼을 때 개인의 행복만을 생각하며 철저히 일제의 앞잡이 노릇을 한 사람을 생각해 보세요. 설사 이때 땅과 권력을 얻었을지 모르나 진정한 행복이라는 개념을 놓고 보면 매사 동족에게 매국노라고 낙인찍혀 살해당할 수도 있다는 위협을 느낄 수도 있고, 반대로 일제의 오해를 사서 죽을지도 모른다고 생각했을 수도 있습니다. 매사 좌불안석으로 살아가는 사람을 자유롭다고 말하긴 어렵습니다.

어쩌다가 이 지경까지 왔는지 '우리'라는 말이 가진 공동체의 의미는 퇴색되었고, 나와 내 가족 중심의 이기주의만 남은 듯 보입니다. 뒤르켐이 말한 대로 고도화된 분업 시스템 속에서 사회 구성원들이 각자의 역할을 하면서 상호의존적인 삶을 살아갈 수밖에 없음에도 불구하고, 상호 관계는 까마득히 잊고 홀로 삶을 영위하는 셈이죠. 공동체의 해체는 개인의 행복에도 불안한 요소입니다. 질서정연한 안정이 어느 정도 뒷받침되어야 개인도 행복할 수 있습니다. 하루빨리 극단화된 자유주의의 폭주를 막고 사회와 교육이 서로에게 미치는 악순환의 고리를 끊어내야 합니다. 이를 위해 얼마간의 공적 개입이 필요하다는 목소리가 나올 수밖에요.

자유주의가 낳은 심각한 폐해를 극복하고자 다른 한쪽에서는 공동체적 삶의 가치를 복원하자고 외치는 사람들이 생겨났습니다. 자유 일변도의 시장 친화적인 정책이 사회 불평등을 심화시키고 공동체를 해체시킨다는 진단 아래, 공동체의 회복을 주장하는 사람들이 등장한 겁니다. 대표적인 사람이 마이클 샌델(Michael Sandel, 1953~)입니다. 물론 샌델은 미국 사회의 현실 문제를 기반으로 자신의 정치사상을 개진했습니다. 샌델의 입장은 공화주의와도 결을 함께 합니다. 공동체주의(Communitarianism)와 공화주의(Republicanism)는 엄연히 다른 개념이면서도 자유주의에 대립하여 유사한 측면도 있습니다. 전자가 개인의 가치와 권리를 공동체나 사회의 맥락에서 이해하고 강조한다면, 후자는 공공의 이익과 공동체의 안정성을 중시하면서도 시민의 자유와 권리를 보호하는 정부 체제를 지지하는 이념입니다. 그러나 양쪽 모두 사회적 통합과 공동체의 번영을 중시하고, 사회적 정의를 추구하기 위해서 정부의 개입을 지지한다는 측면에서는 매우 유사합니다.

왜 공적 시각이 필요한 걸까요? 사회 불평등이나 환경 파괴와 같은 문제들은 순전히 개인에게만 맡겼을 때 절대로 해결될 수 없기 때문입니다. 정부는 탄탄한 사회적 안전망을 구축하여 위와 같은 문제들을 해결하기 위해서 적절히 개입해야 합니다. 이와 관련하여 샌델은 인간의 이기심에 기초한 자유경쟁에 머물 것이 아니라, 함께 살아가는 이웃과 서로 협력하며 공생하기를 기대하면서 우정이나 상호 이해, 공동선 등과 같은 공동체의 가치나 목적을 강조합니다. 물론 그 정부를 움직이는 힘은 시민으로부터 시작되어야 하고요. 샌델이 시민적 덕성으로서 참여와 자치를 강조한 것도 이 때문입니다. 요컨대 개인의 도덕적 자율성의 향상을 목적으로 보편적인 도덕원리의 획득을 우선하는 자유주의와 달리, 공동체주의는 공동체 의식의 함양과 공공이익에의 공헌을 목적으로 도덕적 인격 형성을 우선합니다.

추상적 자아에서 구체적 자아로

샌델이 말하는 공동체는 시민의 민주적 참여를 전제로 한 구성적인 개념에 가깝습니다. 한 사회의 구성원이 공동체 의식을 갖는다는 것은 단순히 공동체적 감정을 갖고 공동의 목적을 추구하는 것을 넘어 자신의 정체성까지도 공동체에 의해 형성됩니다. 이러한 구성적 공동체의 구성원들은 공동체 속에서 자신이 어떤 존재인지를 파악하는 가운데, 자기가 속한 공동체에 대해 애착을 갖습니다. 반면에 자유주의는 공동체로부터 철저히 분리된 자아를 상정하고 있습니다. 샌델이 존 롤즈를 비판한 대표적 이유가 이것입니다.

롤즈가 『정의론』에서 강조한 공정으로서의 정의는 어디까지나 개인의 자유를 우선으로 삼고 있습니다. 그에게는 자유로운 개인들이 모여 합의할 때 절차적 공정성을 확보하는 것이 관건이었습니다. 이를 위해 롤즈가 제안한 장치들은 현실성이 없다는 한계를 지닙니다. 그가 고안한 원초적 입장(Original Position)은 모든 사람이 공정하고 이성적인 상태에서 맺게 되는 계약을 위해 필요한 가상의 장치입니다. 보통은 자유로운 개인들이 어떤 사회적 합의 과정에 참여할 때 자신의 처지를 고려하게 됩니다. 우리 사회가 정치적 합의에 좀처럼 도달하기 어려운 이유는 각자가 자기가 처한 입장에서 자신의 이익을 최우선으로 고려하기 때문입니다. 그래서 롤즈는 사회적 정의에 부합하는 선택에 도달하기 위해서는 개개인이 놓인 특정한 사회적 지위나 유불리에 대한 정보를 모르는 채로 대화의 장에 참여해야 한다고 주장했습니다. 이른바 '무지의 베일(Veil of Ignorance) 속에서 말입니다.

그러나 롤즈가 말한 원초적 입장에 기댄 자아관은 자신의 조건을 모르는 것뿐만 아니라 상호 무관심의 자아를 상정할 수밖에 없습니다.[1] 그가 강조한 원초적 입장은 특정 개인의 이익이나 선호와 거리를 둔 사회적 정의의 원칙으로서 의의가 있지만, 매우 추상적인 자아 개념에 의지하고 있습니다. 내가 누구

1 M. Sandel, 이양수 역, 『정의의 한계』, 고양: 멜론, 2012, 152쪽.

이고, 어떤 사람들과 어울려 살고 있는지를 몰라야 하니까요. 샌델이 보기에 이런 자아는 현실에서 있을 수 없는 자아입니다. 샌델은 관계성을 상실하고 공동체 내에서 파편화된 채 원자처럼 존재하는 자아를 무연고적 자아라고 불렀습니다. 그에 따르면, 무연고적 자아는 자유롭다기보다는 무력하고, 의지의 행동과는 무관한 관계와 의무의 그물에 뒤얽혀 있을 뿐이며, 그러면서도 그런 공동체적 의무를 허용하는 관대한 자기 정의나 공통의 귀속 의식에 구애받지 않습니다.[2]

나는 자기 이해 존재로서 내 역사를 반성할 수 있고, 이런 의미에서 내 역사와 스스로 거리를 둘 수 있다. 그러나 이 거리감은 항상 잠정적이고, 반성 지점은 최종적이지 않으며, 결코 역사 자체 밖에서 확보될 수 없다. 그래서 품성을 지닌 사람은 반성할 때조차 다양한 방식으로 연루됨을 알고, 지식의 도덕적 무게를 느낀다.[3]

인간은 관계적 존재입니다. 나의 정체성은 내가 발 딛고 살아가는 공동체, 또 그 안에서 관계를 맺고 살아가는 구체적인 사람들을 떼놓고는 말할 수 없는 것입니다. 개인의 인격 역시 공동체와 분리되어 독립적으로 형성될 수 없습니다. 공동체의 구

---

2 M. Sandel, 안진환, 김선욱 역, 『정치와 도덕을 말하다』, 서울: 와이즈베리, 2016, 254쪽.

3 M. Sandel, 이양수 역, 『정의의 한계』, 고양: 멜론, 2012, 360쪽.

성원으로서 자기 정체성을 형성한 사람이라면 어떤 선택을 내릴 때 이기적으로 자기 이익만을 생각하며 행동하는 사람과는 다른 선택을 할 수 있습니다. 내 주변의 온갖 것으로부터 분리된 자아가 공동체에 대해 애착을 갖는다는 것은 불가능합니다. 뒤르켐이 말한 대로 고도화된 분업 시스템 속에서 사회 구성원들이 각자의 역할을 하면서 상호의존적인 삶을 살아갈 수밖에 없음에도 불구하고, 하나 같이 사람들은 자신들이 맺고 있는 상호 관계는 까마득히 잊고 홀로 삶을 영위합니다.

샌델과 마찬가지로 공동체를 강조한 사람으로 매킨타이어(Alasdair MacIntyre, 1929~)가 있습니다. 그는 한 개인의 정체성과 삶의 이야기는 공동체를 떠나서는 회자될 수 없다고 말합니다. 왜냐하면 한 개인의 정체성은 진공 속에서 만들어지는 것이 아니라 그가 살아가는 공동체의 역사와 전통 속에서 형성되기 때문입니다. 살아 있는 전통은 역사적으로 확장되고 사회적으로 구현된 논증입니다. 공동체의 구체적인 이야기 속에는 우리가 추구해야 할 선이 무엇인지가 담겨 있으며, 공동체의 이야기를 공유하는 한 구성원들은 선에 대한 공통의 개념을 지니게 됩니다. 공통의 선에 대한 추구는 이러한 실천적 전통에 대한 공유된 이해를 바탕으로 세대를 거듭하며 쭈욱 이어집니다.[4]

4 A. MacIntyre, 이진우 역, 『덕의 상실』, 서울: 문예출판사, 2021, 426쪽.

메리토크라시, 공정하다는 착각

경제적으로 자유주의와 이웃 관계에 있는 자본주의가 극단적 개인주의와 물신주의를 초래한 것이 전 세계적 현상입니다. 자유주의가 극단화되면서 사회 전반에 심각한 이기주의가 작동하기 시작하였고, 경쟁적 사고방식이 만연하게 되었습니다. 급기야 승자독식 문화가 함께 자리 잡았고, 너나 할 것 없이 최종 승자가 되기 위해 경쟁에 뛰어들고 있습니다.

문제는 자본주의 체제가 낳은 다양한 사회적 문제가 있음을 인정한다고 해서 그것을 쉽게 포기할 수도 없다는 사실입니다. 그 까닭은 자본주의 체제를 전면적으로 대체할 만한 현실적 대안이 없기 때문입니다. 효율적인 경제발전은 인간의 자연적 욕망 추구를 거스르지 않는 방향에서 가능하며, 그러기 위해서는 일단 사적 소유권에 대해서 기본적으로 인정해야 합니다.

그러나 그렇다고 해서 사람들의 사적 욕망 추구를 무제한으로 허용하자는 뜻에 동의하는 것은 아닙니다. 지나치게 자본주의 정신에 경도된 사회는 개인의 삶도 건강하지 못하고 사회 안녕에도 좋을 게 없다는 것을 말하는 겁니다. 마이클 샌델이 지적한 것도 자본주의 자체라기보다는 현대인들이 잃어버린 공동체적 삶의 감각입니다. 우리가 자본주의적 일상을 살아갈 수밖에 없다고 해서 지극히 자본 축적과 소비에만 매몰될 필요는 없습니다. 주위를 둘러보며 살아가야 합니다. 도덕은 우리에게 바로 이러한 시선에 눈을 뜨게 만듭니다. 우리는 서로의 어려움이나 아픔을 보듬어 주면서 협력하는 삶을 살아야 합니다.

자유주의가 자본주의와 맞물려 전 세계에 거대 담론으로 작동하는 데에는 그 구성원들의 마음에 내재한 능력주의가 역할을 톡톡히 했습니다. 사람들에게 경쟁의 결과로 나타난 불평등은 능력주의적 경쟁에서 비롯된 것이므로 정당하다는 믿음을 심어주었습니다. 능력주의를 신뢰하는 사람들은 기본적으로 기회의 평등을 전제한다면 개인의 능력에 따른 결과의 차등을 당연하게 받아들입니다. 사회에서 운영 중인 선발 제도도 마찬가지입니다. 반칙이 없다는 전제 아래 공정한 시험을 거쳐 능력이 우월한 사람을 뽑은 까닭에 그에 따른 결과를 반드시 받아들여야 하는 일종의 게임 규칙처럼 받아들입니다.

영국의 사회학자 마이클 영(Michael Young, 1915~2002)은 그의 책 『The Rise of the Meritocracy』에서 메리토크라시(Meritocracy)라는 개념을 처음 사용했습니다. 국내에서는 일반적으로 능력주의로 번역됩니다. 영은 여기서 개인의 노력과 능력에 따라 사회적 지위와 보상이 결정되는 미래 사회의 모습을 상상하고 있습니다. 능력주의를 신봉하는 사람들로 이루어진 사회는 경쟁의 결과와 관련하여 능력에 따른 차등 분배를 너무 당연하게 받아들이면서 사회적 불평등을 고착화시킵니다. 이 책이 출간된 시점이 1958년이며, 영이 책에서 그리고 있는 암울한 미래가 2034년임을 감안했을 때, 아직 오지 않았어야 할 미래가 너무 일찍 도래하지 않았나 싶습니다.

자유주의와 자본주의 결합 속에서 자연스럽게 잉태한 능력주의는 공동체적 삶을 망가뜨릴 정도로 엄청난 파괴력을 발휘하였습니다. 능력주의를 강조하는 사회에서 중요해지는 건 오직 경쟁의 공정성입니다. 게임 규칙만 공정하다면 결과에 무조건 승복하도록 요구합니다. 결과적으로, 능력주의가 팽배한 사회에서 성공한 사람이 누리는 혜택은 노력과 능력이 주요했기 때문에 누가 뭐라고 할 수 없는 논리가 작동하게 됩니다. 그리고 오직 기회의 평등에 주목함으로써 사람들이 결과의 차이에 무감각해지게 만듭니다.

개인의 자유에 토대한 경쟁 시스템은 한편으로 사람들에게 매혹적으로 느껴집니다. 반칙을 통제하면서 개인이 열심히 살아가도록 동기 부여하기 때문에 말입니다. 그런데, 공정한 경쟁이 가능할까요? 애초에 100m 달리기 시합을 같은 출발선상에서 진행할 수 있느냐 말입니다. 샌델은 불가능하다고 말합니다. 왜냐하면 우리는 개인이 타고난 천부적 운과 같은 임의성에서 완벽하게 자유로울 수 없기 때문입니다. 애초에 누군가는 달리기에 유리한 신체적 조건을 가지고 태어납니다. 어떤 경쟁이든 그렇습니다. 그 경쟁에 유리한 조건을 지닌 사람들이 있습니다. 우리는 부모의 유전자, 가정환경 등과 같은 요소로부터 완전히 자유로울 수 없습니다. 그럼에도 능력주의에 함몰된 사람은 자신이 얻은 성과를 순전히 자신의 노력과 능력의 산물

로 여기기 마련입니다.[5]

그러나 지금 내가 가진 재능은 순전히 내 노력의 산물인가요? 그리고 그 재능으로 얻게 된 대가는 마땅히 내가 받아야 할 몫인가요? 따지고 보면 토끼와 거북이의 달리기 시합은 애초부터 공정한 시합이 아니었습니다. 적어도 그 승패에 따라 삶의 질을 좌우하는 어떤 보상이 주어질 때 특히 그렇습니다. 그런데 우리 사회는 실제로는 이와 같은 경쟁 시스템으로 돌아가고 있다는 게 문제입니다. 마이클 샌델은 만약 내가 사회에서 성공했다면, 단지 내가 잘해서가 아니라 운이 좋았기 때문이라고 여길 수 있어야 한다고 말합니다.

> *사회 속의 우리 자신을, 그리고 사회가 우리 재능에 준 보상은 우리의 행운 덕이지 우리 업적 덕이 아님을 찾아내는 것이 필요하다. 우리 운명의 우연성을 제대로 인지하면 일정한 겸손이 비롯된다. "신의 은총인지, 어쩌다 이렇게 태어난 때문인지, 운명의 장난인지 몰라도 덕분에 나는 지금 여기 서 있다." 그런 겸손함은 우리를 갈라놓고 있는 가혹한 성공 윤리에서 돌아설 수 있게 해준다.*[6]

재능이라는 말은 천부적인 운을 간과하게 만듭니다. 그러나

5 M. Sandel, 함규진 역, 『공정하다는 착각』, 서울: 와이즈베리, 2021, 37쪽.

6 M. Sandel, 이양수 역, 『정의의 한계』, 고양: 멜론, 2012, 360쪽.

사실 시대적 운도 타고 나야 재능을 발휘할 수 있습니다. 유명 스타 연예인들을 생각해 보세요. 재기발랄한 끼와 가창 능력을 겸비했어도 고려 시대에 태어났다면 광대라는 천한 신분을 벗어나지 못했을 겁니다. 손흥민 선수도 마찬가지입니다. 세계적 스포츠 스타인 그도 축구가 없던 시대에 태어났다면, 그 자질을 온전히 발휘하지 못했을 것입니다.

따뜻한 공동체의 건설은 우리가 이러한 진실을 직시하는 것에서부터 시작해야 합니다. 사람들은 자신이 가지고 태어난 재능에 대한 겸손의 마음과 타자에 대한 책임과 연대를 배워야 합니다.

시민적 덕성: 연대의 의무

모든 게 운인데 그럼 어쩌라는 거냐고 반문하는 사람이 있을지 모르겠습니다. 적어도 그것을 운으로 받아들이며 감사한 마음을 갖는 사람과 우쭐거리며 자신의 노력을 과신하는 사람은 달라도 너무 다르죠. 내가 누리고 있는 혜택이 운과 결부되어 있다는 사실을 자각한 사람은 자신이 누리고 있는 것들에 대해 감사한 마음을 가질 수 있습니다.

샌델은 여기서 한발 더 나아갑니다. 그는 남들만 한 재능이 없어서 힘들게 살아가는 사람들과 이익을 공유할 책임이 있다고 주장합니다.[7] 왜냐하면 사회에서 요구하는 재능이 없음은 자기 잘못이 아니기 때문입니다. 자신이 지닌 재능을 선물로 받아들이는 사람은 능력주의 지향형 인간이 빠지기 쉬운 우쭐거림과 의기양양함과 거리를 둘 수 있습니다. 샌델은 나의 성공에 운이 큰 영향을 미쳤다고 생각하는 사람은 자기 마음에 그런 행운을 남들과 나누어야 한다는 믿음이 싹틀 수 있다고 기대합니다.[8]

우리는 개개인이 자유를 누리되, 공동체 안에서 이웃과 협력하며 서로를 배려해야 합니다. 공동체에 대한 책임감을 지녀야 합니다. 마이클 샌델은 공동체 내 구성원들이 지녀야 할 시민적 덕성으로 연대와 책임을 강조합니다. 그는 인간의 도덕적 책임을 크게 자연적 의무, 자발적 의무, 연대 의무 이렇게 3가지 범주로 분류하여 설명했습니다. 그중에서 연대의 의무는 특수성을 띠지만, 합의가 필요치 않은 의무에 해당합니다. 이 책임에 담긴 무게는 우리 자신이 하나의 공동체에 소속된 자아라는 인식에서 연유합니다. 즉, 내가 직접 선택하지는 않았어도 이미 내가 발을 딛고 살아가는 공동체의 도움을 적지 않게 받고 있으며, 그 영향에서 완전하게 벗어날 수 없다는 사실에서 어떤 사회계약으로도 돌릴 수 없는 공동체에 대한 도덕적 의무

---

7 M. Sandel, 강명신 역, 『생명의 윤리를 말하다』, 파주: 동녘, 2010, 137쪽

8 M. Sandel, 함규진 역, 『공정하다는 착각』, 서울: 와이즈베리, 2021, 229쪽.

를 지닌다는 겁니다.[9]

우리는 서로 무관한 존재들이 아닙니다. 같은 땅에 발 붙이며 관계를 맺고 살아갑니다. 그 관계로부터 멀어질 때 우리는 타인에 대한 어떠한 책임도 지니지 않게 됩니다. 내가 타인과 관계를 어떻게 인식하고 있느냐에 따라서 타인에 대해 느끼는 책임감의 강도도 다를 수 있습니다. 책임을 뜻하는 'responsibility'는 '응답하다'를 의미하는 'response'와 능력을 뜻하는 'ability'의 합성어입니다. 고로 타인에게 연루되어 있다는 인식 아래, 타인의 고통에 응답하며, 그 고통을 함께 나눌 줄 아는 사람이 책임감 있는 사람입니다. 그리고 그 책임은 내 눈앞에 있는 사람들을 넘어서 멀리 지구 반대편에 있는 사람에게까지 확대될 수 있어야 합니다. 심지어 자연으로 까지요.

> *정의로운 사회에는 강한 공동체 의식이 필요하다면, 사회는 시민들이 사회 전체를 걱정하고 공동선에 헌신하는 태도를 키울 방법을 찾아야 한다. 그러자면 공적인 삶에서 시민이 드러내는 자세와 기질인 "마음의 습관"에 무관심할 수 없다. 사회는 좋은 삶에 관한 지극히 사적인 견해를 배격하고, 시민의 미덕을 키울 길을 찾아야 한다.*[10]

---

9 M. Sandel, 이창신 역, 『정의란 무엇인가』, 파주: 김영사, 2010, 314쪽.

10 M. Sandel, 이창신 역, 『정의란 무엇인가』, 파주: 김영사, 2010, 364-365쪽.

우리가 지나치게 개인의 이익 추구를 위한 자유만 쫓다 보면, 타인의 아픔에 공감할 줄 모르는 지극히 이기적으로 전락할 수 있습니다. 샌델은 이를 우려하며 공적 시민의 관점에서 공동체 의식의 회복과 연대의 필요성을 강조했습니다. 공적 시민이란 개인이 자신과 가족의 이익을 계산하는 차원을 넘어 사회, 국가, 지구공동체와 같이 더 넓은 차원에서 공동체의 가치에 대해서 사려 깊이 생각해 보고 행동하는 사람입니다. 타인은 경쟁 상대이기 이전에 공동체 안에서 나와 함께 조화를 이루며 행복하게 삶을 영위해 나갈 일원입니다.

아마도 내 옆에 앉는 친구가 몸이 아파 학교에 출석하지 못해 노트를 빌려달라고 할 때, 친구를 단지 나의 경쟁 상대로밖에 보지 않는다면 노트를 빌려주지 않을 겁니다. 친구 관계는 서로 돕는 상호 협력 관계와는 거리가 먼, 한 교실에서 단지 경쟁 상대로만 남게 됩니다. 입시 경쟁만 그런가요? 취업 경쟁, 승진 경쟁 등 경쟁 중심의 사회 분위기는 공동체의 파편화를 초래했습니다. 정서적으로 척박한 공동체에 사는 개인들은 삶이 피폐해질 수밖에요. 개인의 행복을 위해서라도 개인들 사이의 관계망을 회복해야 합니다. 그것이 바로 연대를 위한 출발점입니다.

물론 연대 의식은 혈연으로 뭉쳐진 가족이나 자신이 태어난 지역에 머물러서는 안 됩니다. 개인이 특정 집단에만 차별적으로 관계망을 두텁게 형성할 경우, 또 다른 집단에 대한 차별과 불공정의 씨앗을 낳을 수 있습니다. 우리 사회에 뿌리 박힌 고질적 병폐인 연고주의 문화가 그렇습니다. 아직도 우리 사회에는 사적 관계가 의사 결정에 중요한 비중을 차지하기도 하고 직원 채용에 영향을 주기도 합니다. 이러한 비합리적 관행은 우리가 실현해야 할 진정한 공동체 이익에도 방해가 될 뿐입니다.

도덕적 향기가 충만한 민주적 공동체

공동체주의자 매킨타이어는 우리가 타인에 대한 연대의 의무를 도덕적 책임으로 받아들이기 위해서는 타인을 단순히 이성적 존재가 아니라 역사를 공유하는 존재로 이해할 필요가 있다고 말했습니다. 인간은 이야기하는 존재입니다. 그리고 다양한 관계 맺음 속에서 상호작용한 결과가 개인 삶의 서사를 구성하는 법입니다.

> *나는 책임을 지는 사람일 뿐만 아니라, 다른 사람에게 책임을 묻고 그들에게 질문을 제기할 수 있는 사람이기도 하다. 그들이 나의 이야기의 한 부분인 것처럼, 나는 그들의 이야기의 한 부분이다. 어떤 사람의 이야기는 서로 맞물려 있는 일련의 이야기들의 한 부분이다.*[11]

---

11 A. MacIntyre, 이진우 역, 『덕의 상실』, 서울: 문예출판사, 2021, 418쪽.

공동체에 소속된 일원이라는 정체성을 지닌 사람은 내 삶의 이야기 안으로 공동체의 일을 가지고 올 수 있고, 공동체를 더 정의롭고 아름다운 사회로 만드는 일에 참여할 것입니다. 그래서 우리는 공동체 안에서 상호 도덕적 경험을 공유해야 합니다. 구린내가 풍기는 장소에 거주하는 개인에게 구린내가 나는 것과 마찬가지입니다. 공동체를 떠나지 않는 이상 그 냄새를 지울 수 없습니다. 결국, 좋은 향기를 내뿜는 시민이 되기 위해서 공동체를 아름답게 만들어야 한다는 결론이 나옵니다.

아름다운 공동체란 시민 한 사람 한 사람의 인간 존엄성을 존중하는 사회입니다. 많은 진보적인 지식인들이 인간 존엄성의 평등을 이야기합니다. 대표적으로 사회학자 바우만(Zygmunt Bauman, 1925~2017)은 구성원들 모두가 존엄성을 추구할 수 있고 존엄성을 획득할 능력을 가질 수 있도록 보장하는 데 실질적으로 많은 관심을 기울이는 것이야말로 좋은 사회가 갖추어야 할 가장 중요한 조건이라고 말합니다.[12]

안타깝게도 지금 우리 사회는 공동체를 아름답게 가꾸려는 노력보다는 현재의 공동체 그대로에 남들보다 발 빠르게 적응하여 비교 우위를 목표로 숨 막히는 경쟁을 펼치고 있습니다. 갈수록 공동체의 성숙은 기대할 수 없고, 야만적인 경쟁만이 기승을 부리고 있습니다. 급기야 대학 서열화, 학벌주의가 횡

12 Z. Bauman, S. Oirek, 안규남 역, 『인간의 조건』, 서울: 동녘, 2016, 18쪽.

행하면서 교육의 본질까지도 오염되기에 이르렀습니다. 학교 교육은 그야말로 신분 상승을 위한 수단으로 전락했습니다. 이런 상황에서 사람들은 공적 시민으로서 삶을 배울 기회를 얻기 어렵습니다.

마이클 샌델이 교육을 민주주의의 성숙을 위한 핵심 조건으로 내세운 것도 같은 이치입니다. 민주시민교육을 통해서 우리는 사회적 연대와 결속을 깨뜨리는 이기적 개인과 결별하고 연대 의식으로 충만한 시민을 길러낼 수 있습니다. 이와 관련하여 개인적 쾌락보다는 공동선을 고려하면서 사회적 책임을 다하려는 시민적 덕성을 기르는 방법에 대해서 샌델에 앞서 교육학의 관점에서 밀도 있게 논의한 학자가 듀이(John Dewey)입니다. 어떻게 하면 도덕적인 시민이 될 수 있을까요? 이에 대해서는 다음 장에서 등장하는 듀이의 교육 철학과 함께 진지하게 고민해 보았으면 합니다.

11장

어떻게 하면 도덕적인 사람이 될 수 있을까?
- 듀이와 경험

"도덕은 단순히 행동의 결과가 아니라,
경험과 상호작용의 결과이다."

쓸모를 모르는 배움

어릴 때 공부하면서 한 번쯤 이 공부를 도대체 왜 해야 하는지 의문이 들 때가 있었을 겁니다. 특히, 고등학교 수학 시간에 배우는 미적분이나 극한은 어렵기도 하거니와 수학 수업 시간 외에는 쓸 일이 있을까 생각이 들 정도입니다. 생각만 해도 고리타분한 수학적 기호와 계산식은 한참 나이가 들어서는 알지 못하고, 알기도 싫은 미지수로 남아있을 겁니다. 맹목적인 배움은 진정한 배움이라고 보기 어렵습니다.

우리가 학교에서 배우고 있는 교과 지식 중 많은 부분이 사회에 나가면 쓸모없는 것처럼 느껴집니다. 실제로 이공계 방면에서 일하는 사람이 아니라면 미적분을 사용할 일은 거의 없습니다. 그렇게 힘들게 공부해서 축적한 지식이지만 관련 업종에 종사하는 사람이 아니라면 다 증발해 버리고 맙니다. 그런데 만약 그것이 현재 삶에 계속 연결이 되는 지식이었다면 잊으려 해도 잊을 수 없었을 겁니다. 그러나 학교에서 배운 상당 부분의 지식은 학생들이 이후에 배우는 지식과는 연결이 될지 몰라도 실제적 경험들과는 단절된 것들이었습니다. 삶과 유리된 지식의 파편들은 실제적 삶 속에서 사용될 수 없기에 죽은 지식이나 마찬가지입니다.

흔히 실용주의 철학자라고 알려진 존 듀이(John Dewey, 1859~1952)는 경험을 통한 학습을 강조했습니다. 그는 사회적 변화와 인간 경험을 강조했습니다. 여기서는 진리를 정적으로 보는 대신, 실제 삶에서 우리에게 어떤 의미를 지니고 있는지에 초점을 맞춥니다. 듀이가 실용적이고 사회적으로 유용한 지식과 가치를 중시했던 것이 자칫 그를 도구주의적 관점으로 가두는 결과를 초래했지만, 사실 그는 행동과 실천, 환경과의 상호작용을 강조했습니다. 국내에서 실용주의라고 번역되고 있는 프래그마티즘(pragmatism)의 어원도 '행동'과 '실천'을 의미하는 그리스어 'pragma'에서 비롯되었다는 사실을 간과하지 말아야 합니다.

듀이가 말하는 지식의 쓸모는 언제나 삶과의 직접적인 연관성에 있습니다. 내게 놓여 있는 문제를 해결하는 데 도움을 줄 뿐만 아니라 궁극적으로 경험의 성장에 실천적인 도움을 줄 수 있는 지식이야말로 진정한 지식입니다. 그런 의미에서 지식은 나의 내면에 간직만 할 게 아니라 외부로 드러나야 합니다. 주의할 점은 내가 외운 지식을 뽐내라는 말이 아닙니다. 그러한 지식은 지식의 축에도 끼지 못합니다. 뽐내는 행위는 듀이가 이야기하는 지식의 실천과는 거리가 너무 멉니다. 삶의 세계에서 일어나는 난제들을 구성원들이 함께 힘을 모아 해결하는 데 도움이 될 수 있는 경험적 지식일 때 가치가 있는 겁니다.

도덕은 어떨까요? 공부해서 마음속에만 담아두는 도덕이라면 무슨 소용이 있겠습니까? 나의 바깥 세계와의 만남에서 직접적으로 작동됩니다. 당장에 말을 시작할 때도 상대방이 누구이냐, 어떤 장소이냐에 따라 언어 예절을 지켜야 합니다. 듀이는 도덕을 행위의 일람표도 아닐뿐더러 약국의 처방전이나 요리책의 요리법처럼 적용해야 할 일련의 규칙도 아님을 강조합니다. 그는 도덕에 관하여 일반적 개념 차원에서 정의를 시도하려는 이론적 접근을 비판했습니다. 그리고 대체 불가능한 자신의 선과 원칙을 가지고 있는 개별화된 상황에서 우리가 어떻게 행위 할 것인가 하는 탐구 방법의 차원에서 고민하라고 말합니다.[1]

듀이는 도덕에서도 진리 자체보다는 도덕적 참을 향한 탐구와 발견을 위한 삶의 자세가 중요하다고 보았습니다. 우리는 누구나 실수합니다. 실수가 이후의 행동에 아무런 도움을 주지 못한다면 그 경험은 가치가 없게 됩니다. 동물이 한 경험이나 진배없지요. 그러나 인간은 실수를 통해서 배웁니다. 유사 상황에 직면했을 때 똑같은 실수를 하지 않기 위해서 기존과는 다른 알고리즘을 적용해 보려 할 것입니다. 그래서 실수를 반복하지 않는다면 이것은 인간이 성장했다는 증거가 될 수 있고요.

도덕적 성장은 삶에서 만나는 도덕적 갈등 상황에서 연유합니다. 갈등 없는 성장이란 있을 수 없습니다. 문제의 핵심은 그 갈등이 제대로 해결되었는지가 아닙니다. 설사 갈등을 제대로 해결하지 못했어도 그 실패의 경험이 하나의 지식을 형성할 수도 있으니까요. 실패도 성장 경험의 요소로 작용하는 겁니다.

---

1 J. Dewey, 이유선 역, 『철학의 재구성』, 서울: 아카넷, 2010, 197쪽.

그래서 우리는 나에게 닥치는 문제 상황을 회피해서는 안 됩니다. 불편한 도덕적 사태를 마주함으로써 그 상황을 성장의 발판으로 삼아야 합니다.

도덕적 삶은 우리가 도달해야 할 진리로서의 종착지라기보다는 삶의 과정에서 끊임없이 개선하려 하고, 갱생(更生)하려는 태도와 관련됩니다. 인간의 성장에 무의미하다면 도덕이라고 보기 어렵습니다. 듀이의 입장에서 보면, 삶에서 자신의 과오를 그냥 잊는 게 아니라 이후 자신의 도덕적 행위를 위해서 방향타로 활용할 수 있는 사람이 도덕적인 사람이라고 할 수 있습니다. 도덕적 삶은 최종적인 목적이나 어느 한 행동의 의도로만 판단될 수 없습니다. 도덕적 인간을 판가름하는 핵심 기준은 우리 각자가 전 생애를 생각하면서 도덕적 완성의 길에 자기 삶을 참여시키고 있느냐입니다.

행위의 가치

인간은 환경이 요구하는 대로만 살아가지 않습니다. 자신이 처한 환경에서 선택적 행위를 합니다. 그 선택의 경험이 쌓여서 지금의 나를 만드는 것이고요. 따지고 보면, 일의 경중은 다르더라도 매사 우리는 선택합니다. 차를 마실까 커피를 마실까, 그 선택의 경험은 그 한 번으로 그치는 게 아닙니다. 다음 선택에 영향을 줍니다. 다음 선택이 더 최상의 선택이 되도록 하는 데 영향을 주게 됩니다.

인간은 능동적 존재입니다. 능동적인 사람은 언제나 다양하고 새로운 경험을 창조하기 때문에 의미 없이 반복만 하는 기계처럼 될 우려가 적습니다. 우연히 태어났다고 해서 사는 일도 목적 없이 수동적일 필요는 없습니다. 지금까지 어떤 사람이었냐가 중요한 게 아닙니다. 지금 놓여 있는 선택의 기로에서 어떤 선택을 할 것이냐가 더 중요한 물음입니다. 단적으로 도덕적 인간은 자신의 현재 상황에서 도덕적으로 살아가려고 노력하는 사람입니다. 듀이는 도덕에 대해 철저하게 과정의 맥락에서 이해합니다.

선택은 하나의 행위입니다. 우리는 항상 선택의 순간에 내몰립니다. 주체적인 사람이라면 내 행위 모든 게 나의 선택에 달려 있습니다. 자아가 스스로 선택했다고 느껴지지 않는 행위는 자유인이 아닌, 마치 자동으로 움직이는 기계가 수행한 행위와 진배없습니다. 듀이는 이를 날씨에 비유하여 다음과 같이 이야기하고 있습니다.

자아와 행위의 일치는 특성상 특유하게 도덕적이라고 일컬어지는 모든 판단의 근거다. 우리가 어떤 우발적 사건을 그 결과에 따라 유익하다거나 해롭다고 판단하는 것처럼, 비가 내려 고맙다거나 홍수로 망했다고 말한다. 그렇다고 우리가 도덕적 평가를 내리는 것은 아니다. 왜냐하면 비 혹은 홍수에 성품이나 어떤 자아를 연

결 짓지 않기 때문이다.[2]

전통적인 교육이 추구한 사회 관습의 일방적 전수는 학습자의 자율적 선택을 무시한다는 측면에서 늘 비판받아 왔습니다. 이전 세대가 다음 세대에게 일방적으로 가치를 주입하는 것은 분명히 잘못되었습니다. 듀이도 이를 비판했습니다. 기존의 질서를 답습하고 받아들이는 일에 전념하는 사람은 문제 인식을 갖기 어렵게 되고, 새로운 아이디어를 내는 일에 무감각해질 수 있습니다. 행위는 자율적 판단과 관련된 행동입니다. 지성적 판단이 관련된 행위만이 도덕적 행동이 될 수 있습니다.

듀이의 시각에서 보면, 인간의 본성도 변합니다. 다만, 그 근원에는 인간 행위가 위치합니다. 행위함으로써 우리는 그러한 사람이 되어가는 겁니다. 다시 말해서, 도덕적으로 가치 있다고 여겨지는 것을 선택하려 할 때 도덕적인 사람이 되는 것입니다. 사람은 변합니다. 일상에서 친구가 변했다고 말하는 경우가 있습니다. 그런데 우리는 한 번의 그릇된 행동만으로 한 사람을 변했다고 말하지는 않습니다. 늘 성실하다고 느꼈던 사람이 한 번 두 번, 불성실함을 보였을 때, 그것이 쌓이고 쌓이다가 어느 순간 그를 불성실한 사람으로 인식하게 되는 게 보통입니다. 이처럼 도덕은 세계와 독립해서 존재하지 않고, 변

---

2 J. Dewey, 최용철 역, 『윤리학』, 서울: 책봄, 2021, 221쪽.

화를 기본으로 하는 개인의 삶 속에서 구체적으로 드러납니다.

행위는 언제나 특별하고, 구체적이며, 개별화되어 있고 단일합니다. 만약 누군가가 건강하게 살고 싶다고 말한다면 그것은 단지 그 사람에게 해당하는 건강의 차원에서 생각해야 합니다. 과거 경험이나 기질, 지금의 신체 상황, 후천적인 능력에 따라 사람마다 자신의 건강을 최상으로 유지할 방법은 달라질 것입니다. 쉽게 말해서, 어떻게 건강하게 살 것인지는 각각의 고유한 사람이 특별하게 고민해야 할 문제입니다. 체질적으로 심장이 약한 사람과 간이 약한 사람의 건강 관리 방법은 다를 수밖에 없습니다. 겉으로 유사하게 쇠약해진 몸 상태의 두 사람 중 어느 한 사람이 특정 약을 먹고 좋아졌다고 해서 나머지 한 사람에게 무턱대고 그 약을 처방해서는 안 됩니다. 개별자에게 적합한 개별 건강 관리법이 필요하다는 거야말로 진리입니다.

유의할 점은 이것이 보편주의에 대한 거부나 상대주의에 대한 긍정으로 이해되어서는 안 된다는 사실입니다. 우리는 건강 일반이 아니라 실제 삶에서 한 사람 한 사람이 어떻게 하면 건강하게 살 수 있는가에 관심을 가져야 합니다. 우리는 각자의 삶 속에서 건강하게 살기를 원하는 겁니다. 도덕도 마찬가지입니다. 사람들은 자신이 처한 상황에서 어떻게 행동하는 것이 도덕적으로 옳은 것인지를 고민합니다. 그리고 그 해답은 각각의 고유한 상황마다 다를 수밖에 없습니다. 우리는 매사 자기 삶에서 가장 최고의 선을 찾아야 하는 겁니다. 삶이란 우리가 추구하고 행위 하는 모든 것의 총체입니다.

존 듀이 외에, 행위 속에서 그 사람의 인격이 드러난다고 본 대표적인 철학자가 한나 아렌트(Hannah Arendt, 1906~1975)입니다. 그녀의 관점에서 행위는 개인의 자유와 책임의 표현이자 사회적 의미와 연결된다는 점에서 듀이가 이야기하는 경험과 연결됩니다. 아렌트에 따르면, 행위는 사물이나 물질의 매개 없이 인간들 사이에서 직접적으로 이루어지는 유일한 활동입니다.[3] 행위자는 언제나 행위하는 다른 존재들 사이에서 관계를 맺는 가운데 주체로 설 수 있습니다. 또한, 인간이 행위할 수 있다는 사실은 예상할 수 없는 것을 그에게 기대할 수 있다는 것이며, 매우 불가능한 것을 그가 수행할 수도 있다는 것을 의미합니다.[4]

행위는 단순히 일련의 행동이 아니라, 그 행동이 개인의 의지와 의도를 표현하고, 이를 통해 새로운 의미와 가치를 창출하는 것입니다. 이는 개인이 자유롭게 선택하고 행동할 수 있는 능력을 강조하며, 특히 인간의 고유한 능력과 책임을 강조합니다. 이와 다르게, 도덕적인 삶과 관련하여 반복적인 훈련을 통한 사회 덕목의 내면화에 지나치게 의존하는 사람은 자신이 당면한 도덕적 문제 사태에서 기계처럼 기존의 사회 관습에 얽매

3 H. Arendt, 이진우 역, 『인간의 조건』, 파주: 한길사, 2021, 83쪽.

4 H. Arendt, 이진우 역, 『인간의 조건』, 파주: 한길사, 2021, 276-277쪽.

인 판단을 내리게 됩니다. 그런데 우리가 살아가면서 맞닥뜨리는 상황들은 제각각입니다. 아무리 비슷한 상황처럼 보이더라도 가까이에서 그 맥락을 살펴보면, 개인이 처한 상황은 개별적이고 특수합니다. 아리스토텔레스가 이야기한 실천적 지혜의 필요성과도 같은 이치입니다.

충동과 습관

듀이는 그의 책 여러 군데에서 충동에 관하여 밀도 있게 다루고 있습니다. 그는 충동을 인간이 지닌 본성 중 하나로서 어떤 행동을 하도록 이끄는 원동력으로 간주합니다. 인간의 본성에 내재된 충동은 프로이트의 이드처럼 자신이 처한 문제를 해결하고자 하는 원초적 에너지의 분출로서 행위의 출발점입니다. 동시에 충동은 인간에게 어떤 고정된 습관에 머무르지 않고 다른 선택지를 볼 수 있는 유연성이라는 선물을 제공합니다. 어떤 충동일지라도 일단 그것이 나에게 일어나고 나면, 환경과 어떤 방식으로든 상호작용하게 되니까요.

> *충동이란 시간이 지나 유아가 앞으로 독립 행동의 능력을 갖추게 할 관습의 영양분을 끌어모으려고 뻗쳐진 촉수와도 같다. 충동은 현존하는 사회적 힘을 개개인 능력으로 바꾸려는 추진력이다. 그*

런 만큼 충동은 재구성을 거치는 생장발전의 수단이다.[5]

충동은 불규칙하며 때로는 맹목적이기까지 합니다. 충동구매를 한번 생각해 보세요. TV 쇼핑 채널에서 나오는 옷이나 음식 광고를 보다가 충동적으로 물건을 사는 사람들이 있습니다. 그래서 보통은 충동구매를 방지하기 위해서 마트에 가기 전에 미리 구입할 물건 목록을 작성하는 것이 합리적 소비자의 미덕으로 여겨집니다. 충동구매가 좋지 않은 쪽으로 작용할 가능성이 크지만, 어떤가요? 반드시 충동구매는 나에게 나쁜 결과를 초래하나요? 광고야 구매 욕구를 자극해야 하는 것이 당연지사며, 목록 작성 여부만으로 충동구매를 판단하는 것도 무리입니다. 애초부터 살 생각이 있던 물건을 사야 충동구매가 아니라면, 애초부터 살 생각이 들게 만든 것은 무엇일까요? 그게 가능할까요?

충동 자체가 일어나지 않는 사람에게는 눈을 뜨고는 있지만 자기 시야에 물건이 들어오지 않는다고 봐야 합니다. 마트 진열대를 둘러보다가 "아, 맞다 저거 필요했는데…", 로봇청소기 광고를 보다가 "저거 집에 있으면 좋겠다"라는 생각이 갑자기 든다는 것은 그 물건이 나의 경험 세계 안으로 들어왔다는 것을 의미합니다. 평소 로봇청소기의 필요성을 느끼며 살아왔든,

---

5 J. Dewey, 최용철 역, 『인간 본성과 행위 I』, 서울: 봄, 2019, 112쪽.

아니면 단순히 로봇에 특별히 관심이 있어서든 이전에 앞선 경험들이 조건이 되어 일으켜진 충동입니다.

듀이는 충동이나 욕구가 다른 것과의 관련 없이 독자적으로 결과를 산출하는 것은 불가능하다고 언급합니다. 그리고 아무리 단순한 행동이라도 충동만으로 연유하지 않고 주변 환경이나 조건과 상호작용하거나 협응했기 때문에 일어나는 것으로 해석합니다. 어떤 충동이나 마찬가지입니다. 거기에는 충동의 주체가 이전부터 환경과 밀접하게 관련을 맺으면서 쌓은 경험들이 존재하기 마련이고 그것이 충동을 조절하여 적절히 환경에 적응하도록 돕는 것입니다. 우리가 시시때때로 마주하는 환경은 내가 이전까지의 경험으로 형성된 습관과 같은 쪽일 수도 있고 다른 쪽일 수도 있습니다. 어느 경우든지 우리의 적응은 내 생애 가장 좋은 선택지여야 합니다.

충동의 형태로 분출된 에너지가 환경과의 상호작용 과정에서 나의 습관을 변화시킬 때도 있습니다. 어떤 사람은 충동구매를 멈추지 않겠지만, 또 다른 어떤 사람은 무계획적으로 마트에서 산 물건들이 효용성이 없음을 반복 경험하고 나서부터는 그런 구매 방식을 멀리하는 방향으로 자신을 이끌 수도 있습니다. 다시 말해서, 능동적 존재로서의 인간은 이미 형성된 습관을 바꿀 수도 있고, 그대로 유지할 수도 있습니다. 우리는 충동이 일어남으로써 기존에 지니고 있던 습관을 유지하느냐 바꾸느냐의 선택으로 나아갈 수 있는 것입니다.

습관이 없다면, 당황스럽기만 하고 또 머뭇거리면서 혼란스러울 따름이다. 그러나 습관만 있다면, 기계와 같은 반복 작용, 과거 행동의 반복적 재생만 남는다. 습관들이 서로 갈등하고 충동이 불러일으켜지면, 비로소 의식적 탐구가 이루어진다.[6]

간혹 어떤 사람은 자신이 도덕적으로 잘못을 저지른 뒤에 용서를 구할 때 의도성은 없고, 단지 충동적으로 일어난 행동이라며 정상 참작을 요구합니다. 냉정하게 생각해 보면, 모든 행동의 출발점에는 모두 충동이 있습니다. 그런데 충동적인 행위라는 이유로 죗값을 덜어내려는 것은 궁색한 변명일 수 있습니다. 적어도 듀이의 시각에서는 말입니다. 도덕적 차원에서 생각해 보세요. 타인에 대한 고려 없이 자기 마음 내키는 대로 행동하는 사람들은 주변으로부터 환영받지 못합니다. 가족 구성원 중에서 가계에 부담을 줄 정도로 충동구매에 빠진 사람이 있다면 반드시 자신의 잘못된 행동을 개선해야 하겠지만, 심각성을 인지하지 못하고 그 충동구매의 습관을 깨지 못한다면 자신뿐만 아니라 가족의 화목에도 나쁜 영향을 줍니다.

듀이에 따르면, 충동은 이차적이며 의존적입니다. 우리는 모두가 유아기부터 의존적 존재로 살아갑니다. 한편으로 의존은 적응과도 일맥상통합니다. 충동은 이미 일정하게 형성된 습관

---

6 J. Dewey, 최용철 역, 『인간 본성과 행위 II 』, 서울: 봄, 2020, 27쪽.

을 지닌 성인들의 지식과 기술에 동화되기 위한 시작의 일환입니다. 따지고 보면, 충동에서 비롯된 행위도 개인의 경험에 의존해 있다는 사실에서 인간의 모든 행위는 그냥 불쑥 튀어나오는 게 아닙니다. 개인의 최종 선택에는 종국에는 자신이 경험한 바를 토대로 습득된 습관이 영향을 미칩니다.

습관은 축적된 경험으로부터 형성되며, 이렇게 축적된 경험은 지성을 발휘하는 데 있어서 중요하게 작용합니다. 환경적인 자극에 대한 반응을 충동으로 해석한다면, 습관은 반복된 경험을 통해 형성되는 것입니다. 새로운 상황에서 충동이 특정 행동을 반복적으로 유도하면, 그 행동은 습관으로 굳어질 수 있습니다.

그런데 한편으로는 습관이 내 성장의 발목을 잡기도 합니다. 유연하지 못해 하나의 습관이 몸에 밴 뒤에 그것을 무조건 고수한다면, 예측할 수 없는 다양한 환경에서 바람직하게 대처하지 못할 수 있습니다. 예를 들어 약속을 지키는 일은 좋은 일이지만, 고지식할 정도로 약속 준수에 철두철미한 사람을 과연 도덕적 완성의 길로 가고 있다고 말할 수 있을까요? 분명 우리에게는 상대방에게 양해를 구하고 약속을 깨야 할 때가 있습니다. 약속을 지키는 것만이 능사가 아닙니다. 삶은 그렇게 단순하지 않습니다.

습관은 사유를 방해하는 성질도 갖고 있습니다. 습관은 마음의 눈을 지금 가고 있는 길에만 갇혀 있도록 제한합니다. 듀이는 종종 우리가 다채로우면서도 그림같이 아름다운 풍경에 빠져들어 헤어나지 못하는 이유는 습관 때문이라고 지적합니다. 그렇지만 반대로 습관의 영역을 벗어나면 사유는 어리둥절하면서도 불확실한 상태에 놓이게 됩니다. 이것이 의미하는 바는 우리가 타성에 사로잡혀 꽉 막힌 상태로 살아서는 안 된다는 사실입니다. 만약 그렇지 않고 성찰과 거리가 먼 삶을 산다면 자기가 가고 있는 길이 정말 맞는 길인지 헤아릴 겨를조차 없습니다.[7] 피터스(Richard Stanley Peters, 1919~2011)가 "어린아이들은 습관의 마당을 지나서 이성의 궁전으로 들어갈 수 있고, 또 들어가야만 한다."고 말한 것도 같은 맥락입니다.

한편, 듀이는 의도뿐 아니라 결과를 매우 중시했습니다. 일반적으로 도덕을 이야기할 때 결과보다는 행위자의 의도를 중시하는 사람을 발달상 높은 수준의 도덕성을 지녔다고 보지만, 그렇다고 결과를 무시하는 행위도 마냥 선하다고 말할 수 없습니다. 듀이는 개인의 성장이라는 결과에 부합하는 행동이어야 도덕적인 행동이라고 말할 수 있으니까요. 다만, 그렇다고 해서 도둑질 능력이 탁월해진 사람을 두고 성장했다고 말하지는 않습니다. 그 성장은 환경과의 상호작용 과정에서 나와 사회 전체의 성장에 기여할 수 있어야 합니다.

---

7 J. Dewey, 최용철 역, 『인간 본성과 행위Ⅱ』, 서울: 봄, 2020, 17-18쪽.

지성이 발휘된 상호작용

일상에서 익숙해진 습관적 행위를 다른 환경조건인데도 불구하고 똑같이 했다가는 인간관계에서 낭패를 보기 쉽습니다. 충동에 따라서 행동해도 아무런 문제가 되지 않는다면 좋겠지만, 타인과 함께 살아가야 하는 이상 그럴 수 없습니다. 쉽게 말해, 충동으로 말미암아 우리는 어떤 행위를 하기 위한 내부 엔진에 전원을 켜게 되지만, 그렇다고 해서 그 엔진이 언제나 우리를 바람직한 길로 인도하는 것은 아닙니다. 충동은 비지성적인 특징을 지니고 있어서 저절로 반성과 성찰을 이끌 수는 없습니다. 겉으로 표현된 개인의 행위는 충동에서 시작되었을지라도 생각, 즉 지성이 활용될 때 도덕에 부합할 여지가 생겨납니다.

> *해방된 충동이 도덕적 관계를 맺는 것은 간접적 활동이 아니라 사려 깊은 성찰이다. 그 성찰이란 경향을 새로이 하고 또 습관을 재구성하기 위해서 충동을 어떻게 사용할 것인가에 관한 성찰이다. 관습에 사로잡히는 상태를 벗어남으로써 낡은 것들을 새롭게 바꿀 기회를 얻게 되고, 그렇게 해서 새로운 목적과 수단을 구성할 기회를 얻는다. 관습이라는 굳어버린 덩어리의 껍질을 깨부수고 충동을 해방시킨다. 그러나 충동을 사용하는 방법을 구하려면 지성이 나서야 한다.*[8]

---

8 J. Dewey, 최용철 역, 『인간 본성과 행위 I 』, 서울: 봄, 2019, 196-197쪽.

듀이의 철학은 지성을 도구로 삼아 삶의 성장을 도모하는 방법론적 성격이 짙습니다. 우리가 도덕적 삶은 단지 몸으로만 실천되는 것이 아닙니다. 도덕적 실천은 사유 활동을 포함하여 총체적인 차원에서 이뤄져야 합니다. 그중에서도 도덕적 사유를 위해 절대적으로 필요한 요소가 지성입니다. 지성은 나에게서 일어난 충동을 과거부터 쌓은 경험과 습관과 연관 짓고, 현재의 문제 상황을 종합적으로 파악하여 적절한 대안을 선택하도록 돕습니다. 지성적인 사람이라면 과거보다 더 나은 선택, 지금보다 미래는 더 좋아지는 선택을 하기 마련입니다. 이러한 선택이 나를 변화시킬 수 있습니다. 그러한 선택의 반복이 습관을 만들고, 그 습관이 나의 자아 정체성을 형성합니다.

> *(경험의 계속성의 원리가 상정하는)* 습관은 *일상적인 습관의 개념보다는 훨씬 더 깊은 의미를 지닌다. 그것은 정서적이며 지적인 태도의 형성을 포함하며, 삶의 과정에서 우리가 직면하는 모든 삶의 조건들에 대한 기본적인 감수성과 그러한 조건들을 대하고 그것에 반응하는 방식들을 포함한다.*[9]

인간의 삶은 경험의 연속입니다. 그리고 경험은 지성적 실천이 누적되어 가는 과정의 일환입니다. 이전의 경험들은 이후

---

9 J. Dewey, 엄태동 역, 『경험과 교육』, 서울: 박영스토리, 2019, 30쪽.

의 경험에 어떤 식으로든 관계합니다. 과거에 일어났던 일들이 기억 속에서 되살아나면 그것이 현재의 선택에 영향을 줍니다. 사실 인간 이외의 동물들은 그렇지 않지요. 인간처럼 각각의 사건마다 이전에 겪은 경험들에 의존해서 행위 하지 않습니다. 인간만이 추상의 능력이 있기에 앞선 경험이 이후의 다른 경험에 대하여 가치를 지닐 수 있습니다.[10] 추상을 통해 그 자체로는 복제 불가능한 구체적 경험에 대해서 이전의 경험을 렌즈 삼아 새로운 해석이 가능해집니다.

경험은 인간 사이의 접촉과 의사소통을 수반합니다. 경험은 진공 속에서 생겨나는 것이 아니라, 개인을 둘러싸고 있는 외부 세계와 교섭한 결과물입니다. 즉, 외부 환경이 어떠냐에 따라 개인의 경험도 달라지기 마련입니다. 물론 상호작용은 외부 환경 외에도 개인의 내적 조건에 따라서 달라질 수 있습니다. 상호작용은 행위 결과가 아니라 개인의 변화를 창출하는 원인입니다. 중요한 사실은 상호작용 과정에 지성이 발휘되면 새로운 질적 차원을 담보한 경험으로 나아갈 수 있다는 겁니다.

상호작용과 관련하여 헤겔의 변증법 또한 우리에게 주는 시사점이 있습니다. 실제로 듀이 자신도 그의 스승 모리스(George Sylvester Morris, 1840~1889)로부터 헤겔 철학을 소개받았고, 정반합(正反合)의 원리를 인간의 성장 알고리즘

---

10 J. Dewey, 이유선 역, 『철학의 재구성』, 서울: 아카넷, 2010, 181쪽.

처럼 받아들였습니다. 일상에 적응해서 아무렇지 않게 지내다가 나를 불편하게 만드는 상황이나 불안 요소를 접하면, 그것과 상호작용하는 과정에서 새로운 합(合)으로 향하는 거죠. 반(反)은 그야말로 일상에 함몰된 채 살아가는 정(正)으로서의 나를 반성으로 이끄는 외적 촉매와 같습니다. 반의 경험이 계기가 되어 지금까지의 나의 삶을 성찰하고, 성장의 문이 열리게 됩니다.

경험은 언제나 완성된 지식일 수 없습니다. 과거의 유물로 머무는 것이 아니기 때문입니다. 그리고 우리는 태어나서 죽을 때까지 결코 고정된 상태로 머문 적이 없습니다. 경험은 현재의 삶과 호흡하면서 끊임없이 새로워지는 과정에 놓여 있습니다. 다른 식으로 표현하면, 이전 경험에 계속적으로 이후 경험이 첨가되는 형태로 경험의 완숙미가 더해져 가는 겁니다. 이것은 바로 성장의 핵심입니다. 다만, 성숙한 사람이라면 현재의 경험이 미래에 유익한 영향을 주는 그러한 종류의 경험이 되도록 조건을 형성할 수 있어야 합니다.

듀이는 성장으로서의 교육은 언제나 현재의 경험으로부터 출발하는 현재진행형의 과정이어야 한다고 말합니다.[11] 적어도, 성장 중인 사람은 현재 자기 상황에서 자기 스스로 지식을 생성할 수 있어야 합니다. 그런 다음, 그 지식으로 이해할 수

11 J. Dewey, 엄태동 역, 『경험과 교육』, 서울: 박영스토리, 2019, 54쪽.

없는 환경을 접하게 될 때 다시 이전 지식의 수정, 보완, 폐기와 같은 절차를 거쳐서 새로운 지식에 도달할 수 있어야 하고요. 한마디로 성장은 지식의 재구성이 가능한 사람에게 어울리는 개념입니다.

도덕적 성장

삶의 중심에는 실천이 놓여 있어야 합니다. 손발은 움직임을 위해 존재합니다. 우리의 인식이 행위로 표현되지 못하면 변화는 불가능합니다. 인간에게 변화는 성장을 의미합니다. 변화 없는 성장이란 상상할 수 없으니까요. 삶에서 마주하는 실제적인 문제들을 해결하는 과정은 우리가 지닌 지식이 단지 고정된 관념의 형태로 머릿속에 이루어지는 게 아닙니다. 인간 삶의 작동 원리는 변화를 축으로 하는 실천에 있습니다. 시시각각 다채롭게 전개되는 역동적인 삶 속에서 부딪히는 문제들을 해결하는 과정이 곧 유의미한 경험입니다.

> *도덕이란 의미 있는 행위 과정의 생장발전이다. 최소한으로 말하면 도덕은 일종의 의미 확장을 뜻하며, 의미는 행위 과정의 현재 조건과 그 성과를 관찰함으로써 생긴 결과이다. 그것은 생장발전 과정과 일치한다. 생장발전 과정은 현실에서 확장되고, 생장발전은 사유에서 예견되지만, 이 둘은 서로 같은 사실이다. 가장 넓은*

의미에서 도덕은 교육이다.[12]

듀이가 철학자이면서 동시에 교육학자로서 위대하다는 사실은 위의 대목에서 여실히 드러납니다. 그에 따르면, 교육은 단순히 삶을 영위하기 위한 수단이 될 수 없습니다. 교육 자체가 삶입니다. 그리고 그러한 교육의 능력을 계속 간직하는 거야말로 도덕의 본질입니다.[13] 사실, 전통적인 학교에서 학생들은 지식을 각자의 경험들과 단절된 채 고립된 지식의 형식으로 배웠습니다. 그래서 자신이 터득한 지식과 유기적으로 관련을 맺고 있는 실제 상황에서 그 지식을 사용하지 못하는 경우가 부지기수였습니다. 더욱이 도덕은 한낱 정보가 아닙니다. 소크라테스가 덕에 대해서 한 부분만을 따로 떼어내어 설명될 수 있는 것이 아니라고 바라보았듯이 하나의 전체로서 이해되어야 합니다. 인격은 삶의 모든 직분을 수행하는 과정에서 나타나는 구체적인 특성으로 이루어진 그 사람의 온 전체를 의미합니다.

그래서 최근에 교육계에는 전통적인 교육이 학생의 경험 세계와 유리된 단편적인 지식을 주입하는 방식을 띤다며 터부시하는 분위기가 형성되어 있습니다. 실제로 과거의 전통적인 교육 패러다임은 충동을 무조건 억제해야만 할 대상처럼 여기면

12 J. Dewey, 최용철 역, 『인간 본성과 행위 II』, 서울: 봄, 2020, 145-146쪽.

13 J. Dewey, 이홍우 역, 『민주주의와 교육』, 서울: 교육과학사, 2007, 508쪽.

서 충동이나 개인의 욕구가 활동을 낳는 원동력이라는 사실을 소홀히 한 경향이 있습니다. 그런데 이것을 비판하면서 학생의 관심과 흥미를 따르는 것을 곧장 교육이라고 착각하는 사람들도 출현했습니다. 우리는 양쪽 극단 모두를 경계해야 합니다.

도덕도 마찬가지입니다. 전통적인 관습을 일방적으로 따라야 하는 것은 잘못이지만, 우리는 그 관습을 무조건 배척할 수도 없는 노릇입니다. 경험은 개인이 처한 그 시점에서 그의 환경을 형성하고 있는 주변과 어떻게 교섭하느냐의 문제입니다. 우리는 하나의 관습을 내면화할 수도 있고, 최적의 상태로 변형할 수도 있습니다. 문제는 도덕은 나 혼자 정하는 일이 아니라는 사실입니다. 공동체 구성원들이 함께 축적한 결과물이고, 그것에 변화를 가하는 것도 지금의 구성원들이 함께 시도해야 할 일입니다.

개인의 삶에서 일어나는 수많은 일들을 모두 예측해서 사회에 완전한 규범 체계를 구축한다는 게 가능할까요? 아무리 정교하게 구축된 규범 체계라고 하더라도 우리 앞에 벌어질 사태의 다양성과 맥락을 고려하면 빈틈이 있게 마련입니다. 법망을 요리조리 피해 가면서 나쁜 짓을 일삼는 소위 '법꾸라지'들이 그 예입니다. 인간의 도덕적 기획은 이와 같은 문제 상황을 해결하는 데 목적이 있습니다. 어떻게 하면 똑같은 문제 상황이 반복해서 일어나지 않도록 할 수 있을지 탐구해야 합니다. 지성을 발휘해서요.

듀이는 도덕을 단순히 이론이 아니라, 사회적 상황과 경험에 뿌리를 둔 행동의 결과물로 이해했습니다. 예를 들어 다이너마이트에 관한 지식을 전쟁이나 도둑질에 사용하는 사람과 인류의 번영과 평화를 위해 사용하는 사람은 표면적으로는 똑같은 지식을 가지고 있는 것처럼 보이지만, 각각 상이한 목적과 습관의 관련 속에 짜여들어 있기 때문에, 듀이는 이 양자가 지닌 지식의 질이 결코 동일하지 않다고 말합니다.[14] 우리가 무엇인가에 가치를 둔다는 것은 경험이 반영된 결과입니다. 즉, 가치에 대한 무조건적 수용도 아니고, 무조건적인 파괴도 아닌, 경험의 연속선상에서 이루어지는 재구성의 산물입니다. 인간에게 도덕은 동적인 것으로서 변화하는 사회적 상황과 경험에 따라 발전합니다.

> *어떤 개인이나 집단도 그들이 어떤 고정된 결과에 도달했는지 아니면 못 미쳤는지에 의해서 판단되는 것이 아니라, 그들이 움직이고 있는 방향에 의해서 판단될 것이다. 나쁜 사람은 지금까지 아무리 그가 좋은 사람이었다 하더라도 현재 타락하고 있는, 선을 상실해 가고 있는 사람이다. 좋은 사람은 지금까지 그가 아무리 도덕적으로 무가치한 사람이었을지라도 점점 나아지는 쪽으로 움직이는 사람이다. 우리는 이런 생각을 통해 스스로를 판단할 때*

---

14 J. Dewey, 이홍우 역, 『민주주의와 교육』, 서울: 교육과학사, 2007, 504쪽.

에는 엄격하게, 타인을 판단할 때에는 인간적으로 된다. 이는 고정된 목적에 접근하는 정도에 기초한 판단에 언제나 수반되는 거만함을 배제한다.[15]

삶은 불확실한 미래를 준비한다기보다는 현재를 제대로 살기 위한 과정입니다. 한 치 앞도 내다보지 못하는데 무슨 미래를 준비합니까? 지식은 실제 삶과의 맥락 속에서 소용이 있어야 하며 이후 재구성되면서 그다음의 예기치 못한 상황에서 또다시 쓰이는 실천적 지식이 되어야 합니다. 듀이의 상호작용 측면에서 생각해 보면, 이미 존재하는 도덕 관행들 속에서 질적 성장을 염두에 두면서 내가 어떤 행위를 선택하고, 어떤 삶을 살아갈 것인지를 주체적으로 구성해 나가는 게 중요합니다. 우리는 끊임없이 자기를 변화시키는 창조적인 주체가 되어야 합니다.

민주주의의 필요

도덕적인 삶을 살아간다는 것은 그저 현재 내가 처한 세계가 지닌 도덕에 순종하는 것을 의미하지 않습니다. 인간의 적응이란 그리 단순하지 않습니다. 그 도덕을 무조건 따르는 것은 매우 소극적인 적응 방식입니다. 우리는 수시로 변하는 환경에

---

15 J. Dewey, 이유선 역, 『철학의 재구성』, 서울: 아카넷, 2010, 202-203쪽.

때마다 잘 적응하여 생명을 유지하고 살아가는 유기체로서의 인간입니다. 한번 적응했다고 해서 평생을 편하게 살 수는 없습니다. 공동체도 변해야 합니다. 보다 정확하게 표현하면 성장, 진보해야 합니다. 대한민국은 과거 신분제도의 역사를 청산하고, 민주화를 통해 정치적 자유도 쟁취했습니다. 그러나 안타깝게도 지금의 현실은 소극적 자유 테제에 매몰된 사람들로 말미암아 형식적 민주주의에서 한 걸음도 더 내딛지 못하고 있습니다.

민주주의는 다양한 의미를 지니고 있습니다. 그러나 적어도 민주주의가 도덕적 의미를 지니기 위해서는 그것이 사회의 모든 구성원에게 다방면으로 성장할 수 있도록 도울 수 있어야 합니다.[16] 이를 위해서 사람들 사이의 접촉이 많고 그 종류가 다양해질수록 개인이 반응해야 할 자극도 다양해지고, 그만큼 인간 행동의 다양화를 촉진합니다. 듀이가 개인의 자유와 평등을 존중하는 민주주의 시스템을 적극적으로 옹호한 까닭도 이 때문입니다. 민주주의는 단순히 정치의 형태가 아니라, 근본적으로는 공동생활의 형식이요 경험을 전달하고 공유하는 방식입니다.[17]

끝으로, 사회의 성인이라면 현재의 경험들을 가치 있고 의미

---

16 J. Dewey, 이유선 역, 『철학의 재구성』, 서울: 아카넷, 2010, 210쪽.

17 J. Dewey, 이홍우 역, 『민주주의와 교육』, 서울: 교육과학사, 2007, 155쪽.

있는 것으로 만들어 주는 조건에 주목해야 합니다. 그리고 그런 조건에 민감하게 대응할 수 있어야 합니다. 그 조건이 일정 부분 다음 세대가 겪을 경험의 질을 좌우할 수 있기 때문입니다. 교육이 사회를 바꾼다는 게 맞을까요? 사회가 교육을 바꾼다는 게 맞을까요? 교육을 통해서 사회를 바꿀 수 있다고 믿는 것은 지극히 낭만적인 시각입니다. 물신주의가 만연한, 돈으로 모든 걸 살 수 있다고 여기는 공동체에 살아가는 사람은 그 공동체와의 상호작용 속에서 돈에 미친 사람으로 자신을 길들일 위험이 큽니다.

가치란 우리의 구체적인 삶 안에서 끊임없이 실천하는 과정에서 창조됩니다. 개인의 실천이라고 해도 그것은 같은 공동체 내 구성원들의 공동 의식과 공동체의 실천적 전통이 반영된 행위입니다. 이것이 바로 우리가 공동체를 아름답게 만들어야 하는 이유입니다. 우리는 사회를, 즉 아이들이 처한 외적 조건들에 세심한 주의를 기울이고, 아이들이 좋은 삶을 살아가도록 돕는 방향에서 조건들을 조직해 나가야 합니다. 구성원들이 함께 지성적 탐구를 통해서 지금 당장 시급하게 해결해야 할 문제가 무엇인지 파악하고, 그것을 개선하려고 노력할 때 도덕적 진보도 가능해집니다.

12장

어느 정도 실천해야 도덕적인 사람일까?
- 레비나스와 열망

"타자를 소유하고 이해하고 안다면,
그는 타자가 아니다."

동일성의 폭력

우리는 자신의 도덕적 잣대로 다른 사람의 행동을 평가하곤 합니다. 잘못을 지적하고 나서 상대에게 "당신이 뭔 상관이냐?"는 소리를 듣느니 무시하는 게 낫겠다 싶어 모른 척을 할지언정, 그때에도 마음 안에서 타인에 대한 비난의 말들이 떠올랐다는 점에서는 이미 타인의 행동에 대해 평가했다고 봐야 마땅합니다. 타인이 행동이 나의 의식으로 들어온 이상 그것을 비판하는 주체는 언제나 나입니다. 나는 내가 듣고 본 것을 종합하여 최종적인 판단을 내립니다. 그리고 그 비판의 타당성을 최대한 확보하기 위해서 자신이 세운 비판의 잣대가 보편적인지를 점검합니다. 여기서 보편성을 따지는 것은 이성의 역할이며, 그 이성의 주체는 여전히 인식의 주체로서의 나입니다.

내가 세운 '도덕'이 정말 도덕이 맞다고 확신할 수 있을까요? 내가 다른 사람의 행동에 대해서 도덕적인 평가를 하려 한다면 적어도 그 사람이 처했던 실제 상황에 대한 구체적인 이해가 전제되어야 합니다. 그 사람은 어떤 사람인지, 어떤 동기에서 그런 행동을 하게 되었는지 곰곰이 따져보아야 합니다. 하지만 사람들은 자신이 가진 경험 세계에 한계가 있을 수밖에 없다는 사실을 놓치곤 합니다. 예를 들어 지하철에서 노약자석에 앉은 젊은 청년을 보고 공중도덕을 모른다며 비난하는 사람이 있을 수 있습니다. 겉으로 보았을 때 아픈 데가 전혀 없어 보이는 멀쩡한 젊은이가 앉아 있으니까요. 얼마 뒤 목적지에 다다랐는지 그 청년이 일어났습니다. 그런데 일어나는 모습이 꽤 조심스러워 보였는데, 문 앞으로 가는 동안에도 다리를 심하게 절면서 걸었습니다. 허벅지 쪽에 문제가 있는 것으로 보였습니다.

이 상황은 우리가 너무 쉽게 나의 감각 경험에 의존하여 타인의 행동을 평가할 때 발생할 수 있는 문제를 여실히 보여줍니다. 일상에서 이런 일은 수도 없이 많습니다. 기존에 자신이 가진 경험을 토대로 타인의 행위 동기를 예단하거나 섣불리 평가해서 상대방에게 상처를 주는 경우도 종종 있습니다. 마치 다 알고 있는 것처럼 남의 이야기를 떠들어 대는 사람들도 있습니다. 설사 나랑 가까운 사람이라고 하더라도 내가 그 사람이 아닌 이상에야 그가 그동안 무슨 일을 겪으며 살아왔는지 그의 삶 전체를 알 수는 없습니다. 하물며 우리는 자기 자신에 대해서도 인상 깊은 기억 외에는 잊고 삽니다.

윤리를 제1의 철학으로 내세운 철학자가 있습니다. 바로 레비나스(Emmanuel Levinas, 1906~1995)입니다. 그의 철학적 관심을 윤리적인 삶에 몰두하도록 한 것은 2차 세계대전과 홀로코스트였습니다. 그는 리투아니아의 유대인 가정에서 태어나서 독일로 이주해 살았지만, 나치의 유대인 학살을 지켜보았고, 불행하게도 친동생 2명이 나치에 의해 살해되는 아픔을 겪었습니다. 나치의 잔인한 행각을 목도했던 그는 그야말로 이방인의 삶을 살았습니다. 그가 태어난 리투아니아는 처음부터 러시아의 지배 아래 있었고, 청소년기 우크라이나로의 이주를 거쳐 프랑스에 정착하였습니다. 프랑스 군으로 2차 세계대전에 참전했다가 그만 포로로 붙잡혀 전쟁이 끝날 때까지 포로수용소에서 지내야 했습니다.

도덕에 관하여 레비나스가 우리에게 들려주는 이야기는 전쟁의 포화 속에 격동기를 살았던 그의 경험과 무관하지 않습니다. 그는 전체주의를 강도 높게 비판했습니다. 2차 세계대전의 주범이었던 나치 정권은 절대 권력을 소유한 국가가 폭력을 사용하여 개인의 자유와 권리를 무참히 짓밟는 공포 정치의 대표적인 예입니다.

무엇보다 레비나스가 천착했던 문제는 서양 문명 전반에 깃들어 있는 정신이었습니다. 레비나스는 서구 사회의 일반 대중의 의식 속에 전체주의를 낳은 전체론적 사유 체계가 뿌리 깊게 박혀 있다고 진단했습니다. 근대 이성의 기획물이라 할 수 있는 전체론은 세계를 하나의 통일된 체계로 이해하려는 시도였습니다. 이것은 인간이 이성을 통해서 세계를 이해하고 통제할 수 있다는 확고한 신념에 기반합니다. 그런데 이렇게 유일한 하나의 보편 세계를 지향하는 동일성의 논리가 식민 지배를 정당화시키는 전체주의 이데올로기를 부추겼습니다.

레비나스는 서구 사회를 두 차례에 걸친 잔혹한 전쟁의 도가니로 몰아넣은 원인으로 위와 같은 인간의 사유 방식을 짚었습니다. 그는 기존의 서양 철학에 깃든 주체 중심의 인식론, 이성 중심의 사유 체계가 전체주의의 논리를 노정하고 있으며, 결국 보편적 진리를 추구한다는 점에서 다름을 존중하는 방향이 아니라 다른 존재들을 집어삼킴으로써 하나의 진리를 지향하고 있다고 진단했습니다.

그러나 나의 시선에 비추어 나와 다름을 지우고 오로지 내가 인식할 수 있는, 나의 경험 세계에서 흡수할 수 있는 대상만을 받아들이는 사유 방식은 늘 내 인식의 지평 너머에 존재하는 것들에 대해서는 배제하는 결과를 초래합니다. 다시 말해서, 동일성의 추구는 타자성에 대한 무시, 타자의 고유성을 파괴하는 것과 같습니다.

인간의 이성과 함께 생각하는 나를 상정하고, 의식 작용을 통해서 타인을 해석해 나가는 방식은 결국은 나 중심의 세계관에 머물 수밖에 없습니다. 레비나스는 이러한 사유 방식이 서구 사회에 만연한 상태로 서로 싸우는 가운데 힘의 논리가 작동하면서 전 세계가 파국으로 치닫게 됐다고 본 것입니다. 동일성의 사유, 즉 하나를 지향하는 사유는 그 안에 폭력성을 내포할 수밖에 없습니다. 그래서 레비나스는 2차 세계대전이라는 비극적 사태를 초래한 근본적인 원인으로 존재를 중심으로 한 동일성의 사유를 지목하고, 개별 고유성을 지니고 이 세계 안에 들어와 있는 존재자 중심의 철학으로 나아가야 한다고 주장했던 것입니다. 레비나스가 수용소에서 전쟁의 잔인함을 직접 경험하면서 저술한 책 제목 『존재에서 존재자로』가 이를 상징적으로 잘 보여줍니다.

인간의 의식은 늘 이와 같은 전체론적 위험을 안고 있습니다. 사실, 레비나스는 후설(Edmund Husserl, 1859~1938)의 현상학에 영향을 받았습니다. 후설에 따르면 의식은 항상 어떤 대상에 대한 의식입니다. 쉽게 말해서, 의식은 본질적으로 지향적이며, 무언가를 향하고 있는 상태입니다. 그래서 후설의 시각에서 현상이란 주체 입장에서의 의미 현상을 말합니다. 인간 주체가 내부에서 의식이 작동하여 주체 바깥의 세계를 의미 있는 경험으로 구성해 나가는 거죠. 우리는 주체의 의식 작용(noesis)을 통해 세계에 부여된 대상(noema)의 존재 의미를 파악합니다.

여기서 중요한 사실은 인간이 마주하는 어떤 현상에 대한 의미는 그것을 바라보는 사람의 관점이나 상황에 따라서 다르게 해석될 수 있다는 점입니다. 똑같은 상황인데도 사람마다 다른 의미로 받아들일 수 있는 이유는 상황에 의미를 부여하는 주체의 의식 때문입니다. 이처럼 우리의 의식은 항상 어떤 대상을 향하고 있습니다. 그렇지 않은 의식이란 생각하기 어렵습니다. 이것이 이른바 '의식의 지향성'입니다.

그런데 우리의 의식은 개인적 주관으로 인해 어떤 문제 사태에 대한 해석에 있어서 언제든지 오류를 범할 수 있습니다. 이를 막기 위해서 후설은 현상학적 환원(phenomenological reduction)을 이야기합니다. 이것은 인간 의식이 순수한 본질에 도달하기 위해 외부 세계의 존재 여부를 배제하고, 오직 의식 경험 그 자체를 분석하는 방법을 의미합니다. 우리가 어떤 사태에 대해서 제대로 이해하기 위해서는 일체의 선입견을 배제하고 외부 세계에 대한 판단을 일시적으로 중단해야 합니다. 이것이 바로 그 유명한 '판단중지(epoche)'입니다. 확증편향에 빠져 진실을 보지 못하는 사람들을 볼 때면 꼭 필요한 도구 같습니다.

외재성의 낯선 타자

한편, 레비나스는 후설의 입장이 지극히 이론적 의식의 우위성에 바탕을 둔 지향성 개념이라며 비판합니다. 주체의 의식에서 출발하는 후설의 입장은 다분히 주지주의적인 성격을 띠고 있습니다. 의식의 지향성은 항상 자기 밖을 향하며, 의식의 주체에게 세계는 체험된 대상으로서 표상됩니다. 이러한 후설의 시각을 따를 때 커다란 문제가 발생합니다. 주체가 항상 타자를 지향한다는 점에서 주체 중심의 사유일 수밖에 없습니다. 이것이 왜 문제가 될까요? 인간의 인식과 판단이 늘 불완전한데 사태 자체를 있는 그대로 인식한다는 것이 가능하기는 한 걸까요? 우리는 보편 렌즈가 아니라 각자의 불완전한 렌즈로 세상을 바라본다는 사실을 명심해야 합니다.

레비나스가 보기에, 인간의 의식 작용으로 주변의 타자를 이해한다고 할 때 타자는 주체의 의미 구성에 있어서 하나의 대상일 뿐 그 이상, 그 이하도 아닌 존재로 전락해 버립니다. 단지 주체의 정신작용에 따라 의미가 구성될 뿐인 거죠. 결국 표상을 통한 타자 경험은 주체와 타자 사이의 관계 설정에 있어서 주체를 우위에 놓는 해석으로 귀결될 수밖에 없습니다. 주체 우위의 인식 활동은 타자에 대한 일종의 폭력일 수 있다는 것이 레비나스식 사고입니다. 레비나스의 논리를 이해한 사람이라면 우리 사회에서 도덕을 논리로 삼아 폭력이 행사될 수 있는 위험을 주의 깊게 살필 수 있습니다.

실제로 타자란 어떤 존재자인가요? 우리가 이해할 수 있긴 한 건가요? 나에 대해서도 완전히 알 수 없는 내가 타자에 대해 이해한다고 말할 때 그 이해는 도대체 무엇을 의미하는 걸까요? 타자는 주체의 인식으로 온전히 도달할 수 있는 지식이 아닙니다. 이와 관련하여 레비나스는 타자의 타자성을 외재성과 무한성으로 설명합니다. 타자는 내 인식의 절대 바깥에 존재하기 때문에 결코 나의 인식으로는 주워 담을 수 없습니다. 레비나스에 따르면, 타자는 애초에 무한한 존재자이기 때문에 인간의 유한한 인식 활동으로는 순전히 그 사람의 아주 극히 일부분만 이해할 수밖에 없습니다.

예를 들어, 지금 자신이 가장 사랑하는 사람 중 한 명을 떠올려 보세요. 그리고 그에 대해서 얼마나 알고 있는지 생각해 보세요. 그 사람에 대한 앎 전체를 100이라고 할 때 어느 정도를 알고 있다고 말할 수 있습니까? 어떤 사람은 사랑하는 사람과 항상 붙어 다니기 때문에 거의 모든 걸 안다고 말하기도 합니다. 어떤 사람은 배우자에 대해서 반평생을 함께 살았기에 반 이상은 알고 있는 거 같다고 말합니다. 도대체 사랑하는 이의 온갖 것을 어느 정도의 양으로 짐작하기에 그렇게 말할 수 있을까요? 우리가 타인에 대해 파악한 정보라고는 극히 미비함에도 불구하고, 마치 타인에 대해 다 알고 있는 듯 떠듭니다. 쉽게 타인을 비난하기도 하죠. 타인을 무한의 존재자로 바라본다면 어떨까요? 내가 타인에 대해 하는 정보라고는 0.000001보다도 적다는 말이 가능해집니다.

레비나스에 따르면 타자는 무한한 존재자입니다. 무한은 한계가 없다는 뜻으로, 어떤 방식으로도 일정한 테두리 안에 가둘 수 없다는 뜻을 내포합니다. 타자(他者)는 글자 그대로 어떤 개념으로 범주화하거나 온전히 해석할 수 없기에 타자입니다. 그래서 레비나스는 타자성을 '신비'라는 말 말고는 달리 표현할 방도가 없다고 말했습니다. 까도 까도 숨겨진 비밀이 여전히 남아 있는 것처럼 말이죠. 무한의 비밀을 간직한 타자는 우리가 예측할 수도 없고, 손에 거머쥘 수도 없습니다.

나의 존재에 대한 타자의 영향력은 신비스럽다. 그것은 미지의 것이 아니라 인식될 수 없는 것이며, 어떠한 빛에 대해서도 저항적이다. ...(중략)... 타자와의 관계는 우리에 대해 외재적이다. 타자와

의 관계는 하나의 신비와의 관계이다. 그것은 그의 외재성이다.[1]

신비롭기에 볼 때마다 낯설게 느껴지는 존재자가 바로 타자입니다. 매일 한 이불을 덮고 자는 배우자라 할지라도 나의 사람으로 동화시키려 해서는 안 됩니다. 타자성을 해치는 것은 폭력이며, 타자의 타자성은 나의 절대적 바깥에 있을 때 온전히 보존되기 때문입니다. 그런 타자를 우리는 어떻게 사귈 수 있을까요? 레비나스는 그 출발점도 주체가 아니라 타자에게서 찾습니다.

제1철학으로서의 윤리

레비나스는 윤리를 존재론적 차원에서 이해합니다. 우리가 존재하는 이상 그 존재를 존재케 한 원인자에 대한 책무가 있다는 겁니다. 내가 존재하기 때문에 무엇에 대한 책임이 있다? 쉽게 납득이 가지 않을 수 있습니다. 왜냐하면 앞에서 언급된 철학자, 윤리학자들도 그렇지만, 보통은 도덕을 당위 아니면 규범의 차원에서 설명하기 때문입니다. 도덕에 관한 다양한 이론들도 넓게 보면 칸트와 같이 의무의 차원에서 마땅히 해야 할 일을 해야 한다거나 사회에서 역사적으로 축적되어 온 관습적 도덕을 따르라고 말하는 경우가 대부분입니다. 그래서 존재론

1 E. Levinas, 강영안 역, 『시간과 타자』, 서울: 문예출판사, 2018, 84-85쪽.

적 차원에서 윤리에 관하여 이야기한다는 것이 다소 어색하게 느껴질 수 있습니다.

대단히 낯설지만, 레비나스는 인간이 세상에 존재하는 일 자체가 윤리적인 일임을 강조합니다. 이 말은 즉, 윤리란 인식의 일환에서 이루어지는 판단이나 규정 속에서 출현하는 것이 아니라, 이미 타자에 대한 나의 응답과 함께 성립된다는 것을 함축합니다. 평소 우리는 자기 자신에 대한 인식을 놓친 채 정신줄을 놓고 살아갑니다. 그러다가 어떤 영문에서인지 불현듯 의식이 깨어나 살아 있는 자신을 자각합니다. 마치 잠을 자는 상황과 유사하죠. 잠에 들었을 때는 자의식이 없다가 깨는 순간에 나에 대한 의식이 출현하니까요.

24시간을 잠에 빠져 산다고 생각해 보세요. 식물인간이나 다름없습니다. 레비나스는 잠을 독특한 방식으로 해석해 내고 있습니다. 지금 길거리를 활보하는 사람 중에서도 잠에 든 상태나 다름없는 사람들이 있다는 겁니다. 실제로 아무런 의식이 없는 것처럼, 단순히 기계처럼 움직이는 사람들이 있습니다. 이는 또렷해야 할 자의식을 잃은 채로 그저 막연히 깨어있는 상태(il y a)와 다르지 않습니다. 레비나스는 이러한 상황을 존재자는 부재하고 단지 비인칭의 무엇인가가 깨어있는 상황으로 묘사합니다. 영어에서 볼 수 있는 비인칭 가주어가 그렇습니다. 구체적으로 지칭하는 실체가 없죠.

레비나스에 의하면 이런 사람은 주체성을 잃은 것과 마찬가지입니다. 그러다가 자신도 모르는 사이에 자신을 자각합니다. 마치 거울에 선 나를 보듯 말입니다. 하지만 일상에서 우리는 거울을 내려놓지 않고 살아갈 수는 없는 노릇입니다. 자의식을 내려놓고 잠에 들 수밖에 없습니다. 하지만, 잠이 든다는 것을 반대로 생각해 보면 잠이 깰 가능성의 단계로 진입하는 것일 수도 있습니다. 의식의 고유한 의미는 숙면에 들 가능성에 기대 있는 깨어있음에 있습니다. 그래서 한편으로 의식은 잠잘 수 있는 능력과도 같습니다.[2]

밤에 몸이 피곤해서 드는 잠 말고, 한참 몸을 움직이며 활동하는 채로 자의식이 잠든 상태일 때를 생각해 보세요. 그럴 때 문득 나를 깨우는 존재자는 누구일까요? 자기 스스로 '그만 자고 이제 깨어나야지'라고 생각하며 깬다는 것은 모순입니다. 그 생각을 한다는 것 자체가 이미 깨어있다는 말이니까요. 레비나스는 나를 깨우는 존재자로 타자를 이야기합니다. 타자가 있어야만 타자를 인식하는 나의 존재를 인식할 수 있으며, 그런 맥락에서 나의 존재를 인식하게 만든 타자야말로 나를 나로 살게 만드는 존재자입니다.

'고독한 자유'로부터의 탈출

불면의 상태처럼 비인격적으로 깨어있는 상황에서는 자아가

---

2 E. Levinas, 강영안 역, 『시간과 타자』, 서울: 문예출판사, 2018, 45쪽.

나를 의식하지 못하기에, 의식하고 있는 주체로 온전히 설 수 없습니다. 이렇게 그저 막연히 깨어있는 존재의 상태에서 벗어나려면 정말로 제대로 의식을 깨울 수 있는 무엇인가가 필요합니다. 그것은 나의 바깥에 있는 존재자에게 달려 있습니다. 절대적으로 바깥에 존재하는 타자가 가하는 외부 충격만이 잠든 나를 흔들어 깨울 수 있습니다.

주변을 둘러보면 타인들에 대해 견고하게 벽을 치고 살아가는 사람들이 있습니다. 자기만의 성을 쌓고 그 안에서 아무런 외부 간섭도 받고 싶지 않은 거죠. 남에게 도움받을 일도 없고 피해 줄 것도 없으니 세상 편하게 살 수 있다고 기대할 수 있습니다. 아무래도 여러 사람과 관계를 맺다 보면, 자유로운 영혼으로 살 수 없습니다. 아픈 사람을 챙겨야 하고, 목표로 했던 직장에 들어간 사람에게는 축하의 뜻도 보내야 합니다. 이런 일들을 성가시게 여기는 사람이라면 애초부터 타인과 관계를 맺지 않았으면 좋지 않았을까 후회할지도 모릅니다. 그러나 혼자만의 성에 갇혀서 누리는 자유는 진정한 자유가 아닙니다. 레비나스는 '홀로 있음'은 자유가 아니라 고독이라고 말합니다.

오랜 세월 자유는 인간이 누려야 할 보편적 가치로서 자유를 위한 투쟁이 곧 역사의 진보로 여겨졌습니다. 그런데 자유는 나로 말미암음, 즉 기본적으로 다른 무엇에도 얽매이지 않고 내가 내 뜻대로 한다는 말인데, 이러한 자유가 참으로 실현되기 위해서는 주변에 어느 무엇도 없어야 할 것입니다. 나를 가로막는 것이 존재하지 않을 때, 걸리적거리는 것이 전혀 없을 때 자유는 가능하니까요. 그런데 한편으로 이러한 자유는 고독입니다. 자기 세계에 갇혀 지내면서 모든 걸 자기 방식대로 해석하는 사람을 떠올려 보세요. 사유의 자유라기보다는 착각 속에 빠져 사는 겁니다. 자기 감옥에 갇힌 것처럼 말이죠.

자기 존재의 감옥에 투옥된 주체는 일종의 나르시스와 같습니다. 나르시시즘적 자아는 다른 것에 침해받지 않으면서 끊임없이 자기만족을 추구합니다. 의식이 이런 식으로 자기만족에 빠질 때 동일성의 논리가 작동하게 됩니다. 주변의 모든 타인을 자기 식대로 흡수하면서 스스로 충만한 존재가 되었다고 간주하는 거죠. 다소 우스운 예지만, 좀비의 걸어가는 방향을 바꾸는 건 타자의 인기척입니다. 타자의 존재를 알아채기 전까지는 고독만 있을 뿐입니다. 그러나 타자를 한낱 내가 집어삼킬 수 있는 영양분 정도로 보는 좀비에게는 진정한 의미의 타자는 없습니다. 좀비한테 산다는 표현을 쓰기가 다소 부자연스럽지만, 아무튼 평생을 혼자 사는 겁니다.

우리는 이러한 고독의 자기 감옥에서 탈출할 때 진정한 자유를 얻을 수 있습니다. 그런데 레비나스에 의하면 고독에서 탈출할 수 있는 계기는 오직 타자에 의해서 주어집니다. 타자의 호출이 나를 드러냅니다. 흐릿하고 몽롱하게 숨만 쉬고 있던 나의 이름을 불러주는 순간 나는 "네"라는 대답과 함께 고독에서 벗어나는 거죠. 중요한 것은 어떠한 외부 자극에도 반응할 수 없는 사람은 온몸과 정신이 마비된 상태에 놓인 식물인간과 같습니다. 시간은 멈춰 있고 정지된 삶을 사는 것과 같죠.

외부의 신호에 민감한 사람이라면 아주 미세한 자극에도 흔들리기 마련입니다. 시인 윤동주는 잎새에 이는 바람에도 괴로워했다고 하지 않습니까? 이것은 온 감각이 살아서 꿈틀대는 영혼만이 느낄 수 있는 부끄러움일 겁니다. 괴로움이라는 자의식을 선물한 타자가 잎새에 이는 바람이듯, 우리는 언제나 타자의 자극 속에 놓여 있습니다. 단지 인지만 하지 못할 뿐입니다. 그 자극을 깨닫는 순간 그 자극을 수용한 주체인 내가 있게 되는 겁니다. 비유하자면, 이때 나라는 의식의 출현은 나의 탄생과도 같습니다.

> *최초의 자유, 그것은 아직 자유로운 지배자의 자유가 아니라 시작의 자유이다. 이제 어떤 것으로부터 출발하는 존재가 있다. 모든 주체 속에 담긴 자유, 주체가 있고 존재자가 있다는 사실 속에 담긴 자유, 존재에 대한 존재자의 지배의 자유.*[3]

자유의 시작 개념은 씨앗에서 싹이 트는 상황을 생각하면 쉽습니다. 딱딱한 외벽을 뚫고 새 생명이 탄생하기 위해서는 어떤 조건이 필요할까요? 씨앗 자체의 힘만으로는 불가능합니

---

3 E. Levinas, 강영안 역, 『시간과 타자』, 서울: 문예출판사, 2018, 50쪽.

다. 씨앗은 생명을 잉태할 가능성의 존재이기도 하지만 아직은 죽은 채로 있는 사물에 불과합니다. 우리가 살구 열매를 먹고 나서 씨앗을 버렸다고 해서 비난을 받지는 않잖아요. 하지만, 수분과 양분 등의 외부 환경이 씨앗을 계속 자극함으로써 딱딱한 씨앗의 옹벽에 균열이 발생하고 싹이 틀 수 있습니다. 듀이가 말하는 환경과의 상호작용이 성장의 밑거름인 이유도 그렇고, 공자의 인(仁)의 어원이 살구 씨앗에 있는 것도 그렇고, 동서양을 막론하고 주체가 외부 세계와 어떻게 관계를 맺느냐는 도덕적 삶에 있어서 본질적 요소라는 점은 틀림없습니다.

나의 시작이 나의 바깥에 존재하는 타자에서 연유한다는 사실에 동의한다면, 내가 태어난 이상 나를 존재케 해준 타자에 대해 존재에 대한 책무를 다해야 마땅합니다. 내가 제대로 서기 위해서는 나를 서게 해주는 타자를 서도록 해야 합니다. 그래서 레비나스의 시선에서는 구도상으로 책임이 자유에 앞섭니다. 나의 자유는 타자에 대한 책임을 다할 때 실현될 수 있습니다. 고독으로부터 나를 구원해 준 타자를 기꺼이 환대해야 한다는 게 레비나스 타자 윤리의 지향점입니다.

무한 책임의 감성

나에게 나로 살아갈 시간을 선물한 타자에게 우리는 얼마만큼의 책임감을 지녀야 할까요? 사실, 레비나스에 의하면 책임이란 철저히 타자에 대한 책임입니다. 내가 한 잘못에 대한 책임은 말할 것도 없고, 윤리의 진정한 가치는 타인의 잘못과 곤경에 대해 대속적 책임을 짊어질 때 살아난다고 말합니다. 자신이 저지른 잘못도 회피하려는 사람들이 판을 치는 현실에서 다른 사람의 잘못을 대신 책임진다는 말이 당최 납득이 가지 않을 수 있습니다. 그러나 레비나스는 우리가 타인의 책임을 대신할 때 비로소 윤리적 주체로 거듭날 수 있다고 말합니다.

> *타인을 위해 실존하면서, 내가 나를 위해 실존하는 것과는 다르게 실존한다는 사실, 이것이 도덕성 그 자체다. 도덕성은 모든 면에서 타인에 대한 나의 인식을 포괄한다. 또 도덕성은 이 최초의 인식에 더하여 타인에 대한 평가에 의해 타인에 대한 인식으로부터 도출되는 것이 아니다.*[4]

책임은 내가 선택한 행위에 따라붙는 것이 아니라, 존재론적으로 나에게 지워지는 것입니다. 여기서 한발 더 나아가 레비나스는 타인이 나를 보자마자, 그에 대해서 책임질 행동을 하지 않았다고 느낄지라도, 그에 대한 책임이 있다고까지 말합니다. 가끔 현실에서 곤경에 처한 사람에게 일정 부분 도움을 주고 나서 자신이 할 일을 충분히 했다고 생각하는 사람이 있습니다. 이 경우, 그 사람은 어리석게도 인식의 한계에서 비롯된

---

4 E. Levinas, 김도형, 문성원, 손영창 역, 『전체성과 무한』, 서울: 그린비, 2018, 396쪽.

착각이나 자아도취에 빠진 것일 수 있습니다. 얼마만큼 사랑하면 타자에 대한 내 사랑이 최선으로 실현된다고 말할 수 있을까요? 부모가 자식에게, 혹은 자식이 부모에게 얼마만큼 책임을 다했을 때 완벽하게 윤리적이라고 말할 수 있을까요? 충분하다는 말은 무한자를 대상으로 기술되는 윤리의 측면에서는 성립할 수 없는 표현입니다.

앞에서 언급했듯이, 타자는 인간의 경험이나 인식을 통해 파악할 수 있는 대상이 아닙니다. 즉, 타자는 주체의 표상과 사유의 차원을 넘어서 존재합니다. 어떠한 범주에도 속하지 않으며 주체가 결코 포섭할 수 없습니다. 타자와의 관계 맺기 차원에서 도덕을 바라보는 레비나스의 사유는, 타자가 무한이기에 자연스럽게 도덕도 타자에 대한 무한 책임을 지향합니다. 책임의 무한은 그것의 현실적 광대함을 표현하는 것이 아니라, 자신이 떠맡는 데 따라 늘어나는 책임의 증대를 표현합니다. 의무들은 성취됨에 따라 커집니다. 내가 내 의무를 더 잘 성취할수록, 나는 더 적은 권리들을 갖게 됩니다. 내가 더 정당할수록, 내가 확고하게 주체로 설수록 더 큰 책임감을 느낍니다.[5]

책임은 오로지 나에게 지워지는 것, 인간적으로 내가 거부할 수 없는 것입니다. 이 부담은 유일무이한 것에 대한 최상의 존엄입니

---

5 E. Levinas, 김도형, 문성원, 손영창 역, 『전체성과 무한』, 서울: 그린비, 2018, 371쪽.

다. 나 자신은 상호 교환이 불가능한 것이며, 그저 내가 책임을 지는 바로 그만큼만 나 자신일 뿐입니다. 나는 모두를 대신할 수 있지만, 아무도 나를 대신할 수는 없습니다. 이러한 것이 주체라는 양도 불가능한 나의 동일성입니다.[6]

타자의 무한성을 맞이하는 주체의 감성이 어느 정도이냐에 따라서 타자에 대해 느끼는 책임감의 크기도 달라질 수 있습니다. 여기서 우리는 레비나스가 윤리에 대해서 의미를 구성하는 이성의 능동성이 아니라, 그에 비해 다소 수동적인 것처럼 느껴지는 감성의 차원에서 이해하고 있음을 엿볼 수 있습니다. 감성은 이성이 주체의 내부로 향하는 것과 반대로 바깥을 향하고 있으며, 언제나 이성에 앞섭니다. "이성은 정념의 노예"라고 말한 데이비드 흄의 통찰과 유사한 면이 있습니다.

당연한 말이지만, 동일한 타자의 고통을 마주한 사람이 여럿이라고 할지라도 그것에 대해 반응하는 정도는 제각각입니다. 그 이유는 늘 내 옆에 이미 근접해 있는 타자이지만 주체의 감성이 얼마나 풍부하냐에 따라 자극의 세기는 다르게 전달되기 때문입니다. 구체적으로 레비나스는 절대적 외재성의 타자, 즉 인식 불가능한 거리에 놓여 있는 타자와의 거리를 근접성(proximity)으로 설명합니다. 근접성으로 인하여 주체는 타자

---

6 E. Levinas, 김동규 역, 『윤리와 무한』, 고양: 100, 2020, 115-116쪽.

를 개념화하기 전에 감성의 수동성에 의해서 타자로부터 영향을 받습니다. 근접성이란 주체가 타자를 대상화하기 위해 회상할 시간과 거리를 가질 수 없을 만큼 가까이에서 언제나 타자가 얼굴을 드러내고 있음을 의미합니다.[7]

레비나스는 주체에게 얼굴로 현현하는 타자는 얼굴 그 자체로 이미 도와달라고 호소하고 있다고 말합니다. 타자는 내게 얼굴로써 말하는 자이며, 나는 그 요청에 응답해야 하는 자입니다. 타자의 얼굴은 늘 헐벗은 상태의 맨얼굴입니다. 그에 따르면, 주체인 나는 강하지만 타인은 약합니다. 레비나스는 이를 두고 타인을 가난한 자, 과부와 고아에 비유합니다.[8] 이와 함께 역설적이지만 레비나스는 타자를 주체보다 높은 위치에 놓아 비대칭의 관계로 설정하고, 그 얼굴에서 나오는 힘이 주체에게 상처를 입힌다고 말합니다. 고독한 주체의 옹벽에 균열을 내는 거죠. 타자의 약함이 살려달라는 강한 요청으로 주체의 마음을 후벼파게 되고, 타자를 소유하고 지배하려는 주체의 힘을 무력화시킵니다.

이렇듯 타자의 벌거벗고 굶주린 얼굴이 오히려 거부할 수 없는 도덕적 호소력을 지니고 있습니다. 주체에게 타자의 곤궁과 결핍은 하나의 명령으로 다가오지만 우리는 그 자체를 외면할

7 E. Levinas, 문성원 역, 『존재와 달리 또는 존재성을 넘어』, 서울: 그린비, 2021, 187-190쪽.

8 E. Levinas, 서동욱 역, 『존재에서 존재자로』, 서울: 민음사, 2003, 159-161쪽.

수 없습니다. 외면하려 하면 할수록 더욱더 타인의 얼굴이 전하는 호소로 침잠하게 됩니다. 예를 들어, 출근길 경사가 가파른 언덕길에서 힘겹게 손수레를 끄는 할아버지를 만났는데, 그냥 지나친 경우, 그 장소를 벗어났는데도 그 할아버지가 떠올라 자신을 괴롭히는 경우가 있습니다. 일하다가도 문득, 다른 수레를 보고도 문득, 문득문득 떠오르는 할아버지의 얼굴은 아마도 출근길에 내가 손수레를 밀어드리지 못함에 대한 꺼림칙함의 증표일 겁니다.

형이상학적 열망과 겸손

주체에게 절대적으로 바깥에 머무는 타자의 타자성은 종합될 수도, 객관화될 수도 없습니다. 인간의 의식으로는 결코 도달할 수 없는 저편에 존재하는 타자라는 점에서 타자와의 관계 맺음을 향한 주체의 운동은 초월의 차원과 관련됩니다. 레비나스는 초월이라는 개념을 엄밀하게 발전시켰을 때 우리가 그것을 무한이라는 말로 표현하게 된다고 이야기했습니다.[9] 유한한 인간이 결코 완전하게 인식할 수 없는 무한으로서의 타자를 향해 나아가는 일이 곧 윤리적 실천입니다. 윤리의 본질은 내가 서 있는 '지금 여기' 너머의 저편에 있는 타자를 향해 간다는 데 있습니다.

---

9 E. Levinas, 김도형, 문성원, 손영창 역, 『전체성과 무한』, 서울: 그린비, 2018, 13쪽.

윤리를 초월의 차원에서 다룬다는 점에서 자칫 레비나스의 타자 윤리를 종교적인 의미 안으로 가두는 사람들이 있습니다. 그가 유대인 철학자로서 유대교 사상에 영향을 받았고, 또 현대 기독교 윤리학자들에게 영향을 준 것은 틀림없는 사실이지만, 그렇다고 해서 그가 바랐던 윤리적 삶의 지향점을 종교인의 삶에 국한하여 해석하는 것은 옳지 않습니다. 실제로 이웃을 사랑하고, 섬기라는 예수 그리스도의 가르침은 기독교인만이 아니라 인류가 추구해야 할 보편적 윤리입니다. 언어 분석 철학자 비트겐슈타인(Ludwig Wittgenstein, 1889~1951)도 윤리가 단순히 어떤 사실을 기술하지 않고 더 높은 어떤 것을 표현하려 한다는 측면에서 윤리를 언표될 수 없는 것, 즉 윤리는 초월적이라고 말했습니다.[10]

우리가 초월의 영역에 존재하는 타자에게 도달할 방도는 무엇일까요? 타자의 도와달라는 호소에 부응하여 고독에서 탈출했다지만, 타자가 무한자라는 사실을 생각하면 타자를 향한 책임도 완수하기 어렵지 않을까요? 그렇습니다. 윤리가 타자에 대한 책임이라는 한에서 쉽게 성취될 수 있는 게 아닙니다.

나의 선한 행위에 상대방이 고맙다는 인사말을 건넸을지라도 여전히 그에게 무엇인가 더 해줄 게 있을지 모른다는 생각에 자신의 사랑이 충분하지 않았음을 느끼는 사람을 어떻게 바

---

10 L. Wittgenstein, 이영철 역, 『논리-철학 논고』, 서울: 책세상, 2020, 125쪽.

라보아야 할까요? 자기 것을 더 내놓을 수 있음에도 그것까지는 내놓지 못했다는 사실에 자기 자신을 질책하는 사람 말입니다. 적어도 "이 정도면 됐어"라고 자기 위안하는 사람보다는 더 도덕적인 사람으로 보아야 하지 않을까요? 도덕적으로 완전무결한 사람은 현실에 존재하지 않습니다. 단지 현재의 자신보다 더 도덕적인 존재가 되고자 열망하는 사람이 있을 뿐입니다.

타자를 향한 열망으로서의 초월 운동은 무한히 반복됩니다. 이와 관련하여 레비나스는 그의 주저 중 하나인 『전체성과 무한』에서 무한을 내 안에 흡수되고 부합되는 것이 아니라, '넘쳐흐름'으로 설명합니다. 윤리적 주체의 형이상학적 열망을 통해 욕망된 것은 그 욕망을 채우지 못하고, 그것을 깊어지게 할 따름입니다. 타자를 향한 열망은 결핍된 만큼을 채우면 사라지는 허기와는 다른 차원의 욕망입니다.[11] 배고픔이야 일정 열량을 채우면 사라지는 욕구잖아요. 하지만 타자에 대한 사랑의 마음은 주체할 수 없습니다. 결코 만족에 이르기 어렵죠.

감성은 그것이 오직 향유이기에 상처받기 쉬움 또는 타자에 대한 노출, 말함일 수 있다. 상처의 수동성, 타자를 위함의 출혈은 충만한 향유를 맛보는 입에서 한 입의 빵을 빼앗는 것이다. 이것은 확실히 자기를 거스르는 일이다. 하지만 무관심한 겉치레의 애정

11 E. Levinas, 김도형, 문성원, 손영창 역, 『전체성과 무한』, 서울: 그린비, 2018, 28쪽 .

으로서가 아니다.[12]

레비나스가 생각한 윤리는 칸트 윤리학의 경건주의적 색채만큼이나 매우 엄숙한 느낌을 줍니다. 타자의 굶주림과 고통에 못 이겨 입 속에 넣었던 빵까지 내놓을 수 있다는 것이 결코 쉬운 일은 아니니까요. 그런데도 레비나스가 이렇게까지 과할 정도의 윤리적 실천을 요구한 이유는 지금까지 이성이라는 이름으로 자행되어 온 어설픈 도덕을 뿌리뽑기 위함이었을 겁니다. 그가 목격한 근대의 인간들은 하나같이 이성을 통해 타자를 제대로 이해하고 있다고 확신에 찬 '거만형' 인간들이었습니다. 그러나 우쭐대며 타인을 대하다가는 되려 상대방에게 상처를 주기 십상입니다.

지금도 레비나스가 살던 시대에서 크게 나아진 것 같지 않습니다. 사람들은 적당히 남을 돕고, 적당히 자기 수준에서 선한 일을 했다고 자부하여 자신을 기만하기까지 합니다. 자신이 여전히 타인을 위해 할 수 있는 게 뭐가 있을까 고민하기보다는 적당히 책임지고 만족합니다. 강조하건대, 도덕적 책임과 실천에 갈증을 느끼며 끊임없이 그러한 삶을 살려고 열망하는 사람보다 지금 여기서 더 선하다고 말할 수 있는 사람은 없을 겁니다.

12 E. Levinas, 문성원 역, 『존재와 달리 또는 존재성을 넘어』, 서울: 그린비, 2021, 162-163쪽.

신비로움을 간직한 무한의 타자에게 매우 조심스럽게 다가가는 자세야말로 요즘 시대 필요한 일입니다. 내가 처한 상황이나 조건 따위를 고려하면서 타자를 맞이하는 것이 아니라, 절대적으로 낯선 타자의 도래를 그저 환대해야 합니다. 지금 여러분의 귓가에는 이웃의 어떤 목소리가 들리고 있나요? 아무런 기대 없이 그냥 나를 흔들어 깨우는 이웃의 상처를 어루만질 줄 아는 사람이 진정 윤리적인 사람입니다.

13장

도덕에 얽매이지 않고도 잘 살 수 있지 않을까? - 니체와 초인

"도덕은 가치들의 전쟁이다."

자기 초월

이제 도덕에 대한 우리의 여정도 마지막입니다. 도덕이 다양한 관계를 맺고 살아가는 우리에게 중요하긴 하지만, 자칫 도덕에 함몰되어 더욱 중요한 것을 놓치면 안 됩니다. 따지고 보면, 도덕도 우리네 인생을 위해 필요한 겁니다. 오히려 도덕이 조화로운 사람 사이를 가로막는다면 없느니만 못합니다. 물론, 도덕은 삶의 방해물이 될 수 없다며, 방해물이 되는 것은 애초부터 도덕이 아니라고 말하는 사람도 있을 수 있습니다. 그러나 적어도 방해물도 방해물로 인식하는 사람 나름입니다. 관점에 따라 얼마든지 달라질 수 있습니다. 나의 도덕이 타인에게 폭력이 될 수 있음을 이미 레비나스의 시선에서 배우지 않았습니까?

그래서 우리는 지금 내가 알고 있고, 실천하고 있는 도덕이 정말 도덕인지, 의미가 있는지 다시 들여다보고 질문해야 합니다. 이를 간곡하게 당부하는 철학자가 바로 니체(Friedrich Wilhelm Nietzsche, 1844~1900)입니다. 니체는 계산적 이성의 한계를 지적했습니다. 니체는 우리에게 이성에 의해 묶인 고정될 틀을 깨뜨리라고 말합니다. 그것이 바로 '힘에의 의지'입니다. 니체는 레비나스가 존재론에 앞선 윤리의 정립을 시도했던 것과 달리, 근대 이성의 기획을 실패라고 간주하고 이에 대한 해체를 꿈꿨습니다. 그의 책에서 차라투스트라는 다음과 같이 말하고 있습니다.

나는 그대들에게 초인을 가르치려 한다. 인간은 극복되어야 할 그 무엇이다. 그대들은 인간을 극복하기 위해서 무엇을 했는가? 지금까지 모든 존재는 자신을 넘어서 무엇인가를 창조해 왔다. 그런데 그대들은 이 거대한 밀물을 맞이하여 썰물이 되기를 원하며 자신을 극복하기보다는 오히려 짐승으로 되돌아가려 하는가?[1]

니체의 철학에서 중요한 개념 중 하나가 위버멘쉬(Übermensch), 번역하면 '초인(超人)'입니다. 흔히, 일반인들을 훨씬 능가하는 능력을 발휘할 때 초인적이라고 말하는데요. 니체의 초인은 초월하는 자를 의미합니다. 적어도 초월을 이야기하려면 초월해서 넘어가야 할 저편과 현재 내가 서 있는 이편을 상정해야 합니다. 신을 믿는다면 신이 있는 세계가 저편일 테고, 이데아를 긍정하는 사람이라면 현실 너머의 이상을 초월의 세계로 그리곤 합니다. 그런데 니체에게 초월은 조금 특별합니다. 잘 알려져 있는 것처럼, 니체는 "신은 죽었다"라는 유명한 말을 남길 정도로 근대 기독교 사회의 절대적 권위에 정면으로 도전했습니다.

단도직입적으로 니체의 초월은 자기 초월을 의미합니다. 내가 넘어서야 할 이편도 나이며, 저편도 나입니다. 물론, 저편에 있는 나는 이전의 나와는 달리 끊임없는 단련을 통해 자기

1 F. Nietzsche, 이진우 역, 『차라투스트라는 이렇게 말했다』, 서울: 휴머니스트, 2020, 19쪽.

자신을 극복한 사람입니다. 니체는 현재에 만족하며 멈추는 게 아니라 부단한 노력으로 창조적인 변화를 추구하며 종국에는 자신을 넘어서는 사람을 이상적인 인간으로 바라보았습니다. 그가 차라투스트라의 입으로 간접 전달한 신의 죽음은 인간이 가야 할 좌표의 상실이 아니라, 인간 스스로 새로운 가치와 의미를 창조하는 초인이 되어야 함을 상징적으로 보여주는 표현입니다.

인간은 짐승과 초인 사이에 놓인 밧줄이다. 심연 위에 걸쳐진 밧줄이다. 저쪽으로 건너가는 것도 위험하고, 도중에 있는 것도 위험하며, 뒤돌아보는 것도 위험하고, 벌벌 떨거나 멈추어 서 있는 것도 위험하다. 인간의 위대함은 그가 다리이지 목적이 아니라는 데 있다. 인간을 사랑할 수 있는 것은 그가 건너가는 존재이며 내려가는 존재라는 데 있다.[2]

인간은 본능적인 짐승과 고귀하고 창조적인 초인 사이에 존재합니다. 인간이 변화를 꾀하지 않고 현재의 상태에 안주하려 하는 순간 짐승에 가까운 인간으로 남게 됩니다. 완벽한 인간이 어디 있겠습니까? 꾸준히 지금보다 더 성장하기 위해서 노력하는 수밖에요. 우리는 삶에서 목적한 바를 이루지 못해 실

---

2 F. Nietzsche, 이진우 역, 『차라투스트라는 이렇게 말했다』, 서울: 휴머니스트, 2020, 23쪽.

망하고, 때로는 방황하기도 합니다. 하지만 거기에 멈춰 모든 걸 포기하는 행위는 죄악입니다. 니체는 슬픔과 고통조차 인생의 즐거움으로 승화시켜 자신을 뛰어넘으라고 요구합니다. 인생의 종착지까지 정주행하며 불완전한 자기를 극복하려는 의지야말로 건강한 삶을 살아가는 사람이 갖춰야 할 덕성입니다.

괴테가 남긴 유명한 말 중에 "허물을 벗지 않는 뱀은 죽는다."는 말이 있습니다. 실제로 그렇습니다. 니체도 『아침놀』에서 같은 말을 하고 있습니다. 낡은 사고의 허물 속에 갇혀 지내는 사람은 성장은커녕 죽은 삶을 사는 거나 마찬가지입니다. 매일 매일이 그 허물 속에서 변하지 않는 삶을 사는 것과 같으니까요. 우리는 허물을 벗어야만 다시 태어나고 성장할 수 있습니다. 불교의 초기 경전 중 하나인 『숫타니파타』에서 자기 교만을 부숴버린 사람을 뱀이 자기 허물을 벗는 것에 비유한 것도 같은 이치입니다.

우리가 새로운 나를 만나기 위해서는 과거의 나와 결별해야 합니다. 비겁하게 자신의 허물을 알면서도 바꾸려 애쓰지 않고, 그냥 그렇게 살아서는 안 됩니다. 수동적인 태도로 살아가는 나약한 인간을 니체는 경멸했습니다. 자기를 극복하려면, 기존의 나, 나를 둘러싼 기존의 통념들과 맞서 싸울 수 있어야 합니다. 새로운 가치를 정립하려면 자신을 지탱해 주던 과거의 가치를 허무는 게 먼저입니다. 진정 자기 인생의 주인이 되어 능동적으로 살아가는 사람이라면 기꺼이 앞에 놓인 장애물과 부딪히고 이겨내야 합니다. 거기에는 고통이 따르기 마련이고요.

힘에의 의지

니체가 새로운 가치 창조를 주문했던 것은 뒤르켐이 사회의 전통적 가치와 신념이 무너지고 나면 구성원들이 아노미 상태에 빠질 수 있다고 경고한 것과 유사합니다. 니체가 허무주의에 대해 논한 것도 도덕 체계와 진리의 상실로 인해 삶의 목표를 잃어버린 사람들에게 스스로 가치를 창조하도록 고무시키기 위함이었습니다. 니체는 허무주의를 두 가지 다른 형태로 이해했습니다. 하나는 전통적 가치와 믿음이 무너지고 나서 아무런 대안이 없어 절망과 무력감에 빠지는 소극적 허무주의(passive nihilism)이며 다른 하나는 기존의 가치와 믿음을 능동적으로 파괴하고, 새로운 가치와 의미를 창조하려고 시도하는 적극적 허무주의(active nihilism)입니다. 당연히 니체는 끊임없이 새로운 삶의 방식을 찾아 나서는 후자를 긍정했습니다. 물론 그렇다고 해서 니체를 허무주의자로 분류하는 것은 타당하지 않습니다. 어디까지나 그는 인간의 힘을 신뢰하면서 허무주의를 극복하려 했던 사람입니다.

그 과정에서 고통의 수반은 필연적입니다. 그가 추구했던 디오니소스적인 삶의 의미는 고통의 부정이 아니라 고통을 극복하는 긍정의 힘에 있습니다. 고통을 통해서 이전보다 높은 차원의 존재로 거듭날 수 있는 것입니다. 나의 주인은 이성이 될 수 없습니다. 그런데도 이성이 나의 몸 안에 군림하고 모든 행위를 관장합니다. 이성을 도구로 한 인식 활동이 삶을 파괴하기에 이르렀다고 진단한 니체가 소크라테스의 주지주의를 비판한 점도 이해가 됩니다.

이와 관련하여 니체는 구체적으로 빛과 질서, 이성을 상징하는 아폴론과 대비하여 광기와 열정, 생명의 충만함을 상징하는 디오니소스적인 삶을 강조하였습니다. 다른 말로 명랑성(heiterkeit)이라고도 하는데요. 그리스적 명랑성은 고난과 역경을 포함하여 삶 전체를 긍정하는 삶의 태도를 의미합니다. 우리는 고통을 단순히 회피하는 것이 아니라, 그것을 성장의 발판으로 삼아야 합니다. 운명을 사랑하라는 말도 자신에게 주어진 것들에 대해서 부정보다는 수용의 토대 위에서 새롭게 삶의 의미를 창조하라는 말입니다. 이를 위해 허무주의에 맞서 싸울 실존적 용기가 필요합니다.

니체는 인간을 창조적 힘을 가진 존재로 이해합니다. 초인은 삶 안에 들어와 있으면서도 이것들과 거리를 유지하는 파토스와 새로운 가치를 창조하는 자유 정신을 지닌 자입니다. 창조를 통해 세계에 의미와 가치를 부여할 수 있는 인간만이 노예가 아닌 세계의 주인이 될 수 있습니다.

그리고 그대들이 세계라고 부르는 것, 그것은 우선 그대들에 의

해 창조되어야 한다. 그대들의 이성, 그대들의 이미지, 그대들의 의지, 그대들의 사랑이 세계 자체가 되어야 한다! 그대들 인식하는 자들이여, 그러면 그대들은 그대들의 행복에 이르게 되리라![3]

우리네 일상은 무료함과 허무주의에 빠질 게 아니라 그것을 깨고 나와야 합니다. 여기서 니체의 '망치'가 필요합니다. 깨부술수록 삶의 에너지가 터져 나와 삶을 긍정하게 되고, 그 에너지가 새로운 가치를 창조합니다. 그래서 니체의 '힘에의 의지(der Wille zur Macht)'는 에너지의 상승이요, 삶의 고양입니다. 즉, 우리 각자가 자신의 잠재력을 실현하고, 새로운 가치를 창조하며, 더 높은 차원의 존재로 나아가도록 하는 내적 추진력과 같습니다. 니체는 우리에게 이런 상승의 에너지를 자신의 인생에 남김없이 다 소진할 태세로, 자기가 가진 전부를 마지막까지 열정적으로 쏟아부을 각오로 삶을 살아야 한다고 말합니다.

도덕의 계보

니체에 대해 신을 죽이고, 비도덕주의를 표방한 철학자라고 몰아붙이는 행위는 그에 대한 잘못된 이해라고 볼 수 있습니다. 그는 인간의 자유 정신을 파괴하는 관습으로서의 도덕, 그것에

---

3 F. Nietzsche, 이진우 역, 『차라투스트라는 이렇게 말했다』, 서울: 휴머니스트, 2020, 157쪽.

무조건 순종하려는 태도를 문제 삼은 것이지 도덕적 삶 자체에 대한 폐기를 주장한 것은 아닙니다. 그가 오해를 산 이유는 전통적인 도덕 체계를 부정했기 때문입니다.

이미 존재하는 선과 악의 이분법적 도덕관념은 주인된 삶을 사는 사람에 있어서는 낡은 가치 체계에 불과합니다. 우리는 무조건 받아들일 것이 아니라 일차적으로 기존의 도덕과 씨름할 수 있어야 합니다. 그것이 왜 도덕이어야 하고, 그게 도덕이라면 나와 우리에게 무엇을 주고 있는지를 말입니다. 그 과정을 조금 센 어조로 표현하면, 기존 도덕을 허물고 다시 그 위에 새로운 도덕을 세우자는 말이 됩니다. 설사, 도덕 체계를 허문 뒤에 다시 세운 도덕 체계가 앞선 도덕 체계와 다를 게 없어 보일지라도 이 둘은 서로 다른 것입니다. 비판의 토대 위에 주체적으로 세운 도덕이기 때문입니다.

다른 사람들이 만들어 놓은 도덕 가치들에 의해서 지배당할 게 아니라, 자신이 주체적으로 가치를 평가하고 나서 정립한 가치를 따르자는 겁니다. 기존 가치에 대한 재평가는 창조라고 말할 수 있습니다. 니체는 우리가 이미 주어진 도덕에 굴종하며 사는 것은 노예의 삶이나 다름없다고 말하며 자기 삶의 주인이 되기 위해서는 기존의 가치 체계에 대한 재평가가 반드시 선행되어야 한다고 주장합니다. 힘에의 의지도 그래서 필요한 거고요.

니체는 도덕의 계보에 대해 추적했습니다. 선과 악을 명확히 구분하는 사회 규범들은 언제부터 존재했고, 어떤 변화 과정을 거쳤을까요? 그리고 그런 일련의 과정을 이끈 원인은 무엇일까요? 적어도 도덕의 역사적 근원에 대한 탐색은 칸트처럼 그 자체로서의 도덕을 정당화하려는 시도와는 다른 길입니다. 그에 의하면 도덕은 인간의 본성에서 비롯된 것이 아닙니다. 도덕은 사회적, 역사적 맥락에서 형성된 것으로 단지 강자들에 의해서 도덕이라고 간주한 가치들의 집합입니다. 그리고 강자에 의해서 도덕은 약자에게 주입되어 그들을 지배하는 일종의 이데올로기처럼 작동하고 있는 것입니다.

> *도덕이란 특정한 현상에 대한 하나의 해석에 지나지 않으며, 보다 정확하게 말하자면 하나의 오해에 지나지 않는다. ...(중략)... 도덕은 한낱 기호언어에 지나지 않으며 징후에 불과하다. 즉 사람들은 도덕을 유용하게 활용하기 위해서는 도덕에서 무엇이 문제가 되고 있는지를 이미 알고 있어야 하는 것이다.*[4]

조금 다른 이야기이지만, 요즈음 가스라이팅이라는 말이 유행처럼 사용되곤 합니다. 정말로 가스라이팅을 당한 사람이 그 사실을 인식했다면 그나마 다행입니다. 대부분은 사실 자체를 인식조차 하지 못하고 동화된 채 살아가니까요. 가스라이팅은

---

4 F. Nietzsche, 박찬국 역, 『우상의 황혼』, 파주: 아카넷, 2019, 78쪽.

비대칭적 권력을 지닌 강자가 약자를 통제하고 억압하려 할 때 이뤄집니다. 가스라이팅을 당한 피해자, 약자는 가해자에게 더욱 의존하게 되고, 독립적인 결정을 내리는 데 더욱 어려움을 느끼게 됩니다. 자존감도 무너져 자신의 힘에 의지하려 하기보다는 강자에 의지하려는 경향을 띠게 됩니다.

이와 관련하여 니체가 사용한 중요한 개념이 '거리의 파토스(dad pathos der distanz)'입니다. 각 개인은 자신의 고유한 가치와 자율성을 확보하기 위해서 주변 세계와 일정한 거리가 필요합니다. 힘의 우열로 인해 인간 사회가 자연스럽게 계층 구조가 형성되면 이 구조 속에서 사람들이 자신만의 위치와 역할을 갖게 되고 자신의 위치에 적합한 역할과 책임을 부여받습니다. 이때 개인이 타인과의 관계에서 지나치게 가까워지면 자신의 고유한 가치와 목적을 잃게 되고, 타인의 기대와 사회적 규범에 얽매이게 된다고 보았습니다. 따라서 자신의 고유한 가치와 목적을 추구하며 살기 위해서 일정한 거리를 유지해야 합니다.

가스라이팅이야 가해자에 의해 조작된 파괴적 학대에 가깝지만, 스스로를 강자의 논리에 굴복시키면서 수동적으로 살아가야 할 이유가 있을까요? 언제든지 스스로 고양시킨 힘에의 의지로 기존의 강자들이 세운 도덕을 깨부숴야 합니다. 주의할 점으로 니체가 단순히 강한 자의 도덕을 옹호했다고 단정해서는 곤란합니다. 플라톤의 『국가』에서 강자의 논리가 곧 정의라고 말한 트라시마코스를 반박하는 소크라테스의 참뜻은 지금 현실에서 작동하고 있는 강자의 도덕이 진정한 도덕일 수 없다는 의미입니다. 니체는 우리가 도덕을 창조할 수 있을 만큼 사회에서 강한 사람이 되어야 한다고 말한 것이지 강자의 도덕이 마땅히 도덕이 되어야 한다는 논리를 편 것은 아닙니다.

니체가 이러한 관점을 견지한 까닭은 사회를 유지하는 가치와 제도들이 힘에의 의지가 연합해서 출현한다고 보았기 때문입니다. 니체에게서 보편적인 도덕규범을 운운하는 것은 말도 안 됩니다. 언제나 더 강력한 힘에의 의지가 추동하는 방향으로 그 시대의 도덕이 평가되고 만들어집니다.

> *도덕 중에는 그것을 창시한 사람을 다른 사람들 앞에서 정당화하려고 하는 도덕이 있으며, 또한 창시자를 안심시키고 자기만족에 빠지게 하는 도덕이 있다. 그 반면에 창시자가 자신이 창시한 도덕으로 자신을 십자가에 매달고 자신을 낮추려고 하는 도덕도 있다. 창시자가 자신이 만든 도덕으로 다른 사람들에게 복수하려는 도덕이 있으며, 자신을 은폐하려는 도덕이 있고, 자신을 변용하여 아득히 드높은 곳으로 오르기 위한 도덕이 있다.*[5]

5 F. Nietzsche, 박찬국 역, 『선악의 저편』, 파주: 아카넷, 2022, 193쪽.

가치의 전복

지금 도덕이라고 불리며 우리 삶을 규제하는 가치 체계들은 과거부터 이어져 내려온 유물과 같습니다. 우리는 그 유물의 상속자들이고요. 역사적 유물이라고 해서 무조건 계승되어야 할 전통은 아닙니다. 그 가운데는 케케묵은 골동품도 있을 수 있습니다. 즉, 유물들은 그 유물이 창조될 당시의 힘에의 의지에 의해 탄생한 산물일 뿐입니다. 그러니 우리는 잘 솎아내어 지금 우리에게 적합하지 않은 도덕은 뜯어고치거나 버려야 합니다.

쓸모없는 도덕이 있을까 반문하는 사람이 있을지 모르지만, 적어도 니체에게는 모든 도덕이 쓸모의 차원에서 재평가의 대상이 됩니다. 강한 힘, 높은 정신을 소유한 사람들이 계승해야 할 것과 척결해야 할 것을 명확히 구별해 내야 합니다. 그러기 위해서 우리는 그 가치 판단의 주체가 될 힘을 길러야 하고요.

인간들 사이의 상호 힘겨루기에서 이긴 최종 승자의 도덕이 사회에 군림하게 됩니다. 니체는 이를 놀이에 빗대어 설명합니다. 여러 사람의 도덕이 서로 충돌하는 장에서 그 힘들은 서로 연합하기도 하고 대립하기도 합니다. 다양한 힘이 서로 씨름하는 가운데 하강하는 힘이 있고, 상승하는 힘이 있습니다. 여기서 이긴 강자의 힘이 그들의 논리로 그 사회의 도덕을 수립합니다. 하지만, 실제 놀이가 그렇듯이 강자가 약자를 완전히 제압하고 재갈을 물리는 것은 아닙니다. 니체는 오히려 약자 스스로 지금 자신을 보호하기 위해서 강자들의 논리에 적응한다고 봅니다.

니체에 따르면, 약자들은 강자들에 대한 원한을 바탕으로 노예도덕이라는 도덕 체계를 형성합니다. 주인도덕과 대조적으로 노예도덕은 궁극적으로 인간의 잠재력과 창조성을 억제합니다. 니체는 이러한 노예도덕이 약자들이 강자에 대한 원한 감정에서 비롯된다고 보았습니다. 원한은 약자가 강자에 대해 느끼는 깊은 원망과 증오입니다. 약자들은 강자들에 대해서 원한을 품고 강자들의 속성인 힘, 용기, 자신감에 비난을 가합니다. 그리고 약자들의 속성이라고 할 수 있는 겸손, 순종 등을 미덕으로 찬양합니다. 그 과정에서 약자들은 자신들의 열등함이나 무력함을 인정하지 않고 자신들이 단지 선해서 강자의 지배를 받는 거라 여기며 스스로 자기기만에 빠집니다.

> *도덕에서 일어난 노예반란은 원한 자체가 창조적인 것이 되고 가치를 낳게 되는 것과 함께 시작된다. 여기서 원한이라고 하는 것은 본래적인 반작용, 즉 행위상의 반작용은 금지되고 있기 때문에 단지 상상의 복수를 함으로써 자신들이 입은 손해를 보상하려는 자들의 원한이다.*[6]

약자들은 강자들의 가치를 부정하면서 평등과 동정을 강조

---

6 F. Nietzsche, 박찬국 역, 『도덕의 계보』, 파주: 아카넷, 2022, 59쪽.

합니다. 모두가 유사해지는 상태를 동경하는 거죠. 평등주의가 만연하게 되는 배경에는 약자가 자신을 보호하고, 지배 계층의 억압에 저항하기 위한 노예도덕이 작용했기 때문입니다. 이에 반해 주인도덕은 평등주의를 옹호하지 않습니다. 인간 중에는 고귀한 인간도 있고, 저열한 자도 있기 마련입니다. 니체는 목숨을 부지하기 위해서 비겁하게 행동하고 자신의 이익을 위해서 자기 뜻을 굽히고 굴종하는 태도를 경멸합니다. 적어도 고귀한 인간이란 죽음 앞에서도 자신의 명예와 자존심을 중요하게 여기며 용감하게 처신합니다.

따지고 보면, 우리가 지닌 좋은 습관이라고 여기는 것들도 결국은 강자들이 남긴 유산입니다. 그 유산을 계승하는 사람들은 지금 사회에서 여전히 강자들일 확률이 높고요. 종종 사회 제도를 뜯어고치려 할 때 서로 다른 입장 차만 확인하고 끝나는 경우가 많습니다. 심지어 개혁이라는 말조차 꺼내지 못할 때도 있습니다. 그러면서 기득권이 스스로 자기 권리를 포기해야 한다고 말하는데요. 약자의 바람일 뿐입니다. 한국 사회의 고질적 병폐인 학벌을 타파하는 데 있어서 가장 큰 장애물은 이미 고학력을 지닌 채 기득권에 편입된 소위 강자들입니다. 아마 그들 다수는 그럴 마음도 없고, 그러기도 쉽지 않습니다.

나쁜 사회 관행이 습관으로 굳어져 우리 사회를 지배하고 있다고 볼 때, 그 관행으로부터 탈피는 곧 습관의 굴레에서 벗어남을 의미합니다. 이를 위해서 힘이 필요한 건 당연하고요. 습관이 나를 형성하고 나의 인격을 드러내는 핵심 요소입니다. 일상에서 사람들은 자기도 모르는 사이에 습관의 굴레에 빠져 그 습관이 나에게 강요된 것인지 아닌지도 전혀 염려하지 않은 채 살아가는데, 니체가 보기에 이것은 습관의 노예나 다름없습니다. 우리는 그런 노예 상태에서 벗어나야 합니다.

가치의 전복을 사회 개혁이나 악습 타도와 같이 너무 거시적인 관점에서만 볼 필요는 없습니다. 지금까지의 나에 대한 극복에서부터 시작하는 겁니다. 자기 자신도 혁신하지 못하는 사람이 무슨 수로 사회를 혁신하는 일에 올곧게 참여할 수 있겠습니까? 당장 나부터 뒤엎을 수 있어야 합니다. 듀이가 습관을 강조하면서도 경험의 연속성을 말하면서 주체가 끊임없이 경험을 재구성해 나가는 과정을 삶의 성장으로 이해한 것도 같은 맥락입니다. 엄밀히 말해, 주체의 반복된 행위 속에서도 습관이 재구성의 과정을 거칠 때 주체는 인간으로서 진정한 경험을 했다고 말할 수 있습니다. 마치 예술가가 예술 작품을 창작할 때처럼 자신의 습관을 창조적으로 재구성해 나가야 합니다.

어쩌면 도덕을 최고로 여기면서 과도하게 자기중심적으로 도덕을 이론화하여 자신들의 이야기가 보편적 도덕에 부합한다고 떠드는 사람들이야말로 도덕에 사망 선고를 내린 죄인일 수 있습니다. 다른 집단에서 숭상하는 가치를 평가 절하하고 자신들이 추구하는 도덕만을 유일한 가치인 것처럼 말하는 것은 자칫 잘못하면 강한 자들이 요구하는 억압적 행위에 가담

하는 일이 됩니다. 도덕은 힘센 이들이 주장하는 가치가 지배해 온 것일 뿐입니다. 애초부터 그것이 내재적 가치를 지니고 있던 게 아니라 가치를 부여한 것입니다. 도덕은 늘 해석에 열려 있어야 합니다.

여기서 우리는 니체가 도덕에 대해 숙고하는 사람이 적으면 적을수록 좋다고 말한 의미를 고찰할 필요가 있습니다. 도덕이 살아 있는 유기체라면, 도덕이 궁극적으로 추구할 진정한 목표는 도덕으로부터 해방이 아닐까 싶습니다. 니체가 도덕이 언젠가는 사람들의 관심을 전혀 끌지 못하는 시대가 도래하리라 전망한 것은 아마도 개별 주체가 자신을 지배하고 있는 도덕을 부수고 끊임없이 새로운 도덕을 창조하는 자유 정신의 소유자가 되리라 기대했기 때문입니다.

창조적 정신

니체의 힘의 대결을 긍정하며 적극적으로 맞서는 사람을 귀족으로, 투쟁을 회피하고 사람을 노예로 묘사했습니다. 구체적으로 주체의 정신이 변용, 발전해 가는 과정을 『차라투스트라는 이렇게 말했다』에서 세 가지로 구분하여 설명했습니다. 니체가 비유한 정신은 차례로 낙타, 사자, 어린아이입니다. 먼저 낙타는 주어진 의무에 순종하며 견디는 단계입니다. 일반적으로 낙타는 사막에서 짐을 운반하는 수단으로 이용됩니다. 낙타는 살기 위해서 인간이라는 외부의 권위에 무조건 순종해야 하며,

인간이 제시한 의무를 소명으로 받아들이고 주어진 짐을 기꺼이 짊어져야 합니다. 오직 인간의 도덕을 수용할 뿐입니다.

다음으로 순응과 수용의 삶에 반항하려는 움직임이 나타나는데, 이러한 변용을 니체는 사자에 비유합니다. 사자는 그동안 낙타가 지고 있던 짐을 거부합니다. 기존의 권위와 도덕에서 벗어나기 위해서 몸부림칩니다. 자율성과 자유를 획득하고 자기 삶의 주인이 되고자 수많은 가치의 주인들과 싸웁니다. 그러나 사자는 가치를 파괴할 힘은 지니고 있으나 새로운 가치를 창조하지는 못합니다.

마지막으로, 정신적 성장의 최종 단계로 니체는 어린아이를 말했습니다. 어린아이는 무한한 가능성과 창조적 잠재력의 상징으로서 기존의 가치 체계와 제약에서 벗어나 새로운 세계를 구축해 나갑니다. 어린아이들은 어른과 비교할 때 습관이 거의 형성되지 않은 상태로 늘 호기심으로 가득합니다. 이에 대해서 니체는 차라투스트라의 입을 빌어 어린아이는 순진무구함과 망각을 특징으로 새로운 시작, 놀이, 제힘으로 돌아가는 바퀴이며 최초의 운동이자 거룩한 긍정이라고 묘사합니다.[7] 창조자만이 전통적인 도덕 관습을 무너뜨리고 새롭게 도덕을 생성해 내는 주인된 힘을 발휘할 수 있습니다.

그리고 이렇게 창조된 도덕이야말로 삶의 연속선상에서 볼

---

7 F. Nietzsche, 이진우 역, 『차라투스트라는 이렇게 말했다』, 서울: 휴머니스트, 2020, 46쪽.

때 더 건강한 도덕일 수 있습니다. 물론 그것도 내일이면 다시 나에 의해서 파괴될 도덕입니다. 힘에의 의지를 지닌 사람은 기존의 도덕을 무너뜨린 채 폐허 속에 살아가지 않습니다. 파괴될 세계 안에서 살아가는 나의 선택지는 허무주의가 아닙니다. 건강한 자유 정신으로 무장하고 새로운 가치 창조로 나아가야 합니다. 이전보다 더 나은 도덕을 세우는 거죠. 순진무구한 어린아이처럼 말입니다.

> *자유로운 인간. 끈질긴 불굴의 의지를 소유한 자는 또한 자신의 가치 척도를 갖고 있다. 그는 자신을 척도로 하여 타인을 보면서 존경하기도 하고 경멸하기도 한다. 그는 필연적으로 자신과 동등한 자들, 강한 자들, 약속을 지킬 수 있는 자들을 존경한다.*[8]

오늘날 동성애를 반대하는 것에도 모자라 혐오 발언을 서슴지 않는 사람들이 있습니다. 동성애자는 소수자입니다. 동성애에 대한 도덕의 계보를 추적해 보세요. 동성애를 보편적 악으로 규정할 근거는 어디에도 없습니다. 오히려 고대 그리스에서는 동성애가 비교적 관용적으로 받아들여졌습니다. 그러던 것이 중세 시대로 넘어오면서 기독교가 유럽 전역에 확산됨에 따라 동성애에 대해 부정적인 기류가 강해졌습니다. 교회법에 따

---

8 F. Nietzsche, 박찬국 역, 『도덕의 계보』, 파주: 아카넷, 2022, 101쪽.

라 동성애를 범죄로 간주했고, 그것이 근대에까지 이어졌습니다. 이때는 기독교가 강자였으니까요. 그렇다면 지금 현대는 어떻습니까? 다시 동성애를 합법화하는 국가들이 늘어나는 추세입니다. 이것은 기존 도덕에 저항하고 사회에 약자들이 지속적으로 자기 목소리를 냄으로써 변화를 이끌었기 때문입니다.

니체가 동성애에 대해서 자기 생각을 구체적으로 밝힌 바가 없어서 섣불리 니체의 입장을 단정 짓기는 어렵습니다. 하지만, 그의 저서 『도덕의 계보』에서 고대 그리스의 귀족적 문화와 도덕에 관하여 기술하는 장면에서 조금은 짐작해 볼 수 있습니다. 그는 그리스 남성들 사이의 동성애적 관계가 그리스의 특정 사회문화적 맥락에서 이해되어야 한다고 주장했습니다. 그가 도덕적 절대주의를 거부하고, 도덕이란 각 시대와 문화에 따라 다르게 정의될 수 있다고 본 사실을 고려할 때 동성애에 대한 사람들의 따가운 비난을 성적 억압으로 바라보았을 가능성이 큽니다.

> *도덕의 극복, 어떤 의미에서는 심지어 도덕의 자기 극복이라고 할 수 있는 것, 이것이야말로 오늘날 영혼의 살아 있는 시금석인 가장 섬세하고 정직하며 또한 악의적이기도 한 양심에 맡겨져 있는 저 은밀하면서도 장기적인 작업을 가리키는 명칭이라고 할 수 있다.*[9]

---

9 F. Nietzsche, 박찬국 역, 『선악의 저편』, 파주: 아카넷, 2022, 92쪽.

불확실성의 미래

한 치 앞도 내다보기 힘들 정도로 빠르게 변하는 미래를 두고 사람들은 미래 사회에 대처할 역량을 키우라고 말합니다. 발빠른 준비와 사전 대처 능력만이 살 길이라면서 말입니다. 그러나 미래는 알 수 없기에 미래입니다. 미래는 우리가 예상한 대로 오지 않습니다. 준비한 대로 흘러가면야 삶이 얼마나 쉽겠어요. 오히려 우리의 예상을 빗나간, 내가 기대했던 바와 다른 미래를 마주할 때 그것을 담담히 받아들이고 오뚝이처럼 다시 일어설 수 있어야죠. 그런 사람이 건강한 사람입니다.

창조도 마찬가집니다. 창조란 고뇌로부터의 위대한 구제이며 삶을 경쾌하게 하는 어떤 것입니다. 우리는 창조하는 자가 되기 위해서 고뇌가 있어야 하며 많은 변신이 필요합니다. 차라투스트라는 창조하는 인간 존재가 다시 태어날 어린아이가 되기 위해서는 먼저 산모가 되어야 하며 해산의 고통을 각오해야 한다고 말하고 있습니다.[10] 삶에서 고통은 필연적이며 그것이 우리를 더욱 강하게 만들어 줍니다.

살면서 좋은 일만 있으리란 법은 없습니다. 내 눈에 아무리 행복해 보이는 사람일지라도 다 나름의 고충이 있고, 말 못 할 사정이 있기 마련입니다. 하지만 아픔이 있다는 게 곧 건강하지 않은 삶을 의미하는 건 아닙니다. 오히려 건강한 상태야말

---

10 F. Nietzsche, 이진우 역, 『차라투스트라는 이렇게 말했다』, 서울: 휴머니스트, 2020, 158쪽.

로 우리 자신에게 어떠한 문제도 없다고 인식되는 상태로, 인간은 건강할 때 변화 가능성이 작습니다. 고통 없이 행복을 바라는 것은 어리석은 일입니다. 결핍이 있어야 채움의 필요를 느낄 것이고, 그 채움의 과정에서 행복이 오는 것이니까요. 삶에서 시련은 상처로 남는 게 아니라 그것을 어떻게 이겨내느냐에 따라 우리에게 성숙이라는 선물을 제공할 수도 있습니다.

인생은 선택의 연속입니다. 그 선택의 주체는 어디까지나 나여야 하며, 그래서 자기 인생에 대한 책임도 자기에게 있습니다. 누구를 탓할 필요도 없습니다. 지금보다 더 나은 삶을 위해 고군분투하고 있는지가 핵심입니다. 비록 내가 가는 길이 험난할지라도 묵묵히 자신이 선택한 그 길을 걸어가고, 그 선택에 책임지며 조금이라도 더 후회 없는 삶을 살아가기 위해서 최선을 다하는 자세야말로 지금 우리에게 요청되는 자세일 겁니다. 불확실한 미래에 진정으로 필요한 역량은 실패하지 않을 힘이 아니라, 실패했을 때 다시 일어나 도전하는 힘이라는 사실을 명심합시다.

참고문헌

1장 • 도덕이 뭘까? – 소크라테스와 질문

Platon, 강성훈 역, 『에우튀프론』, 파주: 아카넷, 2023.

Platon, 강성훈 역, 『프로타고라스』, 파주: 아카넷, 2021.

Platon, 강철웅 역, 『소크라테스의 변명』, 파주: 아카넷, 2021.

Platon, 이기백 역, 『크리톤』, 파주: 아카넷, 2021

Platon, 이상인 역, 『메논』, 파주: 아카넷, 2021.

Platon, 천병희 역, 『국가』, 고양: 숲, 2013.

2장 • 먹고 사는 문제가 먼저 아닐까? – 플라톤과 영혼

Platon, 천병희 역, 『국가』, 고양: 숲, 2013.

Platon, 진헌상 역, 『파이돈』, 파주: 아카넷, 2020.

Platon, 조대호 역, 『파이드로스』 서울: 문예출판사, 2019.

이강서, 『플라톤 읽기』, 서울: 세창미디어, 2020.

3장 • 도덕은 어디에 좋은 걸까? – 아리스토텔레스와 행복

Aristoteles, 강상진, 김재홍, 이창우 역, 『니코마코스 윤리학』 서울: 길, 2015.

Aristoteles, 천병희 역, 『정치학』 고양: 숲, 2013.

Collinsworth, E., 한진영 역, 『예의 바른 나쁜 인간』, 서울: 한빛비즈, 2019.

Prior, W., 오지은 역, 『덕과 지식, 그리고 행복』, 파주: 서광사, 2019.

위키백과, '대한항공 086편 회항 사건', (2024. 7. 9.자 검색)

4장 • 착했던 내가 변한 것일까? – 유가와 인성(人性)

『論語』, 김학주 역, 서울: 서울대학교출판문화원, 2015.

『孟子』, 김학주 역, 서울: 서울대학교출판문화원, 2013.

『荀子』, 김학주 역, 서울: 을유문화사, 2016.

『中庸』, 동양고전연구회 역, 서울: 민음사, 2016.

김근호, 『선, 그리고 악의 논쟁』, 파주: 글항아리, 2017.

황의동, 『위기의 시대 유학의 역할』, 서울: 서광사, 2004.

5장 • 고작 그것 때문에 도덕이 좋다고? – 칸트와 선의지

Kant, I., 백종현 역, 『실천이성비판』, 서울: 아카넷, 2009.

Kant, I., 김석수, 김종국 역, 『도덕형이상학 정초 실천이성비판』, 파주: 한길사, 2019.

Kant, I., 백종현 역, 『윤리형이상학 정초』, 서울: 아카넷, 2006.

Kant, I., 이엽, 김창원, 박찬구 역, 『논리학 교육론』, 파주: 한길사, 2021.

Kant, I., 백종현 역, 『순수이성비판2』, 서울: 아카넷, 2008.

Skirbekk, G., Gilje, N., 윤형식 역, 『서양철학사』, 서울: 이학사, 2023.

백종현, 『이성의 역사』, 파주: 아카넷, 2018.

6장 • 조금 더 고결한 이유로 행위할 수 없을까? – 콜버그와 도덕적 추론

Kohlberg, L., 김민남, 김봉소, 진미숙 역, 『도덕발달의 철학』, 서울: 교육과학사, 2004.

남궁달화, 『콜버그의 도덕교육론』, 서울: 철학과현실사, 1995.

서강식, 『피아제와 콜버그의 도덕교육이론』, 고양: 인간사랑, 2007.

7장 • 정의 말고 다른 도덕은 없을까? – 길리건과 배려

Gilligan, C,, Snider, N., 이경미 역, 『가부장제 무너뜨리기』, 파주: 심플라이프, 2019.

Gilligan, C,, 김문주 역, 『담대한 목소리』, 서울: 생각정원, 2018.

Gilligan, C,, 박상은 역, 『기쁨의 탄생』, 서울: 빗살무늬, 2004.

Gilligan, C,, 이경미 역, 『침묵에서 말하기로』, 파주: 푸른숲, 2021.

8장 • 왜 나쁜 짓을 하게 되었을까? – 프로이트와 무의식

Freud, S., 윤희기, 박찬부 역, 『정신분석학의 근본 개념』, 파주: 열린책들, 2020.

Freud, S., 임홍빈, 홍혜경 역, 『새로운 정신분석 강의』, 파주: 열린책들, 2020.

Freud, S., 임홍빈, 홍혜경 역, 『정신분석 강의』, 파주: 열린책들, 2020.

9장 • 불필요한 도덕은 버려도 되지 않을까? – 뒤르켐과 사회적 사실

Durkheim, E., 민문홍 역, 『사회분업론』, 파주: 아카넷, 2015.

Durkheim, E., 민혜숙 역, 『사회학적 방법의 규칙들』, 고양: 이른비, 2022.
Durkheim, E., 박찬영 역, 『교육과 사회학』, 서울: 지식을만드는지식, 2022.
Durkheim, E., 황보종우 역, 『자살론』, 파주: 청아출판사, 2019.

10장 • 우리는 어떤 사회를 선택할 수 있을까? – 샌델과 연대
Bauman, Z., Oirek, S., 안규남 역, 『인간의 조건』, 서울: 동녘, 2016.
MacIntyre, A., 이진우 역, 『덕의 상실』, 서울: 문예출판사, 2021.
Sandel, M., 강명신 역, 『생명의 윤리를 말하다』, 파주: 동녘, 2010.
Sandel, M., 안진환, 김선욱 역, 『정치와 도덕을 말하다』, 서울: 와이즈베리, 2016.
Sandel, M., 이양수 역, 『정의의 한계』, 고양: 멜론, 2012.
Sandel, M., 이창신 역, 『정의란 무엇인가』, 파주: 김영사, 2010.
Sandel, M., 함규진 역, 『공정하다는 착각』, 서울: 와이즈베리, 2021.

11장 • 어떻게 하면 도덕적인 사람이 될 수 있을까? – 듀이와 경험
Arendt, H., 이진우 역, 『인간의 조건』, 파주: 한길사, 2021.
Dewey, J., 엄태동 역, 『경험과 교육』, 서울: 박영스토리, 2019.
Dewey, J., 이유선 역, 『철학의 재구성』, 서울: 아카넷, 2010.
Dewey, J., 이홍우 역, 『민주주의와 교육』, 서울: 교육과학사, 2007.
Dewey, J., 최용철 역, 『윤리학』, 서울: 책봄, 2021.
Dewey, J., 최용철 역, 『인간 본성과 행위Ⅰ』, 서울: 봄, 2019.
Dewey, J., 최용철 역, 『인간 본성과 행위Ⅱ』, 서울: 봄, 2020.

12장 • 어느 정도 실천해야 도덕적인 사람일까? – 레비나스와 열망
Levinas, E., 강영안 역, 『시간과 타자』, 서울: 문예출판사, 2018.
Levinas, E., 김도형, 문성원, 손영창 역, 『전체성과 무한』, 서울: 그린비, 2018.
Levinas, E., 김동규 역, 『윤리와 무한』, 고양: 100, 2020.
Levinas, E., 문성원 역, 『존재와 달리 또는 존재성을 넘어』, 서울: 그린비, 2021.
Levinas, E., 서동욱 역, 『존재에서 존재자로』, 서울: 민음사, 2003.
Wittgenstein, L., 이영철 역, 『논리-철학 논고』, 서울: 책세상, 2020.

13장 • 도덕에 얽매이지 않고도 잘 살 수 있지 않을까? – 니체와 초인

Nietzsche, F., 이진우 역, 『차라투스트라는 이렇게 말했다』, 서울: 휴머니스트, 2020.
Nietzsche, F., 박찬국 역, 『우상의 황혼』, 파주: 아카넷, 2019.
Nietzsche, F., 박찬국 역, 『선악의 저편』, 파주: 아카넷, 2022.
Nietzsche, F., 박찬국 역, 『도덕의 계보』, 파주: 아카넷, 2022.

도덕의 쓸모

1판 1쇄 2024년 8월 20일

지은이 이한진
편집 김효진
교열 황진규
디자인 최주호
제작 재영 P&B
인쇄 천일문화사
펴낸곳 마르코폴로
등록 제2021-000005호
주소 세종시 다솜1로9
이메일 laissez@gmail.com
페이스북 www.facebook.com/marco.polo.livre

ISBN 979-11-92667-58-4

책값은 뒤표지에 있습니다. 잘못된 책은 교환하여 드립니다.